U0832880

中国上市公司协会公司治理丛书

上市公司董办工作最佳实践案例

（第二版）

中国上市公司协会　编

中国财经出版传媒集团
中国财政经济出版社

图书在版编目（CIP）数据

上市公司董办工作最佳实践案例 / 中国上市公司协会编. --2 版. --北京 ：中国财政经济出版社，2023. 5

ISBN 978 -7 -5223 -2134 -9

Ⅰ. ①上… Ⅱ. ①中… Ⅲ. ①上市公司 - 董事会 - 管理体制 - 案例 - 中国 Ⅳ. ①F279. 246

中国国家版本馆 CIP 数据核字（2023）第 057172 号

责任编辑：叶 彤　　　　责任校对：胡永立

封面设计：北京兰卡绘世

上市公司董办工作最佳实践案例（第二版）

SHANGSHI GONGSI DONGBAN GONGZUO ZUIJIA SHIJIAN ANLI（DI ER BAN）

中国财政经济出版社 出版

URL：http：//www. cfeph. cn

E - mail：cfeph@ cfeph. cn

（版权所有　翻印必究）

社址：北京市海淀区阜成路甲 28 号　邮政编码：100142

营销中心电话：010 - 88191522

天猫网店：中国财政经济出版社旗舰店

网址：https：//zgczjjcbs. tmall. com

北京时捷印刷有限公司印刷　各地新华书店经销

成品尺寸：170mm × 240mm　16 开　18. 25 印张　262 000 字

2023 年 5 月第 2 版　2023 年 5 月北京第 1 次印刷

定价：78. 00 元

ISBN 978 - 7 - 5223 - 2134 - 9

（图书出现印装问题，本社负责调换，电话：010 - 88190548）

本社质量投诉电话：010 - 88190744

打击盗版举报热线：010 - 88191661　QQ：2242791300

目　录

1. 华能国际：

守正创新　规范有序　促进公司高质量发展

华能国际电力股份有限公司（以下简称“公司”）是国内第一家实现在纽约、香港、上海三地上市的发电公司，一直以从严的原则接受上市地监管机构的监管和广大投资者的监督。经过多年的探索和实践，公司已经逐步形成规范、完善并适合自身发展要求且行之有效的公司治理体系。

2022 年，公司董事会办公室（以下简称“董办”）和证券融资部组成的董办团队在董事会秘书的领导下，团结拼搏、攻坚克难，以诚信、勤勉、严谨的工作作风，在公司治理、“三会”运作、信息披露、投资者关系等方面，对外与证监会、上交所、北京监管局、中上协等机构的沟通联系均取得了良好成绩。

一、规范“三会”运作，推动公司治理水平不断提升

董办团队将完善公司治理、保障董（监）事会规范协调运作作为首要任务，紧紧围绕董事会“定战略、作决策、防风险”的职责定位，推动建立以股东大会为权力中心、董事会为决策中心、经理层为执行中心、监事会为监督中心、党委会为领导核心的中国特色现代化治理体系。

充分发挥综合协调、服务保障、监督执行的作用，高质量开展“三会”会议的组织服务工作。认真做好会前沟通、会中协调和会后落实等各环节工作，确保三会运行依法合规、高效有序。在全面梳理董监事会服务保障和综合协调工作的基础上，严格按照《董（监）事会服务工作流程》《董（监）事会会议事项清单》规定，明确议题征集、文件准备、会务安

排、会议召开、文件归档保存等重点环节，精益化开展履职服务工作。2022年，已组织召开股东大会、董监事会及各专门委员会会议27次，审议议案123项。针对2022年疫情多点散发的情况，精心筹备和组织，特别加强了会前沟通和汇报，协助董监事充分了解议题内容，特别是对年度预决算、利润分配、公司“十四五”发展规划、日常关联交易预算等重要议案，组织协调相关部门就董监事关注事项进行汇报说明，确保全部议案顺利审议通过。严格按照有关规定履行党委会讨论、董事长办公会批准程序，向董事会定期汇报决议事项执行情况，强化督导落实，促进董事会决策闭环管理。积极协助董事会推动公司非财务指标评价体系建设，加强对安全生产、环境保护、气候变化等重大议题的审议，努力构建与利益相关方和谐共赢的企业文化。

二、高质量提升服务保障，协助董监高合规、勤勉履职

服务董监事合规履职是董办团队的重点工作。2022年以来，协助和服务董监高及相关业务部门完成年度培训90余人次。配合董监高深入学习贯彻《证券法》《国务院关于进一步提高上市公司质量的意见》《提高央企控股上市公司质量工作方案》等法规政策，组织董监事参加了北京证监局年度、年中监管会及债券与资产证券化业务监管等重要会议，书面汇报会议精神和监管要求，协助大股东及董监事及时掌握监管要义，确保“关键少数”发挥核心作用。

加强对公司ADS退市后董监高责任风险变化的研判和准备，提出美国市场延长报告期保险（Run－off保险）和A＋H股董责险保险投保方案，制定详细的工作计划并严格执行，及时开展投保方案上会审议、新董责险采购等相关工作，做到董责险有效接续，不同上市地（含过往上市）的责任风险全面覆盖。编发《独立董事通讯》8期，汇编了监管动态、能源领域新颁政策及发展趋势，方便独立董事及时掌握监管信息和公司生产经营动态。认真组织独立董事现场调研活动，为独立董事依法、勤勉履职提供保障。

三、积极落实提高上市公司质量要求，助力公司实现高质量发展

积极落实国务院及国资委进一步提高上市公司质量要求的指示精神，坚持市场化、法治化、专业化方向，紧密围绕公司发展战略，聚焦问题、靶向施策，牵头制订公司《进一步提高上市公司质量工作方案》，从充分发挥上市平台功能、促进完善治理和规范运作、强化内生增长和创新发展水平、增进市场认同和价值实现四个层面设定发展目标，拟定多项切实可行的措施，助力公司加快创建国际一流上市发电公司。

四、高标准开展信息披露，实现企业价值高效准确传递

密切关注和研究监管政策变化，秉承真实、及时、准确、完整的原则，扎实开展全年信息披露工作。严格遵守上市地监管要求、积极履行披露义务，做到应披尽披。认真执行公司信息披露相关管理规定，从制度建设、管理体系、披露程序、内部控制及持续培训等方面对信息披露工作进行有效监督和控制，确保了工作质量。高质量完成了公司全年信息披露工作，实现零差错，连续获评上交所年度信息披露 A 级评级。

五、持续深化投资者关系工作，积极发挥投关工作成效，促进公司价值实现

董办团队积极回应市场关切，持续加强日常投资者关系工作，保持高频次、多渠道日常沟通，着力提升与投资者交流的广度和深度，努力建立公司与投资者，尤其是中小投资者的互信关系，保障投资者平等的知情权。针对热点问题细致解读，面对重大突发事件，快速反应，第一时间消除市场疑虑，对于公司发展难题坦诚交流，合理引导投资者预期，平复市场负面情绪，增进公司与投资者双向理解认同。同时积极开展投关工作，通过定期报告机制，及时整理市场反馈及同业公司动向，帮助公司掌握行业与

市场动态，为公司提升治理水平、转型发展等各项决策提供有力支撑。

六、积极发挥市场融资功能，努力探索资本市场助力公司转型发展新路径

董办团队围绕公司发展战略和资金需求计划，结合公司实际资金需求，积极发挥市场融资功能。牵头做好境外债券发行工作，畅通境外债发行渠道，为公司境外融资保留最大限度的主动性和灵活性。开展公募 REITs 和类 REITs 的发行准备，确立交易所类 REITs 和公募 REITs 分步推进的策略，逐步推动 REITs 在公司内部落地实施，为公司弥补权益融资缺口，最大限度盘活存量火电资产争取开辟新途径。

七、多维度加强对外交流，巩固提升公司良好品牌形象

董办团队高度重视落实监管要求，保持与上级监管机构的顺畅沟通渠道，及时了解监管政策制定及出台情况，积极做好宣传贯彻落实。配合北京证监局开展“公司基本情况调研”“独立董事履职情况调研问卷”“历史募投项目实施情况统计”等工作，主动宣传和分享公司在绿色发展及低碳转型方面的做法以及公司治理的实践和经验。

董办团队与有关行业协会保持密切联系。积极参加协会举办的学习交流活动。公司当选中国上市公司协会第三届理事会会员常务理事、副会长单位后，董办团队积极协助做好相关工作，在《公司法（修订草案）》上市公司治理相关条文修订、国际财务报告《可持续相关财务信息披露一般要求》《气候相关披露》征求意见，以及上市公司高质量发展课题研究等工作中，结合公司实际，提出建设性的意见建议。此外，还协助做好了《中国上市公司年鉴》公司党建实践案例供稿、ESG 专业委员会、新能源与智能汽车委员会筹备及成立、《扎实稳住经济一揽子政策措施》落地效果调研等相关工作，得到了协会的高度认可。加强与兄弟上市公司董办的工作交流，取长补短，提高工作水平。同时，借助董办交流平台，帮助公

司生产部搭接金隅集团科技部，推动公司设计项目的后续工业化应用工作。

董办团队将全力以赴向着公司“创建国际一流上市发电公司”的发展目标，团结奋斗、砥砺前行，强化履职能力、加强规范运作，不断提高工作质量和服务标准，为稳步推进公司高质量发展作出新的更大贡献！

2. 民生银行：

坚持守正创新谱新篇　实现公司治理新突破

一、公司治理方面

（一）创新议题全生命周期管理方法，促进董事会高质量履职

围绕会议规划、沟通辅导、决策质效、落地督导关键环节，突出前瞻性、规范性、科学性、针对性要求，董办团队在工作实践中持续探索，创新管理方法，显著提升董事会履职质效。

一是前瞻性做好会议规划。以“主题聚焦”为原则，科学统筹、分类规划董事会议题，每次会议聚焦一个主题，实现深入研究、充分讨论；建立董事会与专委会会议联动机制，通过“两下两上”统筹优化年度会议规划，提前制定下年度会议规划并推动落实，保障董事会与专委会决策的合规、高效衔接；主动关注新机遇、新挑战，及时设置落实国常委稳增长会议精神、绿色金融、反洗钱等议题，保障第一时间把握市场机遇、防范重大风险。

二是规范性开展会前沟通辅导。就董监事关注的重点议题，主动组织董监事与高级管理层及相关部门在会前开展深入沟通和论证；对“三重一大”事项，关注前置研究工作提示，并通过科技手段强化前置研究程序把控。

三是科学性提升决策质效。创建各治理主体共商共议的良好议事氛围，积极创新会议议程安排。董事会审议议题前，由相关专委会主席说明专业意见；坚持党委委员列席董事会会议机制，对“三重一大”事项，由担任

党委成员的董事转达党委意见。

四是针对性做好落地督导。打造可跟踪、有反馈的线上督办体系，对董事会决议重点工作要求进行细化分解并督查督办。2021 年全年高效推动落实董事会提出的 42 项督办事项、65 条具体要求。

（二）深化履职渠道建设，保障独董作用高质量发挥

通过构建以“制度传阅、专项报告、专题培训”相结合的多元化互动式信息沟通机制，以“大规模集体调研 + 小范围专项调研”相结合的调查研究机制，切实通畅独董履职“信息渠道”；深入落实独董到行上班、独董专门会议、独董书面建议三项机制，加强独董与经营层沟通交流，充分发挥独董专业优势，为本行改革发展转型提供具有独立性、建设性的意见，确保独董履职职能发挥。

2021 年以来，本行精选 138 份国家政策和监管制度呈送独董学习，及时向独董呈报经营工作会议精神、重点业务发展、关联交易管理等专项报告，组织现场调研 10 余次，独董累计赴行内坐班 30 余天，召开 3 次独董专门会议。独立董事就战略落地、改革转型、消保等重要事项发表 20 余条书面建议，充分调动发挥独立董事的独立性和专业性作用。

二、投资者关系管理方面

（一）精准分层、重点对接，实现核心投资者全覆盖

积极参与中信、浙商、美银美林、花旗等大型券商策略会，有效触达境内外主流分析师；主动接待现场调研、组织小组电话会、一对一拜访等，以联合调研、主题宣讲、专场交流会等多种形式，分类对接基金、保险、资管等优质投资机构；线上开通网站来访预约功能，线下开设“投资者接待室”，与活跃投资者讲述银行投资价值，实现面向个人投资者的快速响应与零距离沟通。2021 年度业绩发布会通过“民生播客厅”手机银行端、微信端、网页端同步直播，观看人数打破历史纪录。

（二）对外传递、向内反馈，形成与资本市场良性互动

一方面，密切关注市场动向，通过周报、月报、专项报告、异动报告

等，汇总投资者意见和建议、市场舆情，及时向高级管理层反馈。另一方面，主动回应市场关切，通过定期报告、投资者关系网站、上证 e 互动和其他活动，及时回应市场普遍关注的重点问题。

（三）高管牵头、全员参与，推动一体化协同投关

投关团队主动牵线，董事长、行长躬身入局，与市场潜在高质投资者多次接洽，着力引入稳定长线的银行投资者；有效组织主要职能部门和员工参与定期业绩说明会、日常机构调研等各类活动，加强了全行对投资者关系工作的了解和重视。通过多场次事前培训演练、事后复盘总结，逐步在行内锻炼出一支“泛投关”队伍。

（四）运用新媒体、新技术，打造数字化敏捷投关

全面升级投资者关系网站，实现财务数据可视化、公告灵活检索、邮件订阅等新功能，入围国际知名杂志 *IR Magazine* 大中华区“最佳投资者关系网站”；建设新投关管理系统，实现股东资料透视、机构偏好分析、市场信息监测、投关档案管理、投关数据检索等功能，用技术为投关工作提质减负。

三、信息披露方面

（一）主动回应投资者关切，优化提升定期报告披露内容

一是优化年度报告编制的工作机制，以“早启动、勤沟通、重质效”为核心原则，以成立敏捷工作小组为工作形式，力求实现定期报告的充分披露，公开透明，数据翔实，逻辑清晰。

二是坚持从投资者视角出发，通过投资者热线、上证 e 互动、雪球等论坛，分析师调研、同业沟通、投资者交流信箱等渠道，广泛收集投资者关注问题；聚焦投资者关心的重点问题，完成行领导级别访谈 7 位、总行部门负责人级别访谈 11 位、板块现场沟通会 5 次，综合以上会议成果，董办牵头编写年度报告信息披露指引及指标建议 5 份，助力投资者清晰快速读懂读透年报，圆满完成本行 2021 年年度报告编写及披露工作。

三是丰富年度报告内容，本行 2021 年年度报告首次披露本行核心竞争

力、经营中关注的重点问题，丰富科技板块成果，细化披露贷款质量，秉持公开透明原则，翔实披露数据。本行2021年年度报告荣获LACP“Vision Awards”颁发的四项年报大奖，包括银行业组别金奖、全球最佳年报100强、亚太地区最佳年报80强和最佳50强中文报告。

（二）细化披露流程，建立信息披露全流程管理机制

全面梳理本行应予披露的事项范围和标准，优化工作机制。

一是结合银行工作实际，建立信息披露联络员机制，组织开展信息披露培训，搭建良好的信息沟通、报送与培训机制。

二是加强信息披露团队建设，配备专业工作人员并强化专业能力培养建设，持续满足上交所和联交所两地信息披露工作要求。

三是董办积极做好统筹规划，严格把关应予披露的重点事项，提示管理部门予以关注，及时按监管规则履行披露义务，做好信息披露“向内传导培育”的渠道。

四是建立信息披露工作规程，一方面，搭建主动向交易所汇报的“预沟通”机制，充分听取监管专业指导意见，同时发挥境内外律师团队的专业作用，实现“向外延伸审核”，确保披露工作符合监管要求；另一方面，对拟披露信息进行交叉检查，逐级、多人审核和校对，全力保障披露内容的准确性和完整性。

3. 中国石化：

坚持理念引领　探索最佳实践
做公司价值提升的护航者

2022 年，中国石化董事会办公室持续深入学习贯彻习近平总书记关于资本市场的一系列重要指示批示精神，深入落实国务院《关于进一步提高上市公司质量的意见》（国发〔2020〕14 号）、《中国证监会提高上市公司质量三年行动方案》以及国资委《提高央企控股上市公司质量工作方案》的具体要求，在公司董事会的领导下，坚持“四个敬畏”，扎实做好公司治理、信息披露、投资者关系、资本运作等各方面工作，积极探索最佳实践，为中国石化提高规范治理水平和上市公司质量贡献力量。

一、强化规范运作，推动公司治理更加规范科学

中国石化在境内外上市以来保持了良好的合规记录。董事会办公室努力当好公司资本市场合规的“看门人”，致力推动探索既具有中国特色又符合多地监管要求的公司治理实践。

一是在完善公司治理中始终坚持党的领导。坚持“两个一以贯之”，重大事项在提交董事会前均提交党组会前置审议，党组织“把方向、管大局、保落实”的作用充分发挥，促进了董事会科学决策。定期将反腐倡廉工作情况提交董事会可持续发展委员会审议，丰富企业管治议题的设置。

二是加强公司治理制度体系建设。经过多年努力，形成符合境内外监管要求的公司治理制度体系，汇编成册，成为公司治理“红宝书”。2022 年年初，境内监管规则大规模修订后，组织成立专门工作组，持续攻坚两

个月，完成内部制度的全面梳理和修订，巩固制度根基，并及时组织开展董监事专项培训，促进合规能力提升。

三是支撑“三会”规范高效运作。严格执行公司章程及议事规则，统筹董事会、股东大会等审议程序，优化会务安排，规范组织会议，截至2022年11月25日，共召开股东大会、董事会及专门委员会会议19次，95项议案均顺利审议通过。

四是积极促进独立董事更好发挥作用。尊重维护独立董事职权，对于重大决策事项均组织专题汇报，保障独立董事充分知悉决策内容；组织开展科技自立自强专题调研，加深独立董事对公司的了解，促进科学决策；服务支撑独立董事对公司财务、内控和内审部门进行合规培训，充分发挥独立董事专长。

二、坚持高质量信息披露，让投资者看得更懂更清

坚持“从严不从松，从多不从少”的原则，高质量完成信息披露工作，不断增强公司透明度。公司在境内外始终保持良好信披记录，自2013年上海证券交易所开展信息披露分级评价以来，一直保持A级评价。

一是提高披露质量，加强自愿性披露。实行三级审核把关制，实现信息披露“零差错”；严守公平披露原则，统筹安排，保障境内外投资者公平获取信息；加强自愿性信息披露，上年度自愿性信息披露数量占比达到28%。

二是提高披露内容的可读性和亲和力。实事求是，客观传递公司实际情况；重视披露内容的有效性和可读性，斟词酌句，用投资者读得懂的语言编制文件；注重提炼重点，向市场精准传达信息。

三是以披露主动切入合规研判。以合规披露为出发点，投入团队和时间精力，将研判关口前移，主动介入资本资金项目前期工作，为方案设计和合规审批提供保障。

三、突出投资者需求导向，投资者沟通更加密切高效

秉承尊重股东、敬畏投资者的理念，较早构建起投资者关系工作制度

体系，围绕资本市场关切加强投资者沟通。

一是常态化组织业绩说明会和路演推介。定期报告发布后，董事会办公室均牵头组织全球业绩说明会和路演推介，在董事长、总裁等管理层的带领下与投资者充分交流，会后梳理投资者的意见建议供管理层参考，多项建议被公司采纳。

二是用好股东大会沟通渠道。会前征集问题，为中小股东提供更多提问机会，管理层认真回答股东提问；会后与股东高质量座谈交流。在新冠疫情防控特殊形势下，尝试以网络视频方式召开 2021 年年度股东大会并大获成功，做到“线上会议与现场会议一个标准”，保障了境内外参会股东的合法权益，赢得股东好评，为多地上市公司在特殊情况下合规召开股东大会提供了有益探索。

三是畅通多元沟通途径。向各上市地派驻投资者关系人员，实现投资者沟通全覆盖；采用接待来访、线上会议等多种方式，与机构投资者保持良好沟通；保持投资者热线、邮箱、上证 e 互动等渠道通畅，保障与个人投资者的良好互动。开展反向路演，邀请投资者、分析师走进所属企业。

四是创新沟通方式。采取数字化手段，编制视频、语音、数据可视化年度报告、一图速览可持续发展报告，生动展示生产经营、转型发展、科技创新、ESG 等方面的工作，沟通质量和效果不断提升。

四、持续强化 ESG 工作，公司可持续发展底色更加鲜明

中国石化 2004 年加入联合国全球契约组织，作为主责部门，董事会办公室推动公司 2007 年披露首份可持续发展报告，于 2011 年设立董事会社会责任管理委员会，并积极倡导和推动 ESG 工作。

一是加强 ESG 战略管理和披露。主动把握 ESG 发展趋势，建议董事会将社会责任管理委员会更名为可持续发展委员会，并促进 ESG 战略和管理措施落地。以利益相关方需求为导向，充实 ESG 报告内容，率先多维度披露温室气体和污染物排放量等信息，展现了国企担当。开展 ESG 业务培训，及时将管理建议传递给下属企业，促进业务能力整体提升。

二是引入 ESG 报告第三方鉴证监督。聘请专业第三方对可持续发展报告进行独立鉴证，在此基础上，对标提升数据指标的披露质量，得到资本市场认可。

三是主动参与 ESG 国际评级。积极参与 ESG 国际评级话语体系，以国际通用语言传播中国企业可持续发展的理念和成效，公司 ESG 国际评级稳中有升。

五、提升投资者获得感，公司负责任的市场形象更加彰显

主动担当公司在资本市场的“稳定器”和资本资金运作项目的“施工队”。

一是积极建言献策回报投资者。主动作为，提出投资者保护的具体措施，促进公司保持连续、稳定的现金分红政策，近 5 年平均派息率达 84%，上市以来累计分红超过 5200 亿元。

二是以维护股东权益为目的实施股份回购。2022 年，公司在 A 股、H 股市场实施股份回购，成为首家以提升企业价值、维护股东权益为目的，在境内外市场同时实施回购的央企控股上市公司，展示了中国石化的负责任形象。

中国石化既是资本市场的重要参与者，也是“打造规范、透明、开放、有活力、有韧性的资本市场”的积极践行者，公司董事会办公室团队牢记职责使命，积极参与监管规则的制定及修订工作，期望中国石化的治理实践能为政策制定提供有益参考。公司提出的诸多意见建议被采纳，为资本市场完善制度建设发挥了积极作用。

未来，中国石化董事会办公室将坚持人民立场，充分尊重投资者和资本市场，以高度敬业的工作态度和严谨务实的工作作风，强化主责主业，继续为提高上市公司质量、建设中国特色现代资本市场作出新的贡献。

4. 中国联通：

贯彻新战略　完善新治理
提升新价值　推动新发展

中国联合网络通信股份有限公司（以下简称“中国联通”或“公司”）董事会办公室以习近平新时代中国特色社会主义思想为指导，坚决贯彻落实习近平总书记关于坚持“两个一以贯之”、建设中国特色现代企业制度的重要论述，坚持加强党的领导和完善公司治理相统一，持续推进多元化董事会高质量建设，不断推动合规有效的信息披露和积极有为的投资者关系管理，为公司治理能力的持续提升和改革发展贡献力量。

一、“三会”运作方面

坚决贯彻“两个一以贯之”，持续完善公司治理体系，支撑保障新战略落地，有效发挥多元化董事会治理优势，董事会考核连续两年优秀，位居央企前列。

（一）坚决落实监管要求，持续完善公司运行机制

根据《关于中央企业在完善公司治理中加强党的领导的意见》、“将国企改革三年行动重点要求纳入公司章程等制度体系”和证监会、上交所最新监管要求，系统修订相关治理制度，健全统筹国资监管和上市监管两条合规线的制度体系。将党建有机融入公司治理，坚决贯彻“两个一以贯之”，为各治理主体规范运作、高效运行、有效制衡、科学决策奠定了坚实基础。

（二）保障董事会规范协调运转，推动战略执行和投资决策闭环管理，促进多元化董事会充分发挥作用

2022年以来，组织召开董事会、董事会专门委员会、监事会、股东大会会议超过50次。所有会议决策程序规范，各治理主体权责界定清晰，董事会决策权得到有效落实；董事会积极引领公司科学制定发展战略；内部控制有效，有效防控风险。定战略方面，深化战略执行，结合企业实际，新增数字化转型行动计划和科技创新指导意见，将战略规划体系从“1+8+2”迭代升级为“1+9+3”。作决策方面，落实董事会职权，在合规基础上进一步强化董事会关于重大投资事项的决策职能。防风险方面，有效发挥董事会监督职权，强化风险管控，深入推动大数据审计，将内部审计汇报由每半年一次提升为每季度一次，充分听取董事们的要求和意见。

（三）开展“落实新战略情况”董事专题调研，强化董事履职服务支撑，为董事高质量履职和董事赋能公司发展提供有力保障

通过全面梳理治理和运作机制、组织管理层与董事深度沟通、以董事为交互界面推进战略合作、组织董事调研培训等工作，为董事勤勉履职提供高质量服务支撑，为董事赋能公司数字化转型提供机制平台和措施保障。2022年组织外部董监事深入一线开展以基础业务和创新业务落实新战略情况为主题的4次调研活动。

二、投资者关系方面

强化积极有为的投资者关系管理，统筹监管、分析师、股东、证券媒体关系，争当资本市场尊重投资者的典范，持续提升公司和股东价值。

（一）贯彻新要求，持续完善投资者关系管理顶层设计

证监会、国资委、上交所、中国上市公司协会等上级部门于2022年发布一系列文件，对投资者关系管理工作提出新的要求。中国联通第一时间组织学习落实监管新要求，并结合公司实际，重订了公司《投资者关系管理办法》，进一步加强投资者关系管理工作的顶层设计和制度建设，持续推动合规有效的信息披露和积极有为的投资者关系管理，切实保护投资者

权益，持续提升公司和股东价值。

（二）提升新价值，倡导用新估值模型看待联通

公司战略是投资者交流的核心和基石。公司新战略不仅为公司未来发展指明道路，更是为市场对公司发展空间、发展模式、发展质量的判断提供了新的估值思路。公司围绕新战略、新定位，主动优化自愿信息披露指标体系，打破行业20余年的传统，在“泛在智联、创新应用、智慧服务、科技创新”等多个公司经营关键领域提升市场透明度，努力将月度自愿信息披露向更聚焦公司战略引领、更尊重行业规律、更符合市场关切、更有利于提升投资者价值的方向转变，让投资人清晰了解中国联通面向数字经济的新能力、新体魄，受到了广大投资者的广泛好评。公司董事长在三季度业绩说明会上，在上市央企中首个回应“中国特色估值体系”，明确呼吁投资者今天的中国联通已经不再是传统意义的管道运营商，而是自身就已经先行成为数字化的企业并对外提供数字化服务的科技创新公司。党的二十大召开以来，中国联通A股股价7次触及涨停，累计最高上涨超过50%，扭转了股价自2017年以来持续下滑的被动局面，带动通信行业和央企板块整体估值修复，探索实践中国特色估值体系重塑，助力中国特色现代资本市场高质量发展。

（三）借助新技术，积极打造市场交流新体验

疫情给全球投资者沟通交流带来了巨大考验和深刻影响，数字化、线上化、智能化已成为投资者沟通的重要趋势。我们积极践行全面数字化转型要求，在传统渠道基础上，搭建了全球投资者数字化沟通平台，借助数字化、新媒体等高效便捷方式强化投资者沟通，持续提升投资者关系水平，传递公司长期价值。一是历史首次以全网直播方式召开中期业绩发布会，并以文字互动方式召开季度业绩发布会。二是依托多年积累的创新应用能力，首次采用自主孵化的超写实数字人与联通冬奥智慧IP共同作为主持人介绍经营亮点。三是首次推出3D“云上展厅”，由联通创新体验中心的专业讲解员在镜头前带领投资者体验中国联通在智慧冬奥、5G行业应用、大数据治理等方面的创新应用成果。四是为业绩发布专门设计“5G应用‘扬帆行动’云展厅”网页，展现了中国联通深化数字技术为千行百业赋

能赋智的发展成果。五是首次推出“动态一图读懂业绩”长图，实现“专业年报语言”向“投资者语言”的转换，生动展示中国联通业绩增长新引擎。六是充分发挥上证 e 互动平台、投资者热线电话、投资者邮箱等多种渠道的作用，解答投资者疑问。针对传统热线电话缺少信息记录、存在漏接现象的问题，发挥运营商优势，引入智能化专业系统和人员支撑，对投资者热线问题以平台承接并分类管理，做到可查询、可记录，持续提升投资者来电感知。

（四）提升新水平，奋力壮大资本市场生态圈

积极践行全面数字化转型要求，借助数字化、新媒体等高效便捷方式强化市场沟通，持续提升投资者关系水平。通过组织业绩发布会、投资者沟通交流会及多种投资者关系数字化平台，实现向资本市场积极的战略传递，有效提振投资者信心。2022 年会见近 400 位分析师、投资者，会见量同比提升 30%。积极配合中国上市公司协会，邀近 30 家上市公司中高层走进中国联通。

（五）把握新形势，合力营造行业协同新氛围

2022 年 7 月，在上级部门的大力指导下，我们协同中国移动、中国电信召开了主题为“拥抱数字经济新蓝海，共话电信行业新未来”的电信行业上市公司投资者交流活动。这是上市公司联合举办具有行业属性的投资者沟通交流活动的首次实践，也是电信行业上市公司运用最前沿虚拟现实技术提升投资者沟通交流质量的首次尝试。活动举办当天，视频播放量超过 200 万次，市场反应非常正面。本次活动带动行业的市场关注度和交投活跃度显著提升，展现了通信央企在资本市场的担当作为。

（六）从投资者视角全面分析相关重大事项对公司价值的潜在影响，不定期为管理层及相关部门发送快报

2022 年，共发布《资本市场动态监测日报》近 200 篇、投资者关系快报十余篇；为方便董事及时了解公司经营情况和监管政策变化，每月定期发送《董事简报》《董事专报》，保障董事合规高效履职，结合当期市场热点关注，对公司战略定位、发展模式及发展规划进行深入思考，协助公司深入挖掘资本市场需求，构建公司与市场良好互动基础。

三、信息披露方面

落实新战略，统筹合规性与有效性，坚持不断丰富创新工具箱，确保高质量信息披露。

统筹两地上市公司披露或报备超过 200 份文件，内容真实准确完整，披露及时，合规有效，以不断追求更高标准为目标，持续提升披露透明度，做高质量信息披露的践行者，树立良好资本市场形象。

未来，中国联通董事会办公室将坚决以党的二十大精神统领部门工作，坚决贯彻落实习近平总书记关于坚持"两个一以贯之"、建设中国特色现代企业制度的重要论述，坚定落实上级部门要求，坚持以推动高质量发展为主题，以改革创新为根本动力，在稳健经营创造价值的同时，凝心聚力推进形成更加成熟、更加稳定的中国特色现代企业制度，推动董事会运作更加专业尽责、规范高效，强化合规有效的信息披露和积极有为的投资者关系管理，争当资本市场尊重投资者的典范，推动公司治理能力现代化，持续提升公司和股东价值，在以中国式现代化全面推进中华民族伟大复兴的新征程中贡献联通力量。

5. 国投资本：

专业规范　守正创新　助力高质量可持续发展

国投资本股份有限公司（以下简称“国投资本”）是上海证券交易所主板上市公司，注册于上海市浦东新区，注册资本64.25亿元人民币。截至2021年年底，国投资本总资产2464.32亿元，归母净资产494.25亿元；2021年度实现营业总收入169.36亿元，归母净利润47.93亿元。

国投资本是一家拥有证券、信托、基金、期货、保险等牌照的央企上市金融控股平台，以“母公司控股、子公司经营”为业务模式，秉持“专业、服务、协同、共赢”的经营理念，加强专业化投资与管理，推动业务协同发展，稳步提升投资企业的行业竞争力和盈利能力。国投资本高度重视上市公司董事会办公室相关工作，持续创新方式，积极主动作为，持续提高信息披露、公司治理、投资者关系及资本运作工作水平。

一、深入落实提高央企上市公司质量要求，积极践行ESG发展理念

2022年，根据《国务院关于进一步提高上市公司质量的意见》和国资委关于提高央企控股上市公司质量工作的要求，国投资本制定了《提高央企控股上市公司质量工作方案（2022—2024年）》及工作台账并逐步落实，深入思考有效发挥上市平台功能的方法路径，研究细化了回购、配股、发行优先股、GDR等事项的可行性并形成分析报告，进一步丰富了上市公司再融资工具库。

国投资本积极践行ESG理念，正式启动ESG管理提升项目，探索建立

健全 ESG 指标体系和管理组织架构，持续提升 ESG 专项治理能力，2023 年 3 月首次披露 ESG 报告，促进内在价值、市场价值和社会价值齐头并进，形成高质量发展良性循环。2022 年，国投资本获评第十二届公益节“年度责任品牌”奖，再度荣登 2022 中国券商上市公司品牌价值榜，再次荣获百强上市公司奖项。

二、创新定期报告“立体化”展示方式，关键时点主动发声

2022 年，国投资本在信息披露的主动性和多样性上重点发力，定期报告首次以“报告 + 短视频 + 可视化图片”立体化宣传展示，让数据变得更直观，让内容变得更生动，使投资人能够在有限的时间内快速了解公司价值。

国投资本持续依法依规做好信息披露工作，同时加强与有关媒体的交流合作，在年内市场环境受多重因素冲击明显承压的背景下，于关键时点主动发声，对公司业务转型亮点进行深度报道，充分展示经营成果，增强了投资者对公司整体经营状况的了解和认同，进一步提升了上市公司信息披露的传播力度和市场关注度。2022 年，国投资本对外披露公告及相关材料 98 份，连续 3 年获得上海证券交易所信息披露评价最高级 A 级。

三、首次以直播形式举办业绩说明会，拓展投资者关系工作新局面

2022 年，国投资本响应监管机构业绩说明会常态化要求，共举办 3 次公开、规模较大的业绩说明会，充分利用数字化手段创新交流方式，年报和半年报业绩说明会首次采用“现场 + 线上直播”方式，配套高管致辞、业绩介绍、机构投资人代表现场提问、中小投资者网上互动等环节，总经理、独董、高管等“关键少数”出席，吸引超 11 万网友在线观看，不断提升业绩说明会“含金量”。

2022 年，国投资本接听近 800 次投资者热线电话、接收 788 封投资者邮件、答复上证 e 互动平台 90 个问题、进行 17 次股东调研路演及同业交

流，通过多元渠道增进与分析师、股东、投资者多层次交流，向资本市场传递公司经营成果和投资价值，讲好国投资本故事。在此基础上，国投资本每月通过《投资者交流简报》定期向董监事及管理层反馈资本市场信息，将资本市场对公司的关注与期望、投资者的意见和建议等及时向内部传递。2022 年，国投资本荣获全景网机构友好沟通奖、业绩说明会勤勉奖；荣获上海上市公司协会“2021 年报业绩说明会优秀实践”、中国上市公司协会“2021 年报业绩说明会最佳实践”。

四、规范开展“三会”管理和董监高履职保障，确保公司治理合规有效

国投资本严格遵守公司章程及相关法律法规，法人治理运作规范高效，“三会”管理符合公司治理和监管要求。2022 年，国投资本顺利召开股东大会 3 次，董事会 5 次，监事会 4 次，董事会审计与风险委员会 4 次，薪酬与考核委员会 3 次，提名委员会 1 次；上会议案全部获得审议通过。同时，在全方位、多层次的合规风险管理体系下，国投资本及投资企业多年来未因违法、违规行为而受到国家行政机关及行业主管部门的重大处罚、未有内控失效事件发生、未有重大诉讼事件发生。

国投资本长期注重提升董监事履职能力，积极组织开展必要的培训，定期组织公司董监事深入投资企业一线调研，了解企业运营及业务开展情况，发挥董监事的专业优势为公司发展建言献策，同时为董监事高效履职、切实维护股东利益提供了坚实保障。

五、充分发挥上市公司资本运作功能，助力所属企业做优做强

2015～2022 年，国投资本充分发挥上市公司功能，通过资本运作累计募集资金 220 亿元，分别是：2015 年以非公开发行股份购买资产的方式购买安信证券 100% 股权，并配套募集资金 60 亿元；2017 年以定向增发方式募集资金 80 亿元；2020 年，发行可转换债券募资 80 亿元。国投资本将所

有募资用于增加投资企业资本金，扩大业务规模、提高资产质量，助力旗下金融业务做优做强。同时，国投资本还加强对宏观政策、资本市场环境、行业发展的研究，论证不同再融资方式下融资规模、发行难度及可行性等，通过持续深入研究、开展资本运作，进一步发挥上市公司融资功能，为所属企业的发展增添动能。

未来，国投资本将不忘初心，奋力前行，持续提升公司规范治理水平，加强投资者关系管理能力，提高发展质量与韧性，主动迎接和应对国内外经济环境变化带来的机遇和挑战，敬畏市场、敬畏法治、敬畏专业、敬畏投资者，为打造国内一流上市金融控股公司而不懈奋斗。

6. 宇通客车：

合规管理谋发展　多措并举创价值

提高上市公司治理水平，是贯彻落实《国务院关于进一步提高上市公司质量的意见》精神的重要任务。宇通客车作为客车行业首家上市公司，自上市以来，不忘初心，专注客车主业，以守法合规为底线，始终坚持稳定健康的发展原则，持续推进公司高质量发展。

多年来，公司董办团队不断探索创新，优化工作方式，在信息披露、公司治理、投资者关系、资本运作等方面做了一些工作，也积累了一定的经验。

一、健全信息披露机制，坚守合规底线

健全的信息披露机制是公司合规治理的重点，对推动公司高质量发展有着重要意义。自2012年以来，公司已连续11年在上海证券交易所组织的信息披露考核中获得A级评价。公司在信息披露方面的主要做法如下。

（一）健全信披机制

一方面，公司建立并及时更新《信息披露管理制度》《内幕信息知情人登记管理制度》等相关信息披露制度，明确信息披露内容真实、准确、完整、及时、公平的内部管理要求，有效指导了信息披露工作依法合规开展；另一方面，为保证公司各类重大信息及时传递，公司在内部制定并施行了《重大信息报送管理制度》，重点关注26项业务类别、60余项业务指标，将披露标准和警示标准分解到各业务部门，通过月度电子流程和随时沟通报送重大信息，既提高了各部门的合规信披意识，又保证了董事办及

时掌握公司各项重大事项，确保信息披露的及时性。

（二）多级复核机制

信息披露是董办团队重要工作，信息披露工作质量影响着投资者对公司投资价值的判断以及公司资本市场形象。上市以来，公司始终坚持以认真务实的态度保障信息披露工作高质量开展。针对会议文件和披露公告，董事办均会采用“投影＋全文通读”的方式，逐字逐句推敲文件内容和公告，确保语言简明扼要、通俗易懂。同时，公司建立了信息披露多级复核机制，除公告起草人和第一复核人外，还需证券事务代表、董事会秘书进行审核确认；披露信息涉及公司其他部门的，还需相关部门业务负责人审核确认。在上传公司业务管理系统对外正式披露前，公司亦设置了上传文件复核节点，以避免复核文件和上传文件不一致的情况发生，进一步降低信息披露风险。公司逐渐形成的多级复核机制有效保证了公司信息披露的真实、准确、完整。

（三）事前点检机制

公司制定了详细的信息披露点检表，每次信息披露前均按照点检表所列事项对是否符合格式指引要求、公告编号是否准确等16项细节内容进行逐项确认，同时保留了对披露文件的纸质审核，以进一步确保信息披露文件的准确性。为更好地做好跨部门协同，公司在点检表中还设置了内部信息同步点检机制，以保证相关披露信息在公司内部能够及时高效传递。

二、规范管理体系，保障规范治理

完善的公司治理是上市公司持续健康发展的基础，有效的合规管理推动着公司治理水平不断提高。多年来，公司始终坚持规范治理，建立健全标准化、规范化工作机制，现已形成由《证券事务操作手册》和专项备忘录构成的证券事务工作管理体系。

（一）《证券事务操作手册》

董事办基于多年的工作沉淀，整合“三会”运作管理、内幕信息管理、重大信息报送、信息披露、独立性、关联交易、违规担保、资金占用等核心工作内容，编制了《证券事务操作手册》。针对每一个维度，《手册》详细列明了管理原则、执行程序、注意事项等，并创新提出了多种风险管控方式。如在公司盖章流程中增设是否存在对外担保的判断节点，涉及对外担保事项均需董事办审核，以此有效防范了违规担保风险。

（二）专项备忘录

针对非常规公司治理事项，制定了适合公司股份回购、计提资产减值、业绩预告等各项业务的专项研究备忘录，并根据监管要求的变化及时更新，目前已形成专项备忘录 13 项。

三、创新投资者关系管理工作，传递公司价值

良好的投资者关系管理工作，既是保障广大投资者合法权益的基础，又是传递公司价值的重要途径。公司始终努力构建顺畅有效的投资者关系管理工作机制，不断创新投资者关系管理工作。2021 年 9 月，公司被中国上市公司协会评为“上市公司 2020 年报业绩说明会优秀实践案例”。

（一）完善投资者关系管理手册

公司制订并不断完善《投资者关系管理工作手册》，设置了礼仪篇、基础篇、问答篇等多个篇章，明确投资者接待流程、商务礼仪、电话接听规范等内容。其中，对投资者提出的问题，IR 经理会进行分类和记录，针对经常提问的共性问题形成投资者问答库，完善到投资者关系管理手册中，从而切实了解广大投资者最关心的问题，确保公司对外传递信息内容的一致性，提高沟通效率。

（二）创新沟通方式

随着交易所提供的投资者交流平台和方式越来越多样化，公司积极响应，大胆尝试创新。2021 年年度业绩说明会，公司首次采用“视频 + 文字互动”方式与投资者进行互动交流。活动中，董事会秘书通过视频生动解读了公司经营业绩，并从行业、公司、国内、国外等维度，为中小投资者立体解读行业和公司信息，传递公司价值。

（三）主动沟通信息

针对关联交易、股权激励计划等重要议案，为使广大投资者对议案内容和必要性充分理解，公司在议案中对目的、必要性和影响等做了明确的阐述，并主动联系投资者就议案做充分的事前沟通，帮助股东更好地理解。

（四）积极联络媒体

通过媒体主动发声，使投资者更全面、深入了解公司经营情况，是投关工作的创新举措。2022 年，公司董事会秘书参加了公司举办的“走进宇通品牌”媒体行活动，热情接待了《上海证券报》《21 世纪经济报道》等多家媒体，并详细回答了公司经营情况、技术转型和海外市场战略等问题。通过媒体渠道，进一步向广大投资者传递公司价值。

四、多措并举，支持业务发展，为公司添光彩

市场信息传递对促进公司业务发展具有重要意义，基于此，公司组织建立了信息收集机制。自 2019 年 3 月起，董事办每个工作日在公司层面发布财经新闻简报，包含宏观、金融、产业、相关行业上市公司公告等内容，并同步至公司经营层；同时公司还持续关注最新法规修订情况、汽车及零部件上市公司最新的监管动态等，并及时将信息推送至公司财务、法务等相关部门，指导公司相关业务合规开展。

积极参与市场、协会活动，努力传播公司价值，是董事办工作的应有之举。2022 年 5 月，公司董事会秘书作为主编之一与 50 余位河南董秘及董事办人员，共同创作了《豫股百家——中部崛起中的产业力量》，并由全国政协委员、中国证监会原主席肖钢，中国上市公司协会会长宋志平分别为该书作序，由新华出版社出版。本书既有对河南资本市场的整体回顾，也有对河南资本市场中不同行业、不同领域上市企业发展历程的专业解读，帮助读者读懂河南经济的巨大潜力和蓬勃活力，在一定程度上提高了河南资本市场形象。

另外，公司董事办积极参与中国上市公司协会、河南上市公司协会、董事会杂志社等主持编写的书籍、杂志等，通过多种途径展示公司优秀的

公司治理实践，起到了良好的引领示范作用，同时也传播了公司价值。

上市公司是资本市场的基石，提高上市公司质量是资本市场持续平稳健康发展的内在要求，是加快完善社会主义市场经济体制的重要内容。面对新时代下新变化、新任务、新考验，公司董事办将持续提高信息披露质量，不断完善公司治理结构，努力维护和谐的投资者关系，推进公司高质量发展，为资本市场的健康发展贡献力量。

7. 国金证券：

青衿之志 履践致远 传递金融温度
全方位开展投资者关系管理工作

国金证券股份有限公司（以下简称“国金证券”或“公司”）前身为成都证券，经中国人民银行批准，成立于1990年12月，注册地在四川省成都市，是一家资产质量优良、专业团队精干、创新能力突出的上市证券公司，是中证500、上证公司治理指数成分股。

国金证券肩负“让金融服务更高效、更可靠”的使命，以“成为举足轻重的金融服务机构”为愿景，秉承客户至上、视人才为公司最重要的资本、以开放的心态真诚沟通、团队合作、专业规范、持续优化、追求卓越的核心价值观，致力于为客户提供证券交易、投资银行、资产管理、财富管理等全方位金融服务。

国金证券董事会秘书周洪刚认为，董事会秘书应该带领董事会办公室积极探索、创新工作方式方法，进一步支持公司对内治理、对外宣传以及投资者管理等工作。他表示，公司建立了完善的制度体系、搭建了详细的工作流程，支持并促进董事会秘书履职。近年来，国金证券步履不停，在投资者关系管理方面狠抓实干，取得了一定的成果。

一、借助投资者关系管理工作，推动公司市值认可度提升

董事会办公室在日常工作中常常会接触到各项投资者调研工作，上市公司在投资者调研工作的信息互动方式往往是单向的，即投资者要来公司调研，公司才开展调研路演工作，投资者问什么，公司就答什么，上市公

司常常把调研路演作为对外宣传或展示公司经营情况的一种渠道。其实，对于投资者关系管理工作的态度可以更加主动一些，即应当主动了解投资者对行业及公司的关注和看法，并把这些看法整理反馈至公司的经营层或者业务部门，形成双向的信息互动。因为市场投资者尤其是机构投资者关注的问题往往是行业的发展热点以及发展趋势，对这些信息的双向反馈以及吸纳，对于公司的市值认可度及经营能力提升都具有积极的促进作用，董办在这项信息互动工作中将充分发挥桥梁作用。2022 年，国金证券董办通过定期的研究报告分析及更加主动的投资者沟通等方式，不断提升部门对于市场关注点的了解，并通过内部访谈及投资者沟通工作相结合的方式，将市场信息在公司内部充分流转，进而转化为公司可能的经营举措或发展规划，同时在未来的投资者沟通中将此变化作为积极的沟通反馈，实现投资者沟通信息的良性循环，进一步扩大了投资者管理工作的内在及外在意义，这将对公司市值认可度的提升发挥积极的影响。

二、充分借助 IT 信息手段，支持关联方信息管理、其他信息采集工作

关联交易管理是董事会秘书工作的重点内容，而关联方信息的维护工作则是有效关联交易管理的重要基础。公司各个业务部门常常由于需要判断某事项是否属于关联交易向董办申请关联方名单，同时关联交易名单中常涉及关联自然人个人身份证信息，关联方名单的流转又面临着个人信息泄露的风险。因此，为了提升各个部门获取关联方信息的便利性，保证关联方信息流转的安全性，国金证券董办会同公司 IT 部门自主开发了一套关联方信息管理系统。董办与 IT 部门作为该系统的管理员，组织各部门专岗人员系统权限的开立，保证系统使用的规范性；董办将通过该系统定期上传及更新关联方数据，并实时邮件通知各业务部门，保证关联方信息管理的实时性；各业务部门可通过导入待核查人员信息进行关联方识别，避免查询人员直接接触关联方名单；各业务部门却因外部报送需要使用关联方

名单的，可通过 OA 流程申请关联方名单的下载，尽可能地保证关联方数据使用的安全性和规范性；同时，该系统还支持与其他业务系统的数据对接，可直接内嵌入业务部门系统便于其系统操作时进行关联方判定及关联交易管理。公司关联方数据库自 2021 年上线以来，月均操作频率保持在数百次，已成为各部门开展关联交易管理的重要工具。

此外，为了进一步提高董事会办公室获取外部信息的便利性，提高外部信息时效性，特别是各监管机构、自律组织下达的通知、重要文件、培训文件等，国金证券董事会办公室会同公司 IT 部门，利用 RPA 爬虫技术，根据不同信息类型和信息使用频率，按照每日和每周的频率对各类监管机构及自律机构的通知文件、培训文件，证券行业新闻、上市券商公告等内容进行爬取处理，减少了信息采集中的人工操作，提高了工作效率。

三、多渠道开展投资者关系管理工作

公司通过定期报告、临时公告、专项报告、公司官网、微信、抖音等官方平台及创新平台，通过短视频、图文等创新方式开展投关工作，如通过抖音号、视频号、B 站号、百度号、财富号、雪球号等，将公司动态以及业务发展进行系统发布，增进投资者对公司的了解。

2021 年度，公司采用了一图读懂年报、视频音频等形式强化临时公告和定期报告的宣传与解读。2021 年度社会责任暨 ESG 报告为长图展示，2021 年度报告、2022 年度半年报通过文字、图形、表格、视频等多种形式强化了定期报告的宣传与解读。2021 年度，公司还将“社会责任报告”升级成“社会责任暨 ESG 报告”，在和投资者沟通交流的内容中，增加 ESG 等创新内容。

2021 年度，公司举行了“2020 年度业绩说明会”“2021 年半年度业绩说明会”，出席人员包括公司董事长、总经理、独立董事、董事会秘书、财务部总经理等董事、高级管理人员以及相关部门工作人员，并通过图文并茂的形式与投资者沟通交流。

投资者日常还可通过上证 e 互动平台、邮件、传真等方式与公司互动交流。2021 年度，公司举行回复上证 e 互动平台提问约 110 次，接打热线电话百余次。

四、全角度主动发声，开展媒体宣传

（一）公司及业务发展的媒体推广工作

首先，除了日常媒体的采访接待以外，董办有针对性地对公司的业绩发展进行了有计划的宣传，如针对公司定增计划的完成、2021 年度业绩大增、基金投顾业务进展、做市交易业务的筹备情况等内容，在接受媒体采访的同时，也自主撰写相关新闻稿件，进行正向发布，扩大正面舆情效应，获得较好市场反响。

其次，把握重要时间节点，进行相关推广。例如，苏州、无锡、南通三地营业部的抗疫工作的宣传；上海疫情期间的系列推广，公司防疫的整体安排报道，联系《中国证券报》发布专题报道。疫情升级，接受二十余家媒体的防疫内容采访，对公司封控情况以及各业务部门、分子公司的防疫工作进行了解并推广。同时，联系重要媒体对信息技术部、财富委、资管和自营现场值班同事进行人物专访，并且配合公司内部的防疫视频拍摄，与各个业务部门进行对接，安排参加拍摄的人员以及拍摄内容协调等。

最后，重视高管的形象推广。如，借助中证协和第一财经电视台高管访谈机会，安排公司董事长、总裁和董秘联合受访，录制专题节目，节目播出后获得较好的市场反响。同时，积极参与重要媒体的约稿工作。根据现有的材料和媒体的要求，进行文章撰写，媒体发布和转发效果良好。新年公司参与媒体新年寄语的撰写、视频录制工作。安排公司董事长、总裁在专业媒体上进行寄语的撰文和视频录制。

（二）对公司各项业务发展的品牌推广

首先，按照各项业务发展的需要进行有侧重的推广，同时融入业务品牌的宣传上。如，财富委基金代销业务、基金投顾展业方面的推广；投行业务在北交所开板 3 周年、全面推行注册制、科创板做市商业务推进方面进行重点宣传；研究所的 3.0 改革、金牌分析师访谈等方面进行宣传；资管在“固收 +”、ABS 项目方面均有推广，同时，对资管旗下的定制家、同行家两个服务品牌进行了品牌维护等。此外，如指数业务、做市商业务也针对市场关注度进行了专题性质的推广。

其次，积极参与媒体举行的各类评选，在参与中扩大品牌推广力度。如《新财富》、《证券时报》君鼎奖、《中国证券报》金牛奖、《证券市场周刊》水晶球奖、《每日经济新闻》金鼎奖、《进步国际观察报》卓越奖、《华夏时报》金蝉奖、财联社最佳董秘评选、新浪金麒麟奖、金融界金智奖等业内知名的评选活动，通过活动的参与，对公司的品牌形象，业务发展都进行了市场传播，提升业界口碑。

最后，公司的内刊矩阵进行主动宣传。目前，国金证券旗下自媒体包括官网、官微、企业微信号、金声内刊、抖音号、视频号、B 站号、百度号、财富号、雪球号等，通过公司自主运营的自媒体将公司动态以及业务发展进行系统发布，在获得市场关注的同时，也借助现有流量对公司业务进行推广。

（三）通过公司以及业务部门的活动、会议进行主动宣传

公司积极组织新产品发布会、策略会、私募年会、同业金论坛等系列活动，活动邀请广大媒体参与，一方面对会议本身进行报道，另一方面对公司相关领导进行专访等，有效推广公司业绩以及业务品牌。

8. 中国东航：

务实精进　尽责担当　打造专业高效的国际化航空公司董办工作团队

中国东方航空股份有限公司（以下简称“中国东航”或“公司”）是中国三大国有骨干航空公司之一，是首家在香港、纽约和上海三地上市的中国航司。中国东航拥有760余架飞机，机队规模位列全球前七。作为天合联盟成员，中国东航的航线网络通达全球170个国家和地区的1036个目的地，每年为全球超过1.3亿旅客提供服务，旅客运输量位列全球前十。

中国东航董办工作团队严格遵守境内外上市监管要求，对内，努力做好董事履职支撑和内部沟通协调，坚守合规运作底线，不断提升规范运行质量和公司治理水平；对外，严谨高效组织信息披露，持续加强与境内外投资者沟通，及时回应资本市场关切，努力搭建起一座连接中国东航与境内外资本市场的桥梁纽带。

近年来，公司被纳入上海上市公司治理和内部控制“最佳实践”案例；连续9年获得上交所信息披露工作A级评价；荣获全景网“投资者关系金奖”、央广网年度最值得信任的上市公司奖、中国证券报“投资者关系管理金牛奖”；年报封面设计获得年度国际ARC“全球年报设计金奖”；连续两年获评国际知名指数公司MSCI（明晟）ESG评级A级，位列全球航空业的最高等级，也是7家中国A股航空公司中唯一的A级企业；入选国务院国资委央企ESG·先锋50指数（第11位）；新浪财经中国ESG优秀企业500强（第23位），位居交通运输行业首位。

一、完善公司治理制度体系，担当上市公司规范运行的守护者

一是加强公司治理制度建设。密切跟踪新《证券法》、上交所、香港联交所规则的修订情况，及时修订公司章程等一系列公司管理制度，进一步健全完善以公司章程为核心的“1 + N”公司治理制度体系。

二是健全治理主体决策清单和授权体系。制定《董事会授权管理制度》，建立股东大会、董事会决策事项清单，进一步优化董事会授权总经理决策事项以及权限标准，厘清党委、股东大会、董事会、经理层等治理主体的权责边界，保证董事会的规范运行，促进各治理主体权责清晰、有效制衡、协调运转。

二、健全董事会运行机制，担当董监高履职尽责的服务者

（一）持续优化董事会治理结构

一是组建专业背景多元、能力结构互补的国际化央企控股上市公司董事会。董事会外部（独立）董事占多数，独立董事在企业管理、审计内控、风险合规、金融财务等领域各有所长，经验丰富。

二是设立符合民航特色的董事会专门委员会。除设立审计和风险管理委员会、规划发展委员会、提名与薪酬委员会外，董事会结合公司所在行业特点，专设航空安全与环境委员会，负责公司航空安全、ESG 治理和可持续发展事项，定期审议飞行安全、环境保护、“双碳”治理、社会责任等重要议题，确保 ESG 理念与公司战略融合。

三是积极鼓励战略股东参与公司治理。公司持续优化股权结构，引入国际知名航企达美航空和国内优秀民营航企吉祥航空为战略股东，支持战略股东委派董事会观察员参与公司治理，提供中英文双语董事会材料，协助战略股东深度参与公司战略规划制定，促进战略合作和业务协同。战略股东在公司构建以上海和北京为主的“两市四场”双核心枢纽过程中发挥着重要作用。

（二）加强董监高履职支撑和服务保障

一是提供董事决策支持。重大投融资事项提交董事会决策前，组织经理层提前与独立董事沟通交流，听取董事意见建议和风险提示，及时优化上会议案；每年组织至少1次外部（独立）董事与经理层的定期沟通交流，组织经理层每半年向董事会汇报董事会决议和授权决策事项执行情况。

二是搭建董事信息支撑。通过每日报送晨讯股讯、每周报送全球航空业新闻动态、每月报送董监高资讯、定期报送重大事项专题报告，不断强化董事信息支撑；每年组织外部（独立）董事参加不少于3次的专题调研；邀请独立董事参加公司年度战略研讨会，协助独立董事深入掌握公司战略推进和经营管理情况。

三是支持董事能力提升。组织董监高参加证监会、中上协等机构的履职培训；邀请上交所资深专家为董事会全体成员开展新《证券法》现场培训，推动提升董监高合规守法意识和履职能力。

四是保障董监高履职合法权益。自2008年以来，每年均为董监高定制“分层多类”的责任保险，切实增强董监高履职尽责的底气和信心。

三、坚持合规底线，担当高品质信息披露的传递者

（一）合规履行公司信息披露义务

按照上海、香港等地监管机构的监管规定，坚决把好信息披露规范关、质量关，主动及时向资本市场传递公司经营动态，加强ESG信息的定期披露，持续提升信息披露的有效性，为资本市场开启一扇了解公司改革发展和经营管理的重要窗口；推动完善公司重大风险事项舆情关注、媒体发布与信息披露的动态协同联动机制；推动建立涉密信息对外披露的工作流程。

（二）重点防范“三类”风险

一是重大关联交易风险，系统识别和梳理关联人及关联交易项目，每月梳理关联交易情况，重点监控与集团财务公司的交易情况，定期维护日常关联交易框架协议并及时对外披露。

二是上市公司董监高违法违规风险，加强对新《证券法》等国内监管

政策宣贯培训，定期做好内幕信息日常提醒和监控。

三是在美上市监管风险，紧密跟踪美国监管机构政策动向，审慎评估潜在风险，及时开展专项研究，建立防范在美上市监管风险工作机制。

四、构建投资者关系管理双机制，担当深入发掘公司市场价值的维护者

（一）搭建多层次投资者沟通机制

围绕业绩发布、重大经营事项和资本项目，聚焦投资者关注热点，开展形式多样的投资者沟通交流，及时将公司生产经营情况传递至资本市场，以互动促互信。

一是定期沟通战略投资者和重要法人股东，定期拜访战略股东，专项交流公司生产经营、改革发展成效以及重大经营事项，力争获得理解支持。

二是畅通中小投资者沟通渠道，通过上证 e 互动平台、投资者关系邮箱、电话等渠道，认真倾听中小投资者心声，积极回应关切，主动维护中小股东权益。

三是强化与机构投资者和潜在股东的沟通，疫情期间通过远程召开定期报告业绩说明会和年度业绩线上路演，增强其对公司经营发展的了解和认同，不断挖掘公司市场价值。

（二）完善股价敏感信息处理机制

持续关注市值变动及全球资本市场动态，适时制定价值管理专项方案，通过研究各类市值管理工具、定期分析投资者关系及市值管理情况，有效推动公司价值管理落实落地。

五、服务国家战略和公司战略，担当创新资本运作实践的参谋者

（一）服务国家“引进来”“走出去”战略和公司国际化战略，不断拓展董办团队国际视野

2015 年推动引入达美航空作为战略投资者，建立全面战略合作伙伴关

系。2017 年完成东航集团入股法荷航集团，开启“股权合作 + 业务协同”的合作新模式。董办团队通过跨文化交流体验，学习借鉴法荷航集团董事会运行的优秀实践，不断拓宽自身视野，助力推动公司董事会提升运行质效。

（二）服务上海航运中心建设和公司枢纽化战略，完成国内首次上市航企交叉持股

2019 年，积极响应中央“国民合作”号召，推动东航集团、东航股份与均瑶集团、吉祥航空交叉持股。双方以股权为纽带，开展深度战略合作，做大做好上海主基地市场“蛋糕”，有力推动公司以京沪为主的“两市四场”双核心枢纽战略落地，更好地服务长三角一体化高质量发展和上海航运中心建设。

（三）服务国家大飞机战略和民航强国建设大局，赋能公司可持续发展

新冠疫情暴发以来，全球航空业经营受到极大冲击。2021 年，推动完成公司非公开发行项目，通过向东航集团定增 108.28 亿元，实现公司资产负债率由当期的 82.80% 降至 79.01%，进一步优化公司资产负债结构，有效提高抗风险能力。2022 年，受新冠疫情持续影响，公司启动新一轮资本强化计划，采用“集团募资 + 市场化融资”路径，非公开发行 150 亿元，募资用于引进国产大飞机 C919 与 ARJ21，助力公司巩固核心竞争力，推动实现稳健经营和可持续发展。

9. 浦东建设：

心怀敬畏　勤勉尽责　砥砺前行

上海浦东建设股份有限公司（以下简称“浦东建设”或“公司”）成立于1998年，是一家以建筑工程为主业的国有控股上市公司。时至今日，公司已从传统的施工企业逐步转变为市政基础设施投资建设商，并积极向“科技型全产业链基础设施投资建设运营商”战略转型。董事会办公室作为公司决策机构和经营管理团队的枢纽，是承担公司合规治理、信息披露等工作的重要窗口单位。

随着资本市场改革的不断深入推进，服务于决策层、贴近资本市场等特点，又赋予董事会办公室新的时代使命。围绕着公司战略发展要求，聚焦经营中心工作，近年来，浦东建设董事会办公室不断加强自身建设，强基础谋发展，较好地完成了公司董事会及分管领导交办的各项任务，扮演好参谋助手角色。

一、打牢合规基础，常怀敬畏之心

没有扎实稳固的基础，一切发展都无从谈起。董办的工作更是如此，合规几乎是董办的第一生命线，也是处理各项事务的首要准绳。在日常工作中，董办同事们在思想上保持“四个敬畏”，始终将合规建设视为重中之重。

一是不断加强对法律法规的研学和理解，重点加深对《公司法》《证券法》，以及《股票上市规则》《上市公司自律监管指引》等文件的消化与掌握，以此把握上市公司“三会”运作、信息披露、投资者关系管理中的要点，筑牢合规管理的思想根源。

二是以案释法促整改，通过定期收集违规案例，对比公司内部可能发生的类似情形，利用部门工作例会对此开展讨论交流，结合违规案例的情境设身处地去找寻处理方法，进而检视部门工作中存在的不足，做到查漏补缺。

三是将公司各项制度和决策贯彻落实到位，通过构建与完善信息传递渠道，形成执行和反馈的完整闭环，从而进一步强化合规能力，减少违规操作的可能。

二、倾听市场声音，不负股东信赖

董事会办公室身处上市公司面向公众的前沿，承担着沟通投资者的重要作用，其不仅要协调身份各不相同的投资者，更要通过回答好各式各样的提问来凝聚起广大投资者对于企业发展的信心。对于投资者的提问，董事会办公室始终坚持认真倾听并予以记录。对于一些需要内部跨部门确认的事项，为确保投资者得到较为满意的答复，董办贯彻“首问负责制”，由第一个接待的同事负责全程跟踪办理。对于因二级市场股票投资受损的投资者，董办在耐心听取倾诉的同时，及时提示交易风险，将投资者保护理念融入投资者关系管理的全过程。近年来，我们还进一步探索丰富投资者关系管理的平台和载体，如在定期报告披露后发布可视化财报、举办投资者说明会等，进一步拉近和投资者的距离。投资者关系管理不论如何创新，其核心仍然离不开可靠的信息披露。在董秘的带领下，董事会办公室及时起草信息披露事务管理制度修订意见，抓好信息源头管理，不断提高信息披露事务能力。通过常态化培训、明确职责分工、完善报送网络等方式，促进公司重大事项信息及时、准确、有效地传递。为确保信息披露制度得到刚性落实，我们还将信息报送机制的执行情况纳入公司年度考核评价体系，确保责任分配到各分子公司与各部门。此外，公司董事会办公室在人员配备上，注重知识、经验的多元性，工作人员分别来自财务、金融、企业管理以及法务等多条线，多维度审阅信息披露文件，客观上促进了披露质量提升。公司严谨准确、及时高效的信披机制受到了监管机构与投资者的认可，连续两年获得上交所信息披露考核 A 级评价。

三、融入发展大局，传递公司价值

随着公司高质量发展的脚步逐步加快，管理层对董办的履职提出了更高的要求。近年来，公司围绕着主产业链以及科技、金融两大支撑，先后实施了一系列股权收购并购及创新融资项目。董事会办公室通过项目参与，逐步熟悉了投资融资的相关业务流程，深入掌握了国有资产交易的管理规范，进一步打开了董办履职的新局面。

未来，在守住合规管理的前提下，董事会办公室将继续研究如何用好政策红利，结合产业发展规律和市场竞争规律，做好公司战略发展研究，谋划产业链协同整合的资本运作路径，争取为发挥国有资本功能、提升公司核心竞争力再作出新的贡献。

10. 中铁工业：

坚持守正创新 聚焦价值实现
助推企业实现高质量发展

中铁高新工业股份有限公司（以下简称“中铁工业”）是全球基建领军企业中国中铁股份有限公司的控股上市公司，于2017年年初完成重组并在上海证券交易交所更名上市，成为A股主板市场唯一主营轨道交通及地下掘进高端装备的上市公司。作为习近平总书记“三个转变”重要指示首倡地、中央企业最早党组织诞生地、“中国品牌日”发源地和大国重器原创技术策源地，中铁工业牢记“振兴民族工业，打造世界一流高新装备制造企业”的初心和使命，提升自主创新能力，加大关键技术攻关，推动企业转型升级。重组上市六年来，公司已发展成为世界领先的基础设施建设服务型装备制造商，全断面隧道掘进机、架桥机、道岔、桥梁用钢铁结构四项主营产品均被工信部认定为“制造业单项冠军”。

中铁工业董办坚持以规范治理为基础，开拓创新为动力，价值创造为目标，严格落实证券、国资双重监管要求，持续提升公司治理效能，严格规范信息披露，构建立体投关格局，增强市值管理成效，持续加强董办队伍建设，切实打造成为连接企业与资本市场的有力纽带，为企业持续高质量发展做出了应有贡献。重组上市以来，中铁工业累计荣获最佳董事会、中国百强上市公司企业奖、“金质量”公司治理奖等各类资本市场重量级奖项50余项，公司的资本市场影响力、美誉度和认可度大幅提升。

一、落实国企改革要求，提升公司治理效能

中铁工业董办严格遵循证券监管和国企改革对公司治理的各项要求，

加强顶层设计，完善制度体系，强化董事会建设，坚持依法合规运作，促进母子公司治理协同，公司运转质量和治理效能持续提升。

（一）加强顶层设计，明确“十四五”公司治理任务

坚持问题导向和系统思维，起草编制了《上市公司治理“十四五”规划》，对中铁工业“十四五”期间的公司治理工作提出了明确的任务目标和实现路径，为有效保持公司治理工作的连贯性和一致性，稳步实现中远期公司治理目标明确了方向，提供了指导。

（二）完善制度体系，保障公司治理依法合规

中铁工业董办按照党和国家重大决策部署、证券监管最新变化和国资国企改革要求，持续修订完善公司治理制度体系，加强与其他治理主体日常工作机构的协调，建立了以章程为基础、议事规则为主体、配套制度为支撑的治理制度体系；根据制度修订情况，编制《公司治理规则汇编》，为全面提升所属各级企业的公司治理水平提供了有力支撑。

（三）规范“三会”运作，确保决策科学高效

坚持每年初发布年度“三会”计划，确保会议计划性、及时性、合规性；分门别类编制议案模板，提高议案质量；实施职能部门、法规部门、董办、董秘、外聘律师五级议案审核机制，确保议案真实准确，依法合规；落实经理层成员向董事会汇报议案要求，突出经理层对董事会负责导向；积极落实报告机制，董事会向股东大会报告年度工作、经理层向董事会报告年度工作及授权事项执行情况；严格按照“三会”议事规则程序，规范组织会议；定期开展董事会决议执行跟踪检查评价，紧盯未完成决议事项，持续进行动态监管，确保决议有效落实。评价期内（2021 年 9 月 1 日 ~ 2022 年 8 月 31 日），中铁工业累计召开股东大会、董事会及其专门委员会、监事会会议 35 次，审议议案 174 项，听取汇报事项 23 项。

（四）强化履职支持服务，保障外部董事、监事高效履职

努力消除信息不对称，邀请外部董事监事参加公司重要工作会议和重大项目研讨，定期向外部董事监事通报公司生产经营信息，评价期内，累计向外部董事监事发送公司月度经营简报 12 份；积极组织落实外部董事监事在相关会议、履职报告、调研报告中提出的意见建议，形成落实情况报

告并及时向外部董事监事反馈；密切关注并及时组织外部董事监事参加证券监管机构组织的初任培训、后续培训、业务培训等，有效提升了履职能力。

（五）加强治理型管控，推进母子公司治理协同

持续加强基于股权关系的治理型管控，加大公司委派的外部董事监事履职支持服务力度，整理宣贯外部董事监事履职应知应会相关制度文件，做好对委派的外部董事监事履职报告和台账的收集分析；加强对所属单位“三会”议案审查管理，落实议案审查前置沟通机制，建立线上议案审查流程，及时向委派的外部董事监事和股东代表反馈审查意见，依托资本纽带，强化治理型管控。评价期内，累计对企业所属的全资、控股、参股公司的31次会议的101项议案征求同意意见86条，附条件同意意见48条，反对意见17条，办理授权4人次，有效贯彻了股东意志，维护了公司权益；制定印发《加强子公司董事会工作的指导意见》，扎实开展所属单位董事会规范运作考评，对发现的问题及时进行反馈并做好督促整改；持续做好对所属单位公司治理的帮扶指导，提升公司治理规范运作水平。

二、坚持依法合规披露信息，进一步提升信息披露水平

在依法合规开展信息披露的基础上，持续完善自愿性信息披露内容。从投资者视角检视信息披露内容，通过定期报告、临时公告等揭示行业发展趋势，展现公司核心竞争力和稳健发展成就，稳定投资者预期。

（一）增强信息披露主动性，持续优化信息披露内容

在同行业可比公司中，率先按季度披露公司新签合同额整体情况及中标的重大项目；结合公司所处行业特性，在重大合同签约公告中新增季度经营信息，直观展示公司业绩；2022年在季度报告中主动新增提醒投资者关注的经营情况重要信息，对新签合同额增减幅度较大的业务板块详细分析原因，增强信息透明度，满足投资者需求。

（二）挖掘公司投资亮点，稳定投资者预期

在年度报告和半年度报告中，多角度挖掘投资者关注的投资亮点，加

大对公司产品在抽水蓄能、水利水电领域的应用以及经营调结构、“第二增长曲线”等核心经营策略信息的收集、整理和披露，在资本市场取得了较好的正向反馈，增强投资者对公司未来发展的信心。

（三）坚守依法合规底线，树立良好资本市场形象

始终将依法合规作为信息披露工作的生命线，坚持规范编制、多级审核、合规披露机制。评价期内，所有信息披露内容没有出现资料缺项漏项和“打补丁”问题，未出现因信息披露违规而被监管机构和交易所采取监管措施和纪律处分的情况。2022 年，公司信息披露工作连续第五年被上海证券交易所给予最高评价等级 A 级（据相关统计资料，A 股市场连续五年及以上考核为 A 的公司仅 228 家，占比 5.44%），向资本市场和证券监管机构展现了合规经营、规范运作的良好央企上市公司形象。

三、打造立体投资者关系管理工作格局，构建和谐共赢投资者关系

中铁工业始终将投资者关系管理工作作为对外沟通交流的桥梁和投资者了解企业的窗口，确定了“一个目标、双向互信、三方支持、四维并进”的投关工作思路，构建起和谐共赢的投资者关系。

（一）知行统一，凝聚合力

一是开设专栏，提升认知。在内部信息化办公平台开设上市公司专栏，及时更新上市公司相关材料，增进员工对投关工作的了解。

二是加强培训，增强意识。将证券基础知识、监管规则讲解、违规案例解读等纳入“中铁工业大讲堂”、党委理论学习中心组学习、领导干部培训，促使各级管理者以上市公司的思维和立场想问题、作决策。

三是明晰职责，形成合力。根据最新监管要求，修订公司投资者关系管理制度，进一步明晰了投关工作流程及相关业务部门在投关工作中的职责定位，凝聚了投关工作合力。

（二）敬畏市场，持续改进

建立了汇总、分析、反馈的工作机制，通过投资机构交流、投资者热

线、IR 邮箱、接待来访、路演和反路演、业绩说明会等各类渠道收集投资者意见建议，认真梳理分析，形成资本市场月报、市值管理报告，并及时向公司管理层进行反馈，积极推动合理建议转化为具体管理举措。

（三）立体推介，突出重点

坚持“走出去”和“请进来”并重、“广泛沟通”和“精准推介”相结合的投资者沟通策略，加强对股东名册的分析与应用，针对性开展投关活动；增强沟通主动性，加强与行业分析师、主要股东等“关键少数”的沟通互动，保持公司在资本市场的关注度。

（四）多元沟通，主动开放

畅通多元化沟通方式，通过上证路演中心、定期业绩电话说明会、策略会、上证 e 互动、投资者热线、IR 邮箱等线上平台加强与投资者沟通交流；及时组织年度、半年度业绩路演活动，开展反向路演，业绩发布后主动向主要股东汇报公司生产经营成果和公司发展展望，做好有关机构、投资者的来访调研邀请和接待工作。2022 年，中铁工业累计接待投资者来访 24 场，参加投资机构策略会 3 场，召开业绩电话说明会 4 场，开展业绩路演 2 次、反向路演 1 次，通过上证路演中心等平台召开由董事长、总经理等管理层参加的业绩说明会 3 次。

四、坚持多措并举主动作为，增强市值管理主动性

坚持以市值管理“十四五”规划为牵引，加大资本市场宣传力度，持续开展可比公司股价动态监测，积极探索相关市值管理举措。

（一）制定“十四五”规划，明确市值管理目标路径

编制起草了《中铁工业市值管理“十四五”规划》，详细分析了市值管理方面存在的问题、面临的政策环境，提出了相应的工作目标及具体举措，为有效开展市值管理工作提供了指导。

（二）加强资本市场宣传力度，展示良好企业形象

进一步加大资本市场宣传力度，结合投资者阅读习惯，在定期报告和季度经营数据发布时点，同步在微信公众号等新媒体平台刊发业绩图解，

以更加生动形象的方式帮助投资者快速了解公司业绩。在上市五周年、开展反向路演、中国品牌日等时点针对性开展资本市场宣传，从不同角度展现公司主要成就和未来发展前景，坚定投资者对公司的信心。进一步完善宣传机制，制订实施更具契合性、针对性的宣传策略，紧盯宏观政策及资本市场动向，挖掘投资者潜在需求，开展针对性宣传，深化资本市场对公司的认知，提升宣传效果。

（三）加强对标管理和股价监测，及时掌握最新动态

持续加强公司与大盘、可比公司的股价监测分析，形成了股价日动态分析、周动态分析、股东名册动态分析、资本市场月报、专项报告等多层次反馈机制；与机构投资者和分析师保持沟通交流，及时、准确了解资本市场动态。加强对宏观政策、行业政策及地方政策的收集和分析，在定期报告披露时点，及时做好与可比公司的业绩对比分析，并及时向公司管理层反馈。

五、积极开展资本运作，增强企业发展动力

中铁工业充分发挥上市平台功能，积极开展资本运作。2017 年，公司通过科学组织策划，最终以高出底价和前一交易日收盘价的 15. 85 元/股溢价发行定向增发股票，顺利募集资金 60 亿元，创造了当时资本市场溢价发行的纪录，保证了募投项目的顺利实施，对增强公司科技研发实力，提升核心竞争力，巩固行业龙头地位具有重要作用。此外，为拓宽融资渠道，降低融资成本，优化财务结构，保障公司生产经营等资金需求，结合企业经营和债券市场情况，中铁工业分别于 2019 年、2020 年和 2022 年向专业投资者成功发行了 3 期可续期公司债，累计融资 40. 1 亿元，进一步增强了公司发展动力。

六、加强董办团队建设，凝聚干事创业力量

中铁工业董办结合部门职责，细化岗位分工，所有工作逐项明确主辅

责（AB角），做到各项工作不漏项、不缺项、运转顺畅；针对业务杂、条线多、人员少的实际，坚持“分工有侧重、工作多协同”，保证不失位、尽量多补位，并结合实际，动态调整每位员工的工作量，保证工作效率和质量；特别是在编制年报、半年报和企业年报，筹备并召开股东大会、董事会，开展董监事联合调研等任务繁忙期间，所有员工全部参与，确保任务按时保质完成。为使员工熟悉并掌握部门全面工作，培养复合型员工，实施“定期轮值、不定期轮岗”的工作机制，对部门日常工作实行定期轮值，对公司治理、信息披露、投资者关系及市值管理等业务岗位实行不定期轮换；坚持每月召开部门例会布置当月重点工作，每周总结当周工作完成情况并明确下周重点工作任务，以清单形式下发，增强整体工作计划性。

中铁工业董办将继续坚持守正创新，开拓各项工作新境界；聚焦价值实现，引导公司价值合理回归；主动学习提升，提高团队员工胜任力，为建设产品卓越、品牌卓著、创新领先、治理现代的现代化一流企业贡献更大力量。

11. 厦门钨业：

合规为先　守正创新

厦门钨业股份有限公司（以下简称“厦钨”或“公司”）是福建省属国有控股上市公司，国家火炬计划钨材料产业基地、国务院批准设立的国家大稀土集团之一，主要从事钨钼、稀土、能源新材料三大业务。公司自2002年在上海证券交易所成功挂牌上市以来，已发展成为全球领先的大型钨材料企业、国内锂电正极材料重要企业、稀土深加工及应用高发展潜力企业。在上市公司的治理工作中，厦钨董秘办公室（以下简称“董秘办”）始终坚持合规为先、守正创新的理念，与时俱进，深化公司合规运作，提升公司治理能力。在董事会的指导下，公司于2022年成功入选国务院国资委组织的“国有企业公司治理示范企业名单”。

一、健全制度保障，专业引领合规履职

公司根据《公司法》《证券法》《上海证券交易所股票上市规则》等有关法律、法规和规定制定了一系列规范上市公司治理的规章制度，同时，紧跟监管机构新规，结合公司实际，董秘办组织修订了公司章程、三会及专门委员会议事规则、独立董事工作制度、董事会秘书工作制度、信息披露等制度并严格执行，为董秘办合规履职提供指引和保障。随着公司的发展和市场的变化，公司不断完善“三会一层”的法人治理结构，为适应公司战略与可持续发展需要，将董事会下设的战略发展委员会更名为“战略与可持续发展委员会”，以持续提升公司环境、社会及公司治理（ESG）表现。

董秘办作为开展上市公司治理工作的重要部门，现已建成由5名专业

人才组成的高素质团队，具备财务、法律、金融、经济等方面专业背景知识，紧密协作配合，内部分工明确，团队运作高效。

二、规范“三会”运作，提高公司决策科学性

董秘办认真组织筹备每一场股东大会、董事会、监事会及相关专门委员会，确保三会全过程合规。并积极组织大股东、实控人和董监高等“关键少数”参加相关培训，宣导解读上市公司最新法律法规。同时，董秘办组织下属子公司“三会”运作及管理，通过培训、编制操作手册、事先审核等多种途径不断完善下属子公司“三会”的制度建设及日常规范运作，从而提高上市公司的治理水平。

为提高公司决策的科学性，董秘办及时将资本市场及行业反馈的外部信息（如来自监管机构、投资者的建议）反馈给公司，相关意见被纳入公司五年战略规划，同时这些意见也为公司管理层推进日常相关工作提供支持，也有助于管理层多倾听投资者的声音，从而提升公司价值。

三、以投资者需求为导向，优化提升信披质量

（一）定期报告

董秘办积极推进公司定期报告的不断完善，公司主要业务涉及三大板块，为方便投资者理解，公司在定期报告中分板块进行整理分析，主动结合所在细分行业政策和市场动态，比较分析公司主营业务行业运行情况、主要经营情况及主要经营管理举措等。通过定性与定量分析相结合的方式，采用图文并茂、图表对比等形式，生动形象地展现报告期内公司主营业务的经营发展情况及同期对比情况，并对公司的核心竞争力进行客观、充分的分析。董秘办主动披露年度、半年度业绩快报，方便投资者及时了解公司的业绩，披露的定期报告语言精练、重点突出、可读性强。

（二）临时报告

董秘办及时跟进重大事项进展，并履行必要的信息披露义务。披露的

信息充分、及时提示可能出现的不确定性和风险，文字通俗易懂，以投资者需求为导向，有利于投资者做出价值判断和投资决策。

（三）ESG 报告

在往年社会责任报告的基础上，2021 年董秘办组织编制了公司首份《环境、社会和治理报告》（中文版和英文版），从“公司治理、卓越运营、安全健康、绿色发展、人才成长、社区参与”等多角度全方位地向投资者展示公司在 ESG 方面的表现。并经第三方进行独立鉴证，与公司2021 年年度报告同步披露。

此外，董秘办还组织编制了“一图读懂厦门钨业 ESG 报告”，方便投资者阅读。2022 年 9 月，公司 2021 年度 ESG 报告上榜了 2022 年《财富》中国 ESG 影响力榜；公司编著的《践行绿色低碳发展道路　争当受人尊敬的世界一流企业》入选中国上市公司协会组织汇编的《上市公司 ESG 优秀实践案例》。

四、丰富渠道，创新方式，强化投资者关系管理

公司重视投资者关系的管理，为加强与投资者的交流与互动，董秘办持续跟踪、学习新规要求和指引，通过多种沟通渠道、采取多种创新形式，向投资者真实、准确地传达公司在三大业务板块上的发展战略及经营理念，实现和投资者的良性互动。

（一）业绩说明会

公司不仅按照中国证监会、证券交易所的规定，在每年定期报告披露后及时积极召开投资者业绩说明会，还积极参加由厦门证监局组织的厦门辖区上市公司年报业绩说明会暨投资者网上集体接待日活动。随着数据可视化的普及，公司主动在上证路演平台与投资者关系网站上创新使用可视化财报、一图读懂年报等新颖的展示形式，便于投资者及时全面地了解公司经营状况及主要财务数据，取得了较好的反响。

为提高业绩说明会的质量和效果，公司董事长、独立董事及高管视频出镜，对公司生产经营及财务状况进行详细讲解，与投资者进行充分的沟

通交流。同时，公司邀请机构投资者参与业绩说明会，中小投资者通过文字形式参与提问，充分发挥了业绩说明会让公司传递价值、投资者发现价值的桥梁作用。

（二）线上互动

公司一贯重视与投资者尤其是中小投资者的线上沟通交流，通过上证e互动、投资者热线、公司邮箱等渠道积极主动与投资者沟通交流，认真回应投资者的意见和建议，维护公司与投资者的良好关系。为适应互联网、新媒体等发展形势，2022年公司新搭建了投资者关系网站，并专门开设了可持续发展与投资者教育基地等模块，及时披露公司在践行ESG理念上取得的进展，积极配合投资者教育工作的推广。

（三）投资者交流

在与投资者的交流中，董秘办不断创新方式方法，积极推行“多走出去”的交流方式，化“被动调研”为“主动沟通”，紧跟社会环境变化，积极开展电话会议、公司座谈、参观调研、券商策略会等多渠道沟通交流，与投资者进行良好互动。

在“走出去”的同时，厦钨也对投资者敞开“请进来”的欢迎大门。2021年至今共组织10余场投资者现场调研，到厦门金鹭、厦钨新能、金龙稀土等权属公司进行实地参观，通过管理技术人员与投资者的互动交流，让投资者亲眼见证公司各项业务的高质量发展，直观感受公司产品技术的先进卓越和现场管理的高效严谨，使投资者对公司业务的蓬勃发展坚定信心，从而更好地向资本市场宣传公司价值，树立公司资本市场品牌形象。

五、开展有效资本运作，促进员工与企业融合发展

（一）控股子公司分拆上市

2021年公司成功分拆控股子公司厦门厦钨新能源材料股份有限公司（以下简称“厦钨新能”）至科创板上市，成为福建省首单分拆上市成功案例。董秘办积极组织和协调该项目的相关工作，助力公司借助资本市场的力量进一步实现业务聚焦、提升专业化经营水平，提高发展质量。通过本次分拆，

公司和厦钨新能的主业结构更加清晰，厦钨新能成为锂离子电池材料业务的独立上市平台，进一步增强锂离子电池材料业务的盈利能力和综合竞争力。

（二）员工激励

为进一步完善公司的法人治理结构，促进公司建立健全激励与约束相结合的分配机制，充分调动骨干员工的工作积极性，确保公司长期发展目标顺利实现，董秘办协助公司根据相关法律、法规和规范性文件及实际情况，开展了限制性股票激励和两期员工持股计划。

其中，第一期员工持股计划于2019年实施，2022年完成出售，覆盖员工59人，实现正向激励。第二期员工持股计划于2022年7月审批通过，并于10月通过二级市场以竞价交易方式完成股票购买，覆盖员工141人，锁定期为1年。公司2020年实施的限制性股票激励计划覆盖员工98人，占公司总股比0.88%。近期，董事会审批通过所授限制性股票第一次解锁期解锁条件成就的议案，于2022年12月28日解除限售上市流通。

通过限制性股票激励及员工持股计划，实现了员工正向激励，有效地将公司利益和员工利益结合在一起，培养、建设了一支具有较强自主创新能力的高水平人才队伍，有效促进公司经营业绩平稳快速提升。

六、关注舆情管理，积极提升公司形象宣传

日常，公司持续进行舆情监测，第一时间掌握舆情动向，如发现重大、负面、敏感舆情及时向相关负责人了解情况、求证，并进行分析和处理。公司近3年没有发生重大、负面、敏感舆情。

同时，公司从业绩、品牌、战略等角度主动发声，开展媒体宣传，先后与中央广播电视总台、《人民日报》《上海证券报》《证券时报》、福建经济广播、《董事会》杂志等多家媒体合作，发布了多篇专题报道，讲好公司高质量发展的故事，让投资者更加全面深入了解公司。公司也积极向相关媒体投稿，从大众媒体角度宣传公司价值，树立公司良好的品牌形象。

“道阻且长，行则将至”。未来，厦钨董秘办将继续努力，不断成长，期待在实践中创新，在探索中前行。

12. 长电科技：

创新务实　推动公司高质量发展

奋斗史诗波澜壮阔，复兴伟力奔腾磅礴，实体经济是一国经济的立身之本。党的二十大报告提出，坚持把发展经济的着力点放在实体经济上，推进新型工业化，加快建设制造强国、质量强国。

党的十八大以来，以习近平同志为核心的党中央把创新作为引领发展的第一动力，摆在党和国家发展全局的核心位置，立足中国特色，着眼全球发展大势，把握阶段性特征，对新时代科技创新谋篇布局。

站在新的历史起点上，数字转型、科技赋能将成为企业未来发展的重要引擎和动力，并将助力企业实现高质量、高水平发展。

长电科技作为全球领先的集成电路制造和技术服务提供商，提供全方位的芯片成品制造一站式服务，包括集成电路的系统集成、设计仿真、技术开发、产品认证、晶圆中测、晶圆级中道封装测试、系统级封装测试、芯片成品测试并可向世界各地的半导体客户提供直运服务。公司在中国、韩国及新加坡拥有两大研发中心和六大集成电路成品生产基地，业务机构分布于世界各地，可与全球客户进行紧密的技术合作并提供高效的产业链支持。

集成电路是支撑经济社会发展的战略性、基础性和先导性产业，是引领新一轮科技革命和产业变革的关键力量。近年来，长电科技始终坚持自主创新，坚持国内国际双循环布局，不断优化产品结构和业务比重，灵活调整订单结构和产能布局，增强自身抵御周期波动的能力。同时，公司发力创新，和产业链高度协同合作；持续完善人才激励、员工关怀等举措，践行企业社会责任，激发全员凝聚力；推出了公司首次员工持股计划和股票期权激励计划，体现出公司全体员工对公司长期发展的坚定信心。

一、精益求精，持续提升公司信息披露质量

（一）依法合规，不断创新，持续提升

公司坚持信息披露合规理念，持续提升信息披露有效性。在定期报告中主动将公司行业地位、产品、研发等动态结合所在行业发展趋势、终端应用市场动态、全球区域市占率等，通过丰富的数据、图表解读行业情况，深入比较分析公司的行业发展趋势、经营模式、核心竞争力、经营计划等行业及经营性信息，多维度展示公司内在价值，以便于投资者对公司所处行业、自身行业地位、经营情况等有全方位的了解。

同时，不断创新重大事项管理模式，做到“事前、事中、事后”全流程管理，加强重大事项决策程序履行完毕，在实施过程中的过程管理，按类别采用台账管理、专人专项持续跟踪及协调管理，以防范过程风险。例如对于募集资金使用，除财务、董办分别做好台账外，还不断探索优化全流程实时管理模式，联合工厂、供应链、法务、设备、财务、资金、IT 等多部门协作，实现线上审批、采购、专项付款、入账等全流程贯通，同时线下辅助复核支持，保证了募集资金使用过程管理的及时性、连贯性、一致性以及数据的可溯化。此外，公司内审部在董事会审计委员会领导下，每半年度对募集资金的使用情况进行一次全面审计。保障募集资金存放与实际使用各环节的合法合规。公司将继续坚持国内国际双循环布局，将募集资金更高效地使用在推进双循环的领域中，并持续加大过程合规管理。

多年来，公司信息披露的真实性、及时性和完整性得到了投资者的广泛认可和充分肯定。公司获评无锡市上市公司协会颁发的“2021 年度无锡市 A 股上市公司信息披露优胜单位”，并于 2022 年 5 月再次获得上交所信息披露评价 A 级。

（二）优化 ESG 管理体系建设

公司一直重视环境保护及治理合规，积极履行社会责任，在定期报告中详细披露环境信息情况，包括主要危废物，第三方检测数据与排放标准

对比表，危废物的处理方式，为保护生态、防治污染及减少碳排放所采取的措施及效果，以及在职工权益保护、社会公益、利益相关方等履行的社会责任及努力。2022 年，公司进一步优化提升 ESG 管理，自上而下进行体系化建设，聘请专业第三方机构一起评估 ESG 管理现状、搭建 ESG 管治架构、编制 ESG 指标体系等，以更积极承担社会责任，促进企业与各利益相关方共同可持续发展。

二、完善公司治理体系，进一步提高规范运作水平

（一）充分发挥董事会下设委员会作用，治理运行规范有效

公司董事会由 9 名董事组成，其中包括 3 名独立董事，董事会下设战略投资委员会、审计委员会、提名委员会、薪酬与考核委员会。委员们均为来自各行业相关的资深专业人士，拥有丰富的专业知识及实际经验，可以从不同的角度为公司发展和决策提供专业意见和建议。公司充分发挥董事会各下设委员会作用，如：不定期召开战略研讨会，对行业发展趋势、市场环境变化、公司中长期发展方向、人才战略与优化、研发战略规划及重点投资项目等进行深入探讨，不断优化完善公司中长期战略。定期召开审计委员会会议，根据年初内审计划汇报内审情况，听取委员们对内审工作的建议及指导，并不断完善；同时委员们定期听取会计师汇报审计及审阅公司定期报告情况，提出更高标准与要求，强化独立第三方责任。2021 年，公司共召开 9 次专门委员会会议，在定期报告审计与内部审计、薪酬体系建设与考核、公司战略与运营等方面发挥了重要作用，提高了公司董事会决策的科学性。

公司董事会和管理层坚持以风险防范为导向，以提升管理实效为目的，根据《公司法》及 2022 年新修订的《上海证券交易所股票上市规则》等法律法规修订情况，结合行业特征及公司实际情况，持续梳理和完善公司内控流程和相关制度，并对内控执行情况进行检查和监督，为企业经营管理的合法合规及高质量发展提供了保障。

（二）创新简化流程，提升董监事会决策效率

董办团队在高效组织公司“三会”及各委员会会议召开的同时，不断

协调相关部门提升议案质量及标准化，以提升审阅效率及促进议案与公告的更好衔接；积极推动“三会”及各委员会会议在后疫情时代召开的便捷性，参会的沉浸式体验，在保障董监事充分表达意见的基础上采用 Teams、视频、同步软件等多种工具为参会人员提供便利，提高会议效率。同时，公司搭建了董事特别是独立董事及外部监事与管理层、工厂、第三方中介机构的沟通对话平台，强化董事会决策事前沟通机制，保证董监事会运作的高效、规范。

公司亦注重董监高履职培训，积极组织公司董监高参加监管机构和自律组织的各类培训活动，聘请第三方机构为董监高进行各类培训和法规解读；及时组织独立董事参加相关后续培训；不定期通过电话、邮件、会议等方式向董监高宣贯新规及合规知识。

三、积极开拓多样化渠道，加强与投资者沟通交流

（一）多措并举开展日常沟通，助力提升公司价值

公司始终坚持与时俱进，充分发挥科技助力作用，为投资者、客户、供应商等利益相关方多维度了解公司提供全方位支持。公司除及时通过投资者热线、IR 邮箱、上证 e 互动、业绩说明会等回复投资者关切外，亦开展多部门联动机制，通过媒体、官网、微信公众号等定期和实时发布最新的行业动态、经营业绩、公司新闻，同时制作了大量视频，采用生动易懂的方式介绍公司研发技术、产品工艺流程等，增强宣传效果，方便大家更好地了解行业发展和公司动态，提升公司市场形象、价值、品牌影响力。

公司获得了美国《Institutional Investor》2022 亚洲半导体类公司最佳投资者关系项目/团队第三名；中国大陆半导体类公司最佳投资者关系专业项目/团队第一名；证券之星颁发的年度优秀上市公司奖；《证券时报》颁发的中国上市公司成长 100 强等奖项。

（二）妥善安排投资者来访接待工作

公司董办团队积极落实科学、规范、高效化的投资者关系工作机制，并平等对待所有投资者，保障所有投资者平等地享有知情权及其他合法权

益。2021 年，公司接待和出席了 100 多场调研或策略会，通过线上和线下结合的方式，高效地开展投资者关系交流活动，传递了公司的发展战略、日常经营等信息，并通过安排投资者实地调研等方式，增强投资者对公司发展的了解和认可。

四、积极开展资本运作，助力公司快速发展

公司充分借力上市平台，紧紧围绕公司战略积极开展资本运作，助力公司快速发展。近十年，公司多次通过非公发、并购重组等方式募集资金近 130 亿元。

（一）海外并购重组，推动公司跨越式发展

2015 年，公司联合国家集成电路产业投资基金及产业链战略投资人芯电半导体，以 7.8 亿美元现金要约收购新加坡上市公司星科金朋，从而控股星科金朋。彼时，星科金朋为全球第四大委外封测厂商，长电科技为全球第六大委外封测厂商。

通过本次并购，公司拥有了更全面的产品与服务组合、更广泛的客户和地域覆盖，以及全球一流的先进封装技术；在核心技术、知识产权、客户资源、市场占有率等方面快速提升，实现了跨越式发展，在全球委外封测企业中排名第三，也是迄今为止国内唯一一家全球排名进入前三的半导体企业，在打造自身核心竞争力的同时提升了中国封测行业的国际竞争力。公司营业收入从 2014 年的 64 亿元快速增长至 2021 年的 305 亿元，归属于上市公司股东净利润从 2014 年的 1.57 亿元增长至 29.6 亿元。

（二）非公发融资，助力公司健康发展

海外并购重组完成后，对星科金朋的债务整合及将其已孵化好的先进技术产业化需要不断地投入大量资金。公司采用向特定对象非公发及向市场合格投资者非公发的方式募集资金超过 100 亿元，有效提升了公司的资金实力，有力支持公司主营业务开拓，不断调整优化融资结构及债务结构，并将资产负债率从 2016 年的超过 70% 降低至 2021 年的 43.39%，提高了公司抗风险能力，助力公司健康发展。

五、未来展望

随着5G通信网络、人工智能、汽车电子、智能移动终端、物联网等技术不断发展，先进集成电路封装市场需求不断扩大。国际知名市场调研公司Yole发布的数据显示，2026年，先进封装占比将从2015年的39%增长到50%。长电科技将依托自身丰富技术沉淀和全球资源，坚持国内国际双循环布局，持续聚焦先进封装技术、工艺和热点应用，不断提升创新和产业化能力；同时，将积极履行社会责任，不断加深与产业链上下游的协同合作，共同推动我国集成电路产业的持续高质量发展，为国家经济发展的自主可控作出应有的贡献。

13. 上海临港：

心无旁骛夯实基础　全面深耕彰显价值

上海临港控股股份有限公司是上海临港经济发展（集团）有限公司旗下专业从事园区开发、载体建设和运营服务的国有控股上市公司，公司以“科技创新和产业发展的推动者、区域转型和城市更新的建设者”为使命，践行上海自由贸易区临港新片区、上海科创中心及长三角一体化建设等国家战略，是上海市政府推动“产业升级，转型发展”的重要力量，也是中国（上海）自由贸易试验区建设的主要参与者。

2022 年是党的二十大召开之年，也是全面建设社会主义现代化国家、向第二个百年奋斗目标进军新征程的开局之年。在新冠疫情和全球经济换挡的环境下，我国经济社会发展进入新一轮的深度转型阶段。上海临港董办坚持以“特色化和可持续发展”为根本遵循，积极适应新形势、主动迎接新任务，服务提升公司战略发展能力，助力公司实现高质量发展，努力为股东创造更多价值，以工作实绩不断为公司赢得市场认同和投资者认可。2022 年，公司荣膺上证报“金质量 ESG 奖”、界面“金勋章年度 ESG 信息披露奖”、全景“2021 投资者关系金奖”，并再次入选中国上市公司协会优秀 ESG 实践案例，展现了提升上市公司质量、实现公司可持续发展方面的担当与成效。此外，在上交所的年度评价考核中，上海临港已连续多年被评定为 A 级，表明公司持续得到监管部门的肯定和认可。

一、多措并举不断不乱，确保疫情期间公司稳健运作

（一）确保信披准确，创新工作形式

2022 年，公司在信息披露和“三会”召开的关键期，遭遇较长时间的疫情封控环境影响，董办一方面加强把握信披内容的及时精准要求，与内部及中介机构通过线上等方式积极沟通，保障如期并高质量地完成年报和一季报的编制和披露工作，全力确保披露内容的时效性与准确性。另一方面，创新重要会议的组织形式，通过多次与上交所和中介机构沟通，结合公司实际情况和疫情防控要求，运用数字化技术，对年度董事会、股东大会、业绩说明会的参会形式进行了及时调整。全力确保了公司股东大会的召开符合法律法规和监管的要求，在特殊时期保证了公司“云上股东大会”的正常运行。

（二）克服疫情影响，积极沟通市场

针对疫情反复对公司收入利润等财务指标的影响以及资本市场重点关注的相关问题，董办多次进行了解沟通。一方面，董办通过与战投以及机构投资人积极沟通，及时明确了公司全年重点工作、三年行动纲领和具体推进计划等重要信息，强化了机构投资人对于上海临港全力坚守发展基本盘的综合信心。另一方面，董办通过多种形式的业绩说明会、同花顺平台交流会等途径，持续向市场释放积极信号，彰显了公司的国企责任担当，积极维护了公司及股东的利益。

二、心无旁骛夯实基础，全面推动公司高质量发展

（一）强化公司规范治理，提高规范运作水平

在新时代的资本市场中，董办不断适应新形势新要求，不断促进信息披露、规范运作、股东回报的“高质量、高标准、高水平”工作，持续推动公司高质量发展。年内，董办积极参加证监局、上交所相关座谈会，持续助力上海临港树立行业内规范治理的典范标杆；组织策划上市公司规范

治理专题培训，围绕上市公司信披违规、对外担保、资金占用、关联交易、对外宣传等方面的监管执法形势、法律责任及影响后果展开深度培训。同时，董办不断完善《监管动态及案例汇编双月刊》内容，重点选取具有显著实践特征的违规问题和处罚案例，对热点难点问题进行案例分析，逐步形成规范化运作的内生机制。

同时，董办持续为公司发展提供决策支撑。一方面，定期编制《公司股价基本面暨前100名股东变化分析》《临控快报》等一系列内参文件，帮助管理层掌握市场前沿动态和最新政策，夯实主责主业的参谋能力。另一方面，全面赋能公司业务发展，对公司股份减持过程中复杂多变的相关规定做了复盘梳理，同时紧扣“优化公司资源配置、形成战略协同”等解读角度，引导投资者正确、全面地理解。

（二）完善公司信息披露，推动更高质量发展

董办不断适应更高水平的信息披露要求，结合最新监管要求和投资者的需求，进一步完善优化信息披露工作。截至2022年10月末，上海临港共上传披露101份各类文件，62份临时公告，4份定期报告。在2022年的信息披露质量考核中，上交所对上海临港信息披露质量的考核评价继续为A级。目前，公司已连续4年获得上交所A级评价。

三、全面深耕投资者关系，多维强化价值管理体系质量

（一）紧贴资本市场一线，开发专业渠道，运用优势资源

2022年，在公司董事会、管理层的指导下，董办持续加强与专业机构的双向沟通。年内，董办牵头组织召开了“2021年度业绩说明会”和“2022半年度业绩说明会”，先后接待中金公司、中信证券等40多家大型券商和专业投资机构的调研，并举办了“同花顺——走进上海临港专场机构调研会”。另外，主动拜访中信建投、富国基金等近20家公募基金、券商研究机构，多维全面地拓展资本市场朋友圈。目前，中信证券、光大证券、开源证券等多家头部券商对公司出具了“买入”评级研报。

公司始终高度重视投资者回报，执行持续、稳定的利润分配政策，股

利支付率逐年提高，已实现连续五年实施现金分红，且年均分红比例均超过当年归母净利润的 30%，2022 年度公司现金分红比例达到 49%。

（二）关注前沿政策红利，及时深度解读形成精准宣传

董办根据对于资本市场形成“强影响”的实时政策动态，深度挖掘了上海临港的受益红利与政策潜能。一是利用财经媒体、专业网站、微信公众号等新媒体渠道，结合最新政策红利与定期报告，精准发布新闻稿件、视频音频、一图看懂等多种形式的近 20 篇报道。二是通过推进组建集聚《上海证券报》《证券时报》等主流财经媒体的上海临港“新闻媒体记者站”，组织策划特色园区系列报道，强化了园区与产业第一线的精准宣传通道。

2022 年注定是不平凡的一年，作为国有控股上市公司董事会办公室，上海临港董办在全年工作中经受了考验、锻炼了筋骨、增强了团队，在公司治理、信息披露、投资者关系、资本运作等方面发挥积极作用，全力提升工作内容和服务水平，促进上市公司价值的提升，努力将上海临港打造成为国有控股上市公司的典范。

14. 伊利股份：

提升公司高水平治理工作
助力企业高质量健康发展

党的二十大报告把高质量发展作为全面建设社会主义现代化国家的首要任务，为上市公司下一步工作指明了方向。内蒙古伊利实业集团股份有限公司（以下简称“公司”）作为乳品行业第一家 A 股上市公司，在引领行业高质量发展的同时，以实业立基，多措并举，持续推动自身高质量发展。公司董事会办公室在董事会秘书的指导下，通过不断强化公司合规运作、有效提升公司信息披露质量、积极促进投资者关系管理水平提高、适时推进资本运作等措施，持续夯实公司治理水平，助力企业高质量发展，助推资本市场行稳致远。

一、持续强化公司合规运作，不断夯实公司治理基础

公司建立“紧贴新规”的制度更新机制，持续完善内控制度建设，确保规范运作时效性。2022 年 1 月，监管层发布多项监管新规，董事会办公室立即对新规全面梳理、研究，相继制定了《公司对外捐赠管理制度》《公司对外提供财务资助管理制度》及《公司投资者关系管理制度》，并对《公司独立董事制度》《公司董事会审计委员会实施细则》《公司内幕信息知情人登记制度》《公司信息披露事务管理制度》《公司衍生品业务管理制度》《公司对外担保管理制度》《公司募集资金管理制度》及《公司关联交易管理制度》等进行修订，确保公司业务与最新监管政策同频，持续完善公司规范运作。

高质量“三会”工作流程保障精细化合规运作。公司严格按照《公司法》《证券法》《上市公司治理准则》等法律法规的要求，结合企业经营情况，持续完善“三会”审批前置程序，通过“会前掌握规则、会中把控节点、会后跟进复盘”的规范运作机制有效推动“三会”管理精细化运作，确保公司战略决策精准、高效推进。

兼顾多市场合规治理规则，强化责任主体规范意识。2022 年，公司完成澳优乳业收购项目，面对不同证券市场的治理要求，董事会办公室及时梳理法律法规，定期组织沟通会议，对相关事项审议程序及不同市场治理准则进行沟通研讨，强化责任主体的资本市场理念，提升合规意识。

二、提高公司透明度，提升公司信息披露质量

健全完善工作机制，筑牢信息披露合规底线。公司董事会办公室通过认真钻研法律法规，充分把握监管要求、市场关注及公司需求间的平衡，以流程化作业、明确化分工、精细化审核的方式，高标准、高质量地将信息披露工作融入合规流程各个环节，确保披露内容真实、准确、完整、及时、公平，持续提升信息披露水平，树立资本市场良好形象。

积极探索主动性披露，不断满足投资者需求。公司董事会办公室在高效开展常规性信息披露工作的同时，充分考虑信息披露受众需求及对资本市场影响等因素，除按照上海证券交易所行业信息披露指引要求披露相关内容以外，还主动对公司经营情况、季度经营数据、重大事项进展、债券融资进展等以临时公告的形式进行披露，为投资者提供全面有效的信息参考。在上个会计年度，公司披露自愿性公告 60 个，主要涉及重大事项进展、债券融资进展等，占上个会计年度年信息披露总数比例为 29%，进一步提高了信息披露透明度。

精准传递公司价值，切实提高信息披露有效性。公司作为行业龙头企业，在定期报告中充分披露乳制品行业发展阶段、行业最新政策，深入分析行业格局与发展趋势、经营模式、核心竞争力及经营计划等信息，从宏观政策到经营风险对公司经营情况进行深入讨论与分析，帮助投资者深入

了解行业特点。在信息披露的一致性方面，为确保投资者对公司情况有持续性的了解，公司董事会办公室每年在定期报告中分析业绩增长驱动因素，重点产品、新品收入及增速情况以及下一年度业绩指引等，便于长期投资者持续了解公司；为了更好地满足投资者的阅读需求，在定期报告及重大事项披露后会通过长图、短视频、H5 页面等多种多样的形式呈现，传播公司经营亮点，让投资者更加容易地了解披露事项，增强内容可读性。近两年，公司均荣获上海证券交易所信息披露工作 A 级评价。

三、完善沟通机制的同时持续回馈投资者，提升投资者关系管理水平

2022 年，在疫情持续不断的情况下，公司与投资者保持了高频且高效的沟通，积极传递公司经营价值。截至 11 月，公司通过电话沟通会、券商策略会、联合调研以及业绩说明会等形式进行了 193 场投资者交流活动，累计与 8369 名投资者进行了交流。此外，除专人接听投资者热线、设立投资者微信公众号、及时回复上证 e 互动平台投资者问答等日常沟通方式外，董事会办公室还在年度报告披露之后为全国各地有需求的投资者免费邮寄印刷版年报及可持续发展报告共计 158 份，充分满足投资者的阅读需求。

2022 年，公司如期举行“伊利股份投资者日”活动，数百名投资者与公司管理层近距离进行交流，更全面、深入地了解公司经营情况。现场参会的近 200 名投资者走进伊利现代智慧健康谷，与参加线上直播的近 400 名投资者共同体验公司液态奶全球智造标杆基地及奶粉全球智造标杆基地，使投资者更全面、深入地感知、理解公司的经营优势、战略方向及企业价值，为投资者树立长期价值投资的信心。

公司上市 26 年以来，累计分红 22 次，现金分红总额达 365.89 亿元，无论分红频次、分红比例还是分红规模，均长期稳居 A 股市场前列，持续为投资者创造价值。2022 年，公司同时入选中国上市公司协会 2021 年“上市公司丰厚回报榜单”及“上市公司真诚回报榜单”双榜单。

四、审时度势，积极运用资本工作，助力公司健康发展

上市公司是资本市场的“基石”、实体经济的“基本盘”，上市公司高质量发展的同时用实际行动提振资本市场信心责无旁贷，公司董事会办公室紧贴资本市场前沿，适时启动资本运作项目。2022 年三季度，由于受到国内外宏观环境和证券市场波动等多种因素的影响，面对资本市场信心不足的情况，公司于 10 月底披露了回购股份用于依法注销减少注册资本的公告，传递了公司对未来发展的信心，也维护了投资者尤其是中小投资者的利益，为资本市场注入强心剂。

围绕公司中长期目标实施并购，加速完善战略布局。2021 年 10 月，公司通过全资子公司香港金港商贸控股有限公司战略入股澳优乳业，并于 2022 年 3 月完成了要约收购，成为澳优乳业的控股股东，进一步强化公司在婴幼儿配方奶粉及营养食品细分领域的市场竞争力，实现更好的发展。公司通过并购实现了在供应链、研发、大健康领域、渠道等方面的发展契机，进一步提升国际竞争力。

积极协同券商督导，稳步推进定向增发募集资金管理。2021 年年底，公司完成非公开发行事项，为了严格落实募集资金使用情况，董事会办公室积极协同券商督导工作，从募集资金使用的合规程序、募集资金使用的信息披露以及总体投资进度持续跟进募投项目具体情况，确保高质量投后管理有效实施。

未来，董事会办公室还将继续在监管机构与自律组织的指导与支持下，不断创新工作方式，丰富工作内容，高效落实各级监管层、自律组织的各项任务，持续巩固公司规范运作能力、提高信息披露质量、强化投资者关系管理、提升公司高水平治理工作，助力公司高质量健康发展，进一步助推中国资本市场高质量发展新阶段。

15. 东方证券：

积极奋发有为　努力创造价值

东方证券始终加强公司董事会办公室的团队建设和制度建设，积极认真履职，持续加强在公司治理、信息披露、投资者关系管理和资本运作等方面的实践，努力为打造一家规范优秀的 A + H 股上市公司作出积极的贡献。

一、不断完善公司治理机制

公司治理是上市公司高质量发展的基石，董办持续注重加强公司治理机制的建设和完善。

一是以 A + H 股上市平台为契机，以更严格的合规要求提升自身公司治理水平。公司已建立政策法规动态更新体系，通过动态调整，保障公司治理制度层面的合规准确，并在实际工作中予以具体落实，切实保障公司治理符合 A + H 两地要求。

二是公司持续健全各司其职、各负其责、协调运作、有效制衡的上市公司治理结构，确保股东大会、董事会、监事会及经营管理层归位尽责，党的领导有效融入公司治理。

三是建立与投资者利益一致的激励约束机制。2020 年，公司建立了员工持股机制；2021 年，公司将经营层的核心考核指标对标上市券商平均 ROE 水平。这些机制的建立，使公司干部员工与投资者的利益更趋一致，有效提升了干部员工的进取心和积极性，公司经营的质量和效果显著提升。

四是加强对“关键少数”的培训与管理工作，提升其履职能力。公司专门安排了多场内部董监高专场培训，主题包括“国有企业公司治理与董监事会建设”“ESG与企业可持续发展的关系”等；创建“董监高培训情况表”，分类组织董监高培训；2021年度向董事发送《董事会简报》《合规与风险管理综合报告》《合规专递》共计28期，共组织董监高参加上交所、上海证监局、上海国资委等培训50余人次。

二、严格履行信息披露责任

上市公司信息披露是上市公司向投资者和社会公众传达信息的纽带，也是投资者了解公司的窗口，更是投资者作出价值判断和投资决策所必需的信息，因此高质量的信息披露工作对公司的公众形象、价值体现都至关重要。公司建立了重大信息内部报告体系、定期报告编制体系、内幕信息知情人登记管理体系和信息披露备忘录、公告复核表、交易事项台账等一系列信息披露质量控制表格，确保信息披露的合规性。同时，站在投资者的立场上来思考如何做好信息披露工作使投资者能更加了解公司的价值所在以及公司的战略规划等，因此在保持一贯性披露的原则下应尽可能地加强主动性的披露，特别是市场关注度高、投资者较为在意的信息，上市公司应在相关公告中进行多维度的阐述，通过一定的量化数据使投资者能更好地理解，增强信息披露的有效性。公司2021年、2022年连续两年荣获上海证券交易所信息披露工作A级评价。

三、全方位开展投资者关系管理工作

公司持续加强投资者关系管理，通过不断实践与总结，精准传导公司价值，有效助力公司价值的维护与提升。公司以“真诚沟通、专业为先”为工作理念，从四个方面开展投资者关系管理。

一是对外沟通交流活动，包括举办定期业绩说明会，接待分析师、投资者调研，主动拜访股东，维护公司投关热线、上证e互动等面向中小投资者的交流渠道等。2021年，公司开展各类路演交流活动共104场，包括定期业绩说明会2场、接待各类投资者调研24场、参加券商策略会40场。东方证券于2021年、2022年通过视频直播方式召开年度和半年度业绩说明会4次，累计浏览量超过20万人次，取得了良好的效果。公司被中国上市公司协会评为2020年、2021年“年报业绩说明会最佳实践”。

二是对内与主要部门和子公司建立定期沟通制度，及时准确掌握公司的发展动态，为路演讲述“东方故事”打好基础。

三是创新探索新媒体，开通并维护公众号、雪球、同花顺等自媒体账号，全网粉丝量突破百万，利用互联网渠道触达更多投资者。

四是打造投关月报制度，定期向管理层传导市场与投资者的声音，形成投关工作的反馈机制，助力公司高质量发展。

四、做好公司的资本运作

董办先后顺利组织完成了公司A股IPO、H股IPO、A股定增、A+H股配股等工作，累计为公司补充资本超过400亿元，同时还推出了公司员工持股机制。

以2022年5月完成的公司A+H股配股工作为例，其为公司实现股权融资127.15亿元，有效提升了公司的资本实力。其创新和意义主要体现在以下两个方面：一方面，全市场首单A股折价、H股溢价配股创新项目，为同样存在A和H股股价较大差距的其他公司提供了案例范本；另一方面，2022年4月配股发行期间，遇到了新冠疫情封控和资本市场大幅下跌的严峻挑战，公司克服极大困难，通过艰苦努力，避免了配股发行失败，最终A股认配率达到近90%，成为我国资本市场资本运作的一个经典成功案例。

五、做好ESG工作，推动公司实现可持续发展

公司自2015年上市以来，每年披露社会责任报告和ESG报告，通过设立可持续发展专业委员会和开展绿色金融、责任投资等方式，多管齐下推

进公司的可持续发展。公司已连续两年（2021～2022 年）获得 MSCI ESG 评级 A 级，评级结果中公司治理、公司行为两项议题得分在国内券商中保持领先地位，并连续两年入选“恒生 A 股可持续发展企业指数”。

16. 大秦铁路：

行稳致远　进而有为　金牌团队促规范保发展

作为上市公司日常运作的核心部门，董事会办公室的工作能力和水平在一定程度上决定了企业规范运作、长远发展的质量和效果。近年来，大秦铁路董事会办公室勤勉尽责、勇于创新，坚定不移地当好公司价值的传播者、规范运作的引领者、信息披露的传递者、董事履职的服务者和资本运作的参谋者，用专业、务实、审慎的团队力量助力公司治理效能提升，强化风险管控，护航经营发展，使大秦铁路稳步成长为山西辖区“高质量发展的典范”。

一、审时度势，服务大局

积极助推公司融入国家战略，策划并成功举办“大秦双碳愿景的机遇与挑战”智库论坛暨年度董事会战略委员会会议，邀请国内知名专家学者共同规划公司绿色发展路径；推动参股浩吉铁路等事项落地，努力实现企业发展与“中部崛起”“长江经济带”等国家战略同频共振、相向而行。在行业中率先推行情况通报制度，促进董事会与管理层信息共享，为内外部董事履职尽责、科学决策提供有益帮助。持续优化会议和沟通交流机制，将线下会议与视频会议、网络投票等方式有机结合，在疫情时期实现了董事沟通更顺畅、“三会”决策更高效。坚持敏感期股票交易合规性提醒，选取资本市场热点事件和典型案例编制学习材料，多向发力，着力增强董监高的敬畏意识和合规意识。

二、聚焦治理，笃行合规

2022 年以来密切关注监管法规体系整合工作，组织对现有的 34 项治理制度进行了全面梳理，推进完成了包括《公司章程》《股东大会议事规则》《董事会议事规则》等在内的十余项基本制度的修订，公司制度体系进一步规范完备。牵头开展贯穿全年的公司治理专项行动，对公司治理状况进行“全面体检”，以整改促提升，进一步强化了公司治理的内生动力。充分结合董事需求与履职需要，系统制定董监高培训计划，在订阅中上协课程、参加辖区监管培训的基础上，将交易所“浦江学院”培训平台、全景财经频道等加入“培训库”，通过定期推送宏观经济、金融常识、科技热点、市值管理等课程，帮助董监高更好地获取前沿信息，扩充知识广度。

三、守正固本，创新务实

结合行业特性和工作实际，延伸建立了《信息披露管理实施细则》，对各项公司重大信息源点的确立、收集、筛选、反馈、审核等进行全流程细化，充分保证了信息报送的时效性和信息披露的规范性。主动拓展自愿性信息披露的“宽度”，坚持逐月发布核心经营资产大秦线运量数据，精准回应市场关切，着力提升投资者获得感。作为行业代表性公司，积极助力市场规则修补制订，受邀参与了交易所《定期报告披露内容与格式准则》修订、财务可持续披露准则调研等专项工作，提出的意见建议得到吸纳采用。坚定运用互控复核、联签审批、集体讨论等制度性“硬手段”，多方位、多维度把控信息披露质量，延续了上市以来千余份公告“零差错”“零补丁”的骄人成绩，连续 16 年被交易所授予信息披露 A 类评级。年内牵头建立了突发事件应急处置流程，在处置管内货车溜逸事故过程中，通过连夜公告、微博发声等手段及时消除市场疑虑，维护了股价稳定。

四、用心沟通，真诚回馈

大秦董办与投资者建立双向沟通、保持良性互动，充分发挥投资者热线、IR邮箱、上证e互动平台作用，倾听和妥善处理股东、投资者提出的意见和建议。2022年以来，进一步创新完善业绩说明会的组织和呈现形式，诸如总经理出镜解读业绩、管理层全员参加互动、独立董事出场答题、适当延长交流时间等，这些做法显著提升了业绩说明会的质量及效果。用心制作可视化定期报告，将传统文字、数据“翻译”成灵动的图表、动画，开展“2亿投资者打开年报”主题活动，努力用创新举措帮助投资者更好进行价值判断。组织“走进大秦铁路”大型专题调研，邀请投资者深入铁路站场考察，增强了市场对铁路行业及公司的感性认识，向市场较好地宣传了大秦铁路技术优势和发展成果。

未来，大秦董办团队将继续循规精业、创新应变，在完善制度的基础上，提高执行力，为各治理主体规范运作、高效运行、有效制衡、科学决策夯实基础，持续提升信息披露工作质量，做好投资者关系管理和维护，围绕资本运作课题开展创新研究，助力公司进一步提升发展质量。同时，期望与各位同仁携手同行，共同推进中国公司治理制度改革和完善，为资本市场的健康持续发展贡献力量。

17. 隆基绿能：

守正创新　追求卓越　助力公司高质量发展

隆基董办长期追求卓越工作质量，敢于创新、创先和承担重任，8年实施7次再融资、3次股权激励，助力和见证了公司高质量发展之路，成就了公司连续6年信息披露A级评价，投资者关系管理水平获得国内外资本市场的一致好评。2021年以来在资本市场斩获《证券时报》最佳董事会、《中国基金报》年度最具投关价值公司、新财富IR团队奖、全景网杰出IR企业和业绩说明会创新奖等诸多重要荣誉。

一、敢于创新、勇于创先，专业资本运作助力公司高质量发展

在董事会秘书带领下，上市以来，隆基董办2014年至今先后筹划实施了7次再融资，包括两次定向增发、一次公司债发行、三次可转债发行、一次配股发行，累计资本市场再融资金额超240亿元。一系列再融资项目的及时、高效实施，有力地保障了公司近年来的产能快速扩张，助力公司紧抓光伏发展的历史性契机，实现盈利能力的飞速提升。2014～2021年，公司硅片产能从3GW提升至105GW，组件产能已从2014年的0.2GW提升至60GW，收入从2014年的36.8亿元增至2021年的809.32亿元，归母净利润从2014年的2.94亿元增至2021年的90.86亿元。

在资本运作过程中，隆基董办密切跟踪监管政策，顺应资本市场趋势，以及公司业务发展需求，敢于创新、勇于创先。其中，2017年可转债项目为全国沪市上市公司中第二单可转债发行项目，也是陕西省首单可转债发行项目；2018年度配股项目为A股首单转债转股期间的配股发行案例，为

确保配股顺利发行，董办主动与证监会及上交所沟通、探讨，设计发行方案，密集组织各地路演和投资者沟通，最终股东认配率高达99.54%，创下2011年以来A股市场配股的最高纪录；2022年，为适应公司全球化发展需求，在证监会年初刚发布政策拓宽境内外证券交易所互联互通存托凭证业务范围，交易所积极推广GDR融资之际，董办又顺势开始筹划GDR发行工作。

在股权激励方面，2021年下半年，为适应公司新业务的发展和激励需求，筹划推出子公司业务合伙人计划；2022年，策划推出了打折期权与限制性股票激励计划，助力公司构建了稳定长效的激励机制。

经过历次再融资等资本运作磨炼，董办已成为专业的资本运作团队，在方案筹划、可行性分析、尽职调查、方案申报、发行及后续管理方面都积累了丰富的专业和实战经验，历次融资保持了快节奏、高效率、高质量，利用资本市场平台为公司快速高质量发展持续提供强有力的支持。

二、追求卓越信息披露质量，连续6年荣获上海证券交易所信息披露最高评级

随着公司业务发展和规模扩大，为确保重大信息的畅通传递与合规披露，隆基董办持续探索、优化信息披露流程，尤其注重加强信息披露工作的流程化、标准化，使之可获知、可管控，对信息披露工作高标准、严要求，持续提高信息披露的有效性。2016～2022年，公司已连续6年获得上交所信息披露A级评价，树立了信息披露和公司治理的优秀示范形象，取得了较好的信息披露实践成果。

（一）重视信息披露渠道建设，严格要求信息披露质量

隆基信息披露业务种类多、数量大，2020～2022年陆续发布了165号、129号、147号临时公告，涉及募集资金、再融资、可转债后续管理、股权激励、重大合同、重大投资、股权收购、董监高增减持等诸多类型。为确保高强度下的信息披露质量，长期以来，董办团队特别注重信息披露制度建设，在保证信息披露管理工作有章可循、有规可依的基础上，在日常工

作中注意加强与各业务部门的沟通联络，通过事前提高业务部门信息披露意识，事中紧密跟踪进展，无先例事项与监管保持密切沟通，确保公司重大信息披露事项的高效收集、传递和及时合规披露。

在重大信息传递上，采取组织保障与流程管控双管齐下的措施，董办牵头建立了公司信息披露工作小组，小组成员由可能涉及信息披露重大事项的关键岗位人员组成，形成了遍布各业务板块的信息传递网，确保重大信息内部报告有组织保障，责任到人。同时，由董办不定期对董监高和信息披露工作小组成员进行培训，持续提升小组成员信息披露风险意识和业务能力。并在年度报告披露后，及时将各业务部门涉及的重大事项报告类型、标准、时点逐一明确，确保相关部门和工作小组成员能够清楚知悉并有效执行。

此外，为降低人为疏漏风险，结合公司近年来信息化、数字化管理建设，还对公司重大投资、合同、关联交易、对外发布和提供敏感信息等事项设立了董办的审批、查阅权限，为及时获悉重大信息、防范信息披露舆情风险加设流程防线。

在信息披露审核流程方面，实施多重实质性审核，公司信息披露文件经拟稿、两重复核、董秘、财务总监（如涉及）、董事长/总经理审批后方可对外披露，通过多重校验和审批程序，提高信息披露质量，确保信息披露内容有效传递公司经营情况，同时也提高公司董事长作为信息披露的第一责任人，对信息披露工作的高度重视。

（二）以透明、有效的信息披露呈现公司价值

隆基董办的信息披露工作注重贯彻透明、有效的信息披露原则，在日常信息披露和定期报告中，使用简明易懂的语言，以数据、图表等形式多维度呈现公司经营成果，充分披露投资者关注的产能、产量、技术进步等行业经营性信息，通过透彻的行业分析、经营解读和风险揭示，促进投资者充分了解公司经营情况，杜绝形式的、空洞的内容，力求信息披露内容有价值、易理解，向投资者有效传递公司经营理念、经营成果和未来业务发展规划，使得普通投资者能够看得懂、看得透，获得了投资者的高度认可。

三、以真诚沟通创造价值，探索投资者关系管理新模式

投资者关系管理工作对上市公司是一项长期、重要和积累的重要工作，近些年来，随着公司关注度的快速提升，公司股东人数从 6 万人上升至 2022 年三季度的 60 万人，截至 2022 年 9 月，公司海外投资者占比 21% 以上，沪股通持股上升至 13.8% 以上，投资者关系管理工作面临的工作量和复杂度也随之增加。隆基董办在实践中不断积累总结经验，持续探索更适合公司和满足市场投资者需求的投资者关系管理模式，获得了国内外资本的高度肯定，公司市值完成了百亿到四千亿的跃升。2021 年，公司 2020 年报业绩说明会入选中上协"最佳实践案例"，2022 年 5 月，公司获得了全景网"投资者关系金奖（2021）之业绩说明会创新奖"；2022 年 6 月，在国际权威金融杂志《机构投资者》"2022 年度亚洲区最佳管理团队"评选中，公司荣获亚洲区（日本除外）能源板块"最受尊崇企业"第二名、"最佳投资者关系方案"第一名的大奖。

（一）加强投关团队建设，夯实投关工作的基础

为加强公司和投资者之间的良好沟通，隆基董办不断加强投关团队建设，实施专人专岗、分工合作的团队管理。同时，为适应资本市场和新能源行业的快速变化，投关团队持续开展内部学习讨论会，从日常经营性信息搜集、行业分析、产业链上下游分析，都建立了完整的信息收集与分析框架，不断加深对公司和行业发展变化的理解和判断，通过建队伍、建流程、定标准，推动团队整体专业水平和工作效率的提升，以便更好地发现价值和传递价值。

（二）丰富交流方式，与市场保持密切互动，以沟通创造价值

随着公司近年来的飞速发展，公司的投资者群体变得越来越多元化，包括国内机构投资者、中小投资者和境外投资者。面对不同的投资者群体，除了借助投资者信箱、投资者热线和互动平台等传统的沟通方式，隆基董办充分利用新媒体时代的传播媒介，不断创新和丰富投资者互动交流的方式，有效提升了投资者沟通的覆盖面、及时性和便利性。

在日常的交流活动中，隆基董办本着真诚沟通、量质并举的原则，采取“走出去”和“引进来”相结合的方式，确保公司和投资者之间的信息能够及时有效的传达。一方面，积极走出去向资本市场介绍公司和行业的发展变化，包括参加券商策略会和进行路演等活动；另一方面，主动邀请投资者走进上市公司，实地了解公司的生产经营和企业文化。2022 年，董办累计参加了投资者电话会议近 300 场，参加路演活动 58 场，接待现场调研超过 40 场，举办业绩说明会 3 场，参加陕西辖区上市公司投资者集体接待日活动 1 次，持续与全球各类投资者之间保持了长期、稳定、高频的密切沟通。

（三）以投资者为中心，创新业绩说明会形式

除法定强制要求召开的年度业绩说明会外，公司还根据管理需求主动召开半年度甚至季度的业绩说明会。为适应不同投资者群体的交流需求，隆基董办积极探索创新业绩说明会形式，2022 年 4 月，在公司举行的 2021 年年度业绩说明会上，为增进投资者和上市公司互动的亲切感，公司首次采用“全语音互动 + 视频”模式，参会人数近 7000 人，刷新了公司业绩说明会参加人数的纪录。

董办在本次会议筹划过程中，特别考虑中小投资者的权益保护，使得专业投资者和普通投资者都能够直接参与进来。在交流形式和内容上，投资者可以与管理层现场语音问答互动，避免了简单文字互动和程序化的回答给投资者带来的生硬感和敷衍感，交流的内容更有价值，也使得投资者更有获得感和信赖感。

（四）注重内部协调沟通，促进管理层深度参与投资者沟通，引导价值投资

作为公司价值传递的窗口部门，隆基董办在投资者关系管理工作中，注重与公司各业务部门信息沟通与工作协同，在开展业绩说明会、股东大会、路演推介等重要沟通会议时，会邀请公司实际控制人、董事长、总经理、财务负责人和董事会秘书等管理层积极参加，耐心倾听投资者的心声，积极回应投资者关切。管理层的深度参与，一方面体现了公司对于资本市场和投资者的重视程度，另一方面有效拉近了投资者与管理层间的互动距

离，更好地让投资者解读行业和公司的经营情况，理解公司经营的商业逻辑和财报数字背后的经营思路，不断提升投资者参会体验，持续拓宽互动内容的深度和广度。

四、优化公司治理机制，促进公司规范运作

为促进董事会和董监高准确把握资本市场动态，董办定期编制资本市场报告，将行业要闻、同行动态、机构观点、监管动态等信息及时传递给董监高，为其提供第一手资本市场情报，为公司战略决策提供信息参考。

在规范运作方面，董办通过合规提示和培训开展常态化合规管理，2022 年董事会和监事会换届后，又针对性地开展了专项规范运作和合规持股培训，强化规范运作意识。此外，董办积极促进独立董事和董事会专业委员会充分发挥实效，引导外部董事、监事发挥监督、决策智囊作用，组织董事会专业委员会现场研讨会议，结合公司经营发展中的问题，在战略方向、风险控制、薪酬体系建设等方面开展务实讨论，做优做实董事会专门委员会。

未来，隆基董办将持续秉承守正创新、追求卓越的工作理念，适应资本市场改革新形势，筑牢公司合规运作防线，优化提升公司治理水平，做好公司资本市场发言人，以高效资本运作服务公司高质量发展。

18. 中国神华：

服务中国神华上市平台建设
打造“治信诚”董办品牌

自2005年上市以来，中国神华一直秉承着“尊重投资者、服务投资者、与投资者实现共赢”的理念，致力于打造世界一流综合能源上市公司。在公司董事会及董事会秘书黄清同志的领导下，中国神华董办团队坚持贯彻“合规为底线、投资者需求为导向”的工作理念，扎实做好履职服务、“三会”运作、信息披露和投资者关系等各项工作，树立好“治信诚”董办品牌形象，服务好中国神华上市平台建设，取得了境内外资本市场的高度认可。

一、服务“关键少数”，推进董监高履职能力提升

董监高是上市公司平台建设的“关键少数”，其履职能力和参与程度是公司治理的关键要素。中国神华董办全面细致开展履职服务工作，协助董监高“明责、履责、尽责”。

（一）明责

一是积极组织董监高参加中上协、北上协、交易所等培训，学习新法新规、监管要求、宏观形势、案例分析和专业知识，明确监管重点，补齐短板弱项；二是董办加强重点对象（初任董监高）汇报和服务，建立履职培训台账、实时动态跟踪管理，规范服务机制和流程，协助履职顺利起步。

（二）履责

一是在日常信息报送过程中，重点汇报监管规则、履职要求和披露内容。从“三会”的出席和请假，定期报告确认函的签署，内幕信息知情人

的登记等细节入手，潜移默化增进董监高的合规和有效履职意识；二是加强数字化、信息化应用创新，利用无纸化办公系统，集合董事会、监事会、各专门委员会会议及董监履职参考等功能，通过 RPA（机器人流程自动化）重塑业务流程、高效解决工作信息与业务交互不及时的问题，整合了用户界面识别和工作流执行能力，实现数据集中管理、信息按时推送和自动归类，提升服务董监高履职的工作效率。

（三）尽责

一是组织董监高开展公司/项目调研，提前做好规划、按照计划实施，充分重视独董沟通，提前向独董汇报重要决策方案，组织以独董为主、董监高共同参与的调研活动。通过现场参观、听取汇报、座谈交流等方式摸清公司/项目发展现状，辅助董监高精准决策、尽职履责。二是购买董监高责任保险，缓解董监高决策疑虑，提高管理层风险承担水平和管理效率，调动其参与公司治理的积极性。

二、以议案管理为抓手，实现“三会”议案全生命周期管理

议案管理是股东（大）会、董事会、监事会和经理层（以下简称“三会一层”）业务的重要抓手，是贯穿决策过程的重要载体。中国神华董办从决策前的细化分类、清单管理、规范模板，决策中的强化审核、无缝衔接，决策后的督办落实、定期汇报，实现议案的全生命周期管理。

（一）完善议案分类，准确对接决策事项清单

一是厘清各治理主体权责，配套修订完善决策事项清单，分类汇总 12 类、159 项决策事项。二是制定《中国神华能源股份有限公司“三会”议案编制格式指引》，涉及 12 类、40 项议案模板，涵盖年度计划、制度、投资、财务资助、担保、关联交易、资产处置、董监高选聘、薪酬等方面，精准对接各类决策事项。三是制定“三会”通知、决议、记录、签字页等各类材料模板 27 项，保证会议组织的合法合规。

（二）制定议案清单，决策事项不缺项不漏项

一是梳理历年“三会”台账，将议案事项分为定期和临时两类，其中

提报时间和议案内容相对固定的定期议案约占全年“三会”议案45%；二是针对定期事项议案，每年四季度编制下一年度“三会”计划，包括会议时间、议题安排和重点工作等方面，形成议案审议清单发送相关部门。对于决策的临时事项，各部门亦可依据年度“三会”计划，合理安排议案编制、审核工作，减少召集临时会议决策，大幅提高“三会”工作的计划性。

（三）规范议案模板，提升科学决策治理水平

一是将监管及披露要求固化为议案内容要素，定期动态维护完善议案模板内容，更新模板库，进而提高议案编制的规范性、一致性和标准性。二是将议案模板分为清单式和框架式两类。清单式模板仅需提报部门完成“填空”便可形成议案，极大程度提高议案编制效率和质量。框架式模板以条目形式列明议案内容要素，引用具体监管要求条款解释说明编制要求，使编制部门有法可依、有章可循。三是制定《中国神华能源股份有限公司“三会”议案编制格式指引》，统一规范议案模板、决策信息提供要求。经过一年试行，以具体业务检验制度效力，从源头上提高议案质量，助力公司科学决策。

（四）强化议案审核，发挥各个决策主体作用

一是审核程序专业合规，严格把关。会前将议案交由境内外法律顾问二次审核，再提交公司党委会、总经理办公会讨论、专门委员会审议，最后才提交董事会。二是以“三会”管理系统、协同办公系统为载体，以无纸化会议管理为基础，将议案模板前置嵌入公司党委会、总办会会议系统，与“三会”系统相互套用，贯通内部前置研究程序各环节，确保同一事项议案在履行各个审议程序时的一致性，同时规范业务部门审核、加强保密管理、加快议案流转，实现一举多得，彻底解决由于议案材料内容前后不一致、“三会”管理部门与各议案提交部门反复核对等耗时耗力问题。

（五）分解督办落实，确保决策事项执行到位

建立健全“三会”重要任务、决策事项分解督办机制，加强决策落地闭环管理。会议结束一周内，业务部门根据会议决议、讲话精神、董事意见建议等形成分解任务清单，明确任务要求、责任部门等事项，以文件形

式通报公司各部门；相关部门负责跟踪督办，掌握动态完成情况，形成专题汇报。经理层聚焦“谋经营、抓落实、强管理”基本职能，将议案事项落实情况作为第一议题在下次会议上向董事会进行汇报，实现闭环管理，使董事会决策要求高效执行到位，打通三会业务议案管理的痛点难点问题。

三、发挥桥梁作用，持续完善“合规底线、投关导向、信披先行”的对外信息沟通机制

透明度是上市公司的重要衡量指标。真实、准确、完整、及时、公平是上市公司信息披露的合规底线，投资者需求是信息披露的价值导向，而主动信息披露则是防止内幕交易、与投资者充分沟通的重要前提。中国神华董办严格执行信息披露管理制度和重大信息内部报告制度，依法履行信息披露与保密义务，积极主动开展自愿性信息披露，切实发挥好公司与资本市场的沟通桥梁作用，努力树立好公司在资本市场的上市窗口形象，助力公司与长期投资者实现双赢。

（一）固化组织程序，全力保障信息披露合规

制定《中国神华能源股份有限公司信息披露及重大事项内部报告管理办法》《中国神华能源股份有限公司披露信息收集报送管理办法》等制度，系统学习研究最新监管要求，完善获取全口径信息的联络体系，确保重大事项报告和信息收集及时准确、责任到人；建立定期报告启动会制度，由公司总经理或分管领导牵头，公司法律顾问出席，详细部署各项工作；设计多层次信息披露业务流程，确保披露公告准确完整，从文稿编写到平台挂网，均实行 AB 角工作制且多方、多层把关确认。

（二）重视投资者需求，以高水平信息披露传递公司价值

公司在做好传统定期报告、临时公告和业绩说明会工作的基础上，针对近年来投资者新增的 ESG 信息需求，持续加强相关公司治理、信息披露和投资者沟通工作。推动公司建立健全 ESG 工作委员会、工作小组，持续健全完善 ESG 指标库、不断改进 ESG 报告编制，加强与评级机构的沟通互动、有针对性开展评级攻坚行动，推动 ESG 治理和披露工作规范化、标准

化、数字化。ESG 披露工作先后荣获中国 ESG 示范企业、央企 ESG 先锋 50、CDP 水安全优秀表现奖、新浪财经金责奖等诸多荣誉，相关经验入选上市公司协会《ESG 优秀案例》。

（三）与股东建立长期稳定、相互信任的良好关系

公司重视与股东共享企业发展的成果，积极采取措施回报股东，不断提升投资者获得感和价值感。作为与投资者联系的一线主体，中国神华董办充分发挥投资者与公司管理层的双向沟通桥梁作用，在持续传递公司价值、回应投资者诉求方面发挥重要作用。在公司近年来盈利能力增强、现金流持续向好的情况下，董办积极做好双向沟通，公司董事会积极响应投资者诉求，持续提升最低现金分红水平，开展股份回购授权和实施工作。2019～2021 年三年规划的最低现金分红比例为 50%，2022～2024 年三年规划的最低现金分红比例提升至 60%，近两年实际现金分红均超 100%，2020 年公司累计回购 H 股金额位列港股年度第 9 位。

19. 上海环境：

强基固本谋跨越　守正出新向未来

自上海环境集团股份有限公司（以下简称“上海环境”或“公司”）2017 年 3 月在上交所主板上市以来，公司董事会办公室积极推动上市公司承担高质量发展使命，规范公司法人治理结构，加强“三会”合规运作，提升信息披露管理水平，强化与投资者的交流互动，进一步深化制度体系建设，推动资本运作和金融服务升级，致力为促进上市公司高质量发展添砖加瓦，并取得了一系列积极成效。

一、三会运作，持续推动上市公司做优做强

推动公司党委会、董事会、监事会、经理层之间合理分工、各司其职、相互配合、有效协同，形成决策科学、执行坚决、监督有力的运行机制。此外，为公司董事会成功引入第二大股东长江环保集团的派出董事，使其充分参与公司治理，发挥科学决策作用，切实保障上市公司和投资者的合法权益。同时，推进董事会审计委员会、薪酬与考核委员会、战略委员会的建立与合规运作，确保其切实履行各自职能，进一步强化了董事会的科学、民主决策中枢作用。

二、固本强基，强化上市公司制度体系建设

立足于上市公司管控实际，组织建立涵盖《公司章程》、三会议事规则等 30 项制度的上市公司基本管理制度体系，为信息披露工作提供全面的

制度保障。在基本管理制度的基础上，进一步明确了部分操作细则，编制公司重大事项报告及信息披露索引等规范文件，并在内部建立覆盖通知、资料、汇报、表决、记录、公告、存档等全过程的标准化操作流程，保证制度的有效实施，为公司合法、规范、有效的信披管理奠定基础，为信息披露工作提供全面的制度保障。

三、自愿信披，确保上市公司信披量质并举

在公司 2021 年年度报告中，主动结合公司所在行业政策和市场动态，分生活垃圾、市政污水等 6 个业务领域深入分析并自愿披露了公司所处行业的格局及发展趋势，尤其在生活垃圾和市政污水的分行业披露指引取消后 6 个业务领域均无指引要求的情况下，在年报中围绕上述业务领域仍自愿详细梳理了行业发展趋势以及公司经营模式、核心竞争力、经营计划等经营性信息。

2021 年度，共计披露各类临时公告 40 篇，完成公司定期报告 4 篇。2019～2020、2020～2021 和 2021～2022 年度，上海环境连续三年荣获上交所年度信息披露工作最高评级“A”级，在 A 股上市公司中保持前 10% 的水平，进入再融资、并购重组的快速审核通道。连续三年荣获 A 级评价是监管机构对公司信息披露、公司治理、规范运作以及投资者关系管理等工作的高度认可，更对上海环境在资本市场进一步树立国有环保上市公司的品牌形象具有重要意义。

四、履行责任，持续彰显国企社会责任担当

截至目前，已连续 5 年自愿披露上市公司社会责任报告，取得资本市场的广泛关注和良好反馈，荣膺人民日报社《国际金融报》“公司治理责任先锋企业”奖项和思维财经和投资者网“2022 年度杰出社会责任企业”奖项。

2022 年正值上海环境上市五周年，部门自愿编制《上海环境 2021 年

度社会责任报告》暨上市5周年特刊，内容涵盖走进上海环境、响应国家战略、重视环境保护、规范公司治理、关爱员工成长和筑牢安全底线等八大板块，尤其是详细介绍了上海环境在抗击疫情中承担的艰巨任务和优秀经验，旨在更为全面地向投资者披露自身社会责任战略和实践情况，首次荣膺2022（第六届）博鳌企业论坛“2022年度上市公司杰出贡献奖”和财联社“2022年度最具创新价值奖”。

五、资本运作，再创上市国企行业新佳话

部门负责公司公开发行A股可转债的工作，成功获得中国证监会的核准批复并顺利完成发行，募资规模21.7亿元，以结合业务发展，降低融资成本、优化财务结构，积累资本运作资信。本次发行可转债是公司自上市以来首次在资本市场募资，有利于公司降低融资成本、优化财务结构，提高了公司的资金实力和抗风险能力。同时，密切追踪市场，圆满完成可转债提前赎回。在上海环境股价触发“环境转债”强制赎回条件后，部门及时启动赎回预案，最终圆满完成A股可转债提前赎回及摘牌事宜。本次强制赎回有效降低了公司的负债率及融资成本，有利于公司的长远发展。

六、注重投关，积极回应投资者关切

严格按照信披相关要求，既坚持原则，又耐心细致地为各类投资者进行解答，确保上证e互动平台投资者提问回复率100%，年度接听股民咨询电话共计百余次。同时，主动响应监管机构号召，多次在上证路演中心平台，以视频和网络实时互动相结合的创新形式召开业绩说明会，与广大投资者进行沟通和交流，并就现金分红方案等投资者关注事宜予以重点说明，让投资者进一步了解公司的生产经营等情况。其中，2021年度业绩说明会荣获中国上市公司协会“2021年报业绩说明会最佳实践”奖项，并参加上交所业绩说明会“双碳先锋”主题周，2020年度业绩说明会成功入选上交所优秀示范案例并参加宣传周，对公司继续做好投资者保护工作具有重要

意义。

此外，部门积极接待各类调研，拓展机构投资者覆盖面。接待华泰证券、光大证券等10余家机构现场调研20余次。为进一步加强与机构投资者的互动交流，组织筹办“走进上市公司”暨机构投资者交流会，邀请自中信建投、广发证券等机构的30余名行业研究员及机构投资者参观老港焚烧项目，并与公司管理层进行交流互动，倾听投资者的心声，听取投资者的建议，增进了机构投资者对公司的了解和认同。

自上市以来，上海环境董事会办公室初心永驻，勤勉履职。今后，上海环境将进一步加强上市公司董事会办公室工作建设，持续提高上市公司董事会办公室工作人员履职能力，以高质量信息披露传递公司价值，持续提升公司治理水平，坚持履行国企社会责任，为助力上市公司高质量发展贡献新的力量！

20. 中国平安：

助力董事会高效运作　赋能公司治理质效

现代企业公司治理的核心是董事会，其承担着战略决策以及对管理层的监督职能，在公司治理中起着承上启下的重要作用。平安集团董事会办公室（以下简称“平安董办”）作为平安集团董事会的支持服务机构，秉承求真务实、尽职尽责的服务精神，发挥好董事会与董事的“联络员”纽带作用，致力于协助董事更好地尽职履责。在增强服务能力的同时，也敢于突破，平安董办不断根据监管的最新要求和行业的瞬息变化，完善提升工作流程，与时俱进、持续探索先进的工作理念与方法，助力提升董事会的科学高效运作、赋能公司治理质效。

一、助力董事高效履职，创新履职渠道支持

平安集团董事会成员中涉及方方面面的专家，各位董事借助自身的专业和工作经验，为公司贡献智慧与力量。为辅助董事们充分履职，施展智慧和才能，平安董办需及时跟进各位董事的意见与建议，连接董事与管理层沟通的渠道。比如，平安董办做好董事会审计与风险管理委员会的预沟通会及正式会议的筹备工作，协调公司财务、审计、内控、合规的管理层团队于会上就董事重大关切问题进行充分沟通。再如，在董事会重大决策事项上，尤其是涉及重大战略、发展方向性的议案，平安董办协助在会前预约外部董事与管理层进行更多的沟通探讨，听取董事从多维度提出观点和建议，形成充分探讨、畅所欲言、科学决策的氛围，充分保障董事的切实履职。

二、依法合规信息披露，连续多年获上交所A级评价

平安董办按照有关法律法规和上市规则等规定，协助董事会秘书开展信息披露工作，确保信息披露的及时、准确和完整，保障所有股东尤其是中小股东的知情权。根据公司的信息披露事务工作机制，平安董办拥有成熟的多轮复核机制，有效保证了信息披露事务的准确性与及时性。特别是重大、疑难、无先例的临时公告，平安董办创新建立了与IR（投资者关系）、PR（公共关系）的联动工作机制，并在实践中不断加以优化，这一举措统一了公司信息出口，不仅能够避免信息披露违规，还能够有效避免披露信息出现误差、误读，进而保障股东权益。2022年度，平安集团合计信息披露123次，自愿性披露17次，均无错漏，连续多年获上交所A级评价，保持了高质量的信息披露标准。

三、确保“三会”运作顺畅，持续提升公司治理实践

（一）多措并举保障投资者参与股东大会，切实保障投资者投票权、知情权

为充分保障投资者的知情权、参与权，平安集团2021年年度股东大会依然采用了现场投票和网络投票相结合的方式如期召开，为投资者投票提供了便利，充分保障投资者行使投票权。平安董办一方面建议股东优先选择网络投票的方式参会，并鼓励股东充分利用公司投资者关系邮箱进行沟通交流；另一方面，平安董办通过采取严密的防护措施为现场参会股东提供安全便捷的参会环境和行之有效的参会方式，大大降低了公共卫生风险，强有力地保障了股东行使其权利。相关举措为投资者了解平安、参与公司治理提供了方便快捷的渠道。

（二）组织监事会联合党委、独立董事开展基层考察

在平安董办的协调组织下，公司监事会、党委成员、独立董事每年组成基层机构考察组，通过员工座谈、客户拜访等方式，听取和了解业务一

线对公司战略及各项政策的执行情况，以及对公司业务发展方面的意见和建议。2021 年 9 月，考察组对平安产险、平安寿险、平安养老险、平安银行、平安证券等多家子公司的大连、哈尔滨分支机构进行了实地考察调研。考察结束后，平安董办第一时间结合广大基层员工的意见形成了考察报告报公司管理层，管理层对有关问题高度重视并逐一落实形成了书面反馈报告报全体董事和监事。

（三）打造专业、高素质的董事团队

平安董办除了关注“三会”整体运作顺畅、按要求审议公司的各项经营管理报告外，还非常注重协助董事提升履职所需的基本知识和技能。专业、高素质的董事团队是公司治理的宝贵资源，近年来，平安董办持续协助董事提升专业能力，结合公司经营管理需求，就最新的监管政策解读、行业专业知识、市场热点等内容组织董事们进行培训，覆盖股份回购、独董制度有效性、境内外金融机构公司治理、新保险合同准则准备金、偿二代二期新规及影响等专题。

四、助力资本运作，保障项目顺利落地

基于对公司持续发展的信心和内在投资价值的认可，为维护广大投资者的利益，并综合考虑公司股票二级市场表现，公司于 2021 年 8 月 26 日召开董事会并审议通过了 A 股回购方案的相关决议，使用自有资金实施 50 ~ 100 亿元 A 股股份回购。平安董办充分发挥支持作用，在方案论证阶段，梳理回购相关法律法规，草拟不同的回购方案，确保公司的回购方案符合两地法律及交易所的要求；在方案审议阶段，做好议案筹备工作，协助董事会顺利通过回购议案；在方案执行阶段，平安董办作为回购执行小组的一员，推进回购的具体操作，并配套以严密的信息披露，保障公司的资本运作重大项目顺利落地，为股东创造长远持续的价值。

完善公司治理是企业实现高质量发展的首要任务，作为良好公司治理的践行者，平安董办将继续做好支持服务，落实各项工作有规则、有程序，不断提升公司治理有效性，助力实现平安集团高质量发展的愿景。

21. 中国人保：

完善公司治理机制　强化投资者服务

中国人民保险集团（以下简称“中国人保”）是国内领先、主业突出的综合性国有保险金融集团。作为中管金融央企和A+H国有上市保险集团，中国人保坚决贯彻落实党的二十大精神，全面贯彻习近平总书记关于两个“一以贯之”的重要论述，深入落实中央关于金融机构治理的有关要求，以及中央巡视整改和财政部、银保监会、证监会的监管要求，充分发挥党委在公司治理中的领导作用，持续推进人保集团治理现代化。

中国人保董办服务集团“卓越保险战略”，落实集团关于“大公司治理”的部门工作定位，把主管部门、监管部门、投资者、股东和董事、监事作为客户，提供温暖服务，扎实做好市值管理、集团本级治理、子公司治理、信息披露等工作，守正创新，探索形成了一些适合自身发展的上市公司董办实践。

一、坚持党的领导，推进集团治理现代化

中国人保加强集团公司治理制度建设，推动中国人保公司治理框架制度不断完善，从治理目标、治理体系、治理机制3方面持续推进治理现代化，为公司卓越保险战略和高质量发展形成有力支撑。2021年，中国人保获银保监会公司治理监管评估银行保险机构最高评估等级（B级），并获《证券时报》“中国上市公司最佳董事会”奖。

（一）在治理目标上明确具体内涵

中国人保在新时期卓越保险战略中提出要以“提升现代国有企业的治

理能力”目标，并具体化形成“领导有力、权责法定、运转高效、纵横贯穿、有效制衡、治理科学”的治理目标。

（二）在治理体系中强化党委领导

中国人保按照中央要求、结合自身实际，制定实施《规范公司治理行动方案》，强化集团党委在公司治理各环节、各方面、各层级的领导作用，从组织上、制度上、机制上确保集团党委的全面领导，打造治理有“魂”的全过程治理领导体系。

（三）在治理机制上持续探索创新

经过近两年的探索创新，中国人保形成了“党委全面领导、公司治理履职，前有授权、中有内控、后有审计，政治上有巡视、董监事有派驻”的治理机制。

二、创新服务机制，坚持以优化董事会运作为根本

（一）完善董事会结构，发挥专委会作用

截至 2022 年 12 月 31 日，中国人保董事会由 14 名董事组成，其中执行董事 4 名、非执行董事 5 名、独立董事 5 名。董事的专业背景涵盖经济、法律、会计、精算、医疗健康、管理等各个领域，5 位独立董事中有 2 名女性成员，符合 ESG 董事会构成相关要求。董事会下设审计委员会、提名薪酬委员会、战略与投资委员会、关联交易控制委员会、风险管理与消费者权益保护委员会五个专委会，其中审计委员会、提名薪酬委员会、关联交易控制委员会主任委员均由独立董事担任。2021 年 6 月，董事会按照监管规定顺利完成换届，选举产生第四届董事会成员和各专委会委员。2022 年 5 月，为推动专委会更好地发挥作用，中国人保制定了《关于加强集团公司董事会专业委员会工作的意见》，从加强专委会工作计划性、完善专委会会议组织方式、明确专委会对口专业支持部门三个方面，明确加强专委会工作的具体要求，专委会作用进一步发挥。

（二）加强议案工作，提升董事会运作效率

协助董事会确保议案规范编制、充分沟通、有效落实。

一是召开董事会议案工作专题会议宣导议案工作重要性，同时坚持问题导向，从质量、时效、沟通三个方面，督促提出改进措施，提升董事会议案工作水平。

二是规范董事会议案报送程序，于2022年1月印发《关于严格集团公司董事会议案报送程序的通知》，明确各时间节点相应工作要求，促进董事会决策流程依法合规、高效优化，切实规范董事会运作，提升治理效能。

三是完善董事会重要事项预沟通机制，管理层充分听取董监事的意见建议。

四是建立董事会决议事项落实情况定期反馈工作机制。从2020年起，公司建立了董事会决议事项落实情况定期、不定期反馈机制并督导落实，每半年定期向全体董事报告、向董事会通报，对董事关注的重要事项落实进展，不定期向董事报告。

（三）加强保障服务，提升董监事履职支持

中国人保建立完善的董事履职保障制度机制。定期开展董事长与外部董监事座谈、按月编发《董监高通讯》、建立董监事多层次调研保障，系统全面地为董监事及时了解公司及市场有关动态、基层一线情况提供有力信息保障支持。

三、提高披露质量，坚持以信息披露合规为底线

信息披露是投资者了解上市公司的主要渠道，也是上市公司展现公司治理水平的重要方面。作为A+H股上市公司，中国人保高度重视公开信息披露工作，统筹协调集团及成员公司定期报告披露和重大事项公告，坚守合规意识，筑牢风险底线，未曾发生信息披露风险事件。连续三年，年度信息披露工作获得上交所A级评价。

（一）建立制度体系，确保依法合规、严格执行

中国人保制定并严格执行《重大信息内部报告管理办法》《信息披露事务管理办法》《内幕信息知情人登记备案管理办法》等信息披露制度，并根据新《证券法》及上交所等关于信息披露的监管新规，适时修订有关制

度，并及时向全系统进行宣导培训。同时，不断学习各项最新监管规则，融会贯通、吃透精神，及时汲取优秀的信披做法，做到对规则和实践心中有数。

（二）完善标准化流程，助力规范、及时、高效披露

中国人保制定了《重大信息报告及披露标准化流程》，撰写了流程作业指导书、流程图、作业知识文件、工具表单等标准化流程文件，并在人保系统内宣讲推广。以此搭建好顺畅的信息采集和反馈通道，打好信息披露基础，保证公司信息披露报告的及时性和规范性。

（三）拓宽披露渠道，不断提高信息披露透明度

中国人保率先在行业内按月披露财产险分险种保费、人身险首年续期及期趸交保费明细数据，获得资本市场和投资者的认可。

四、站稳人民立场，坚持以投资者为中心

近年来，中国人保在投关工作中始终站稳人民立场，谨记和坚持易会满主席提出的“敬畏市场、敬畏法治、敬畏专业、敬畏风险”要求，深刻领会“投资者是东家，管理层是掌柜的，要做好工作向东家交账”的定位，以及“投关要请进来，走出去，让投资者感受到人保温度”的思路，持续推动公司投关工作迈上新台阶，得到了监管机构、上市公司协会和资本市场的表扬和认可。荣获中国上市公司协会评选的“上市公司2020年报业绩说明会最佳实践案例”，公司股价跑赢同业，跑赢大盘。

（一）推进市值管理精准性，不断增强投资者的获得感

作为一家A+H上市公司，面对多元化、专业化和国际化的投资者，必须建立精准有效的分类管理沟通机制，不断增强投资者的获得感。

在市值管理精准性方面，董办有针对性开展了三项工作：一是定期梳理公司股东和投资者情况，目标导向制定重点沟通清单。二是精准画像。综合运用股东识别、持股分析、交流记录等信息，摸准对方的投资风格和关切重点。三是分层沟通。根据投资者的风格偏好和关切重点，制定ABC三类投资者清单，A类由公司领导带队拜访，B类由董办负责人拜访，C类由投关团队拜访，分类管理，精耕细作。投资者获得了更加个性化的信

息服务，满意度和获得感不断提升。

（二）扩大市值管理开放性，有效提高投资者的参与感

中国人保陆续在东方财富、同花顺、进门财经等8个新媒体平台上开辟投资者交流渠道，实现了疫情背景下高频次、广覆盖的沟通，确保与投资者沟通联系不弱化，交流质量不打折。业绩发布会期间，公司开放邮件、微信、电话等多渠道的参会注册方式，利用中英双语的上证路演中心、抖音、快手、富途、电话、公司视频直播6个参会平台，2022年中期业绩发布会观看人数超过15万，充分保障了中小投资者参与业绩发布会的权利，并为其提高参会便利。此外，在业绩发布会的组织安排上，分别针对投资者分析师、媒体、中小投资者召开3场会议，行业内会议场次最多；发布会时间共计7小时以上，行业内会议时间最长；董事长、总裁率管理层回答投资者近50个问题，回应问题最多。

（三）站稳市值管理人民性，显著增进投资者的亲切感

中国人保在市值管理工作中始终站稳人民立场，通过多措并举增进投资者亲切感。

公司业绩发布会会场较大，为便于与投资者交流，主动将会场主席台搬到台下，与投资者、媒体嘉宾在一个水平面上，而且间隔不到3米，进一步拉近了交流的距离，向投资者展示中国人保的“温度”，此举也得到了投资者和媒体的好评，《中国银行保险报》称这是“中国人保以实际行动服务人民，做有温度的人民保险”；针对中小投资者偏好使用新媒体获取投资信息的特点，专门设计制作了可视化业绩动态展示工具，将公司年报关键信息以更加简洁、更加直观的形式展现在投资者面前，让公司发布信息更加“接地气，有人气”，提升了公司与中小投资者交流的质量与效率；上证e互动上个别问答中的投资者反应看不懂专业术语，公司董事会秘书就亲自带着投关团队逐字逐句进行修改，直到投资者满意为止。

与此同时，中国人保董办切实发挥好对外沟通的纽带和桥梁作用，高度重视股东权益和利益相关方诉求，支持股东大会、董事会、监事会、管理层等各方面依法依规履行职责，形成治理合力。

22. 交通银行：

发挥参谋助手作用　助力公司高质量发展

在交行董事会和高管层的领导下，董事会办公室立足部门岗位职责，在公司治理、投资者关系、信息披露等方面不断创新思考，有效发挥董事会参谋助手作用，助力公司高质量发展。近年来，交行获得《新财富》第四届新财富最佳IR港股公司（A + H股），全景网“业绩说明会创新奖”，入选中国上市公司协会2021年度A股上市公司现金分红榜单丰厚回报榜，并连续九年获评上海证券交易所信息披露A类公司。

一、持续提升公司治理建设水平

（一）持续完善公司治理制度

2022年，交行启动“公司治理制度建设年”活动，系统性修订《公司章程》，本次修订涉及条款199条，占比约68%，是交行自2004年股改以来对《公司章程》进行的最大一次修订。与此同时，修订股东大会议事规则、董事会议事规则、董事会下设专委会工作规则、高管层议事规则等，进一步厘清各治理主体职责边界，完善决策机制。

（二）不断健全董事履职保障机制

一是在董事会会议召开前，提前发送会议议案及说明材料，由董办牵头，组织相关部门就董事关注的问题提前沟通汇报。

二是邀请董事参加交行年度工作会议，与高管层分组讨论，充分了解交行经营管理情况，提出意见建议。

三是做好董事长与独立董事沟通座谈会、独立董事与外部审计师“闭门会议”的协调工作，丰富董事的知情权和信息获取。

四是定期编发《每周讯息》和《月度信息报告》，不定期编发《董办便函》，为董监高及时提供监管规则、经济金融、交行经营管理等参考信息。

五是组织股东、董事开展实地考察、座谈交流等内外部调研，搭建了解公司经营信息和听取意见建议的平台。

（三）切实加强中小股东等利益相关者保护

交行高度重视中小股东权利保障。

一是设立投资者邮箱、投资者热线电话，由专人负责回复或接听中小股东的咨询或提问。

二是充分尊重和保障中小股东权益。在股东大会决议中单独披露5%以下中小股东在董事监事提名和选举、财务报告审议、利润分配方案等重要议案的表决情况，保障中小股东合法权益。

三是2022年6月，在交行官网投资者关系栏目下，列出董事会审计委员会邮箱，鼓励包括但不限于客户及供应商行使监督权利，向董事会审计委员会反映问题，在同业中率先建立利益相关者向董事会投诉举报渠道。

二、扎实开展投资者关系管理工作

董办作为董事会工作常设机构，是股东、董事会和高管层之间的沟通桥梁，交行董办建立了多元化的投资者沟通渠道，积极聆听传递资本市场声音，不断增强投资者获得感和满足感。

（一）建立投资者常态化沟通机制

按计划圆满完成2021年度业绩境内、境外路演。举行2场年报线上国际路演，高管与18家在港中资投资机构、10家美欧外资机构开展沟通交流；连续两年开展境内路演，高管带队组织召开10余场线上路演活动，与社保基金会、境内大中型基金公司、保险资管共计23家投资机构进行沟通交流。积极参加境内外投行组织的投资者论坛、上市公司交流会等，与近700人次机构投资者交流。

（二）创新投资者交流方式

主动积极应对常态化疫情防控的要求，近年来年度和半年度业绩说明会大多采用现场会议、网络直播、视频会议、电话会议相结合的方式举行，向中小股东开放参会和互动渠道。2022 年 3 月上海疫情期间，针对绝大部分高管及工作人员居家办公的不利因素，交行首次采用高管多地接入，以网络直播方式举行 2021 年度业绩发布会，董事长、行长等高管层成员及相关业务部门负责人参会，在线参与人数超过 45000 人次，市场反馈良好。

（三）加强估值管理工作

一是为进一步提升与资本市场的沟通交流效果，董办牵头组织建立集团前、中、后台共同参与的估值管理工作机制和估值管理柔性团队。通过相对固定的专业人员与市场沟通交流，提升交流深度、专业性，获得市场广泛认可。

二是针对交行法人股东数量众多、持股量大的特点，董办定期服务并协助分行加强与相关单位的股东关系和业务往来。

三、持续提升信息披露质量

（一）完善信息披露制度顶层设计

2022 年 6 月，结合最新监管要求，董办修订信息披露管理办法，从完善信息披露基本原则、细化定期报告制度等方面，夯实信息披露管理制度基础。

（二）优化信息披露质量

一是在定期报告中增加披露发展战略及推进情况，向市场清晰传递交行中长期发展方向、目标和成效。同时，增强财务信息的可读性和透明度，在定期报告中增加主要核心财务数据变动分析，披露不同业务类型、不同行业资产质量数据。

二是主动披露绿色发展理念相关实践及相关成效。定期报告中增加披露绿色金融治理机制，绿色信贷、气候变化风险等内容。

三是在官网定期或不定期披露碳减排贷款、关联交易、理财业务等事项，多渠道提升信息透明度。

（三）创新信息披露方式

在年报披露的同时，同步推出全年业绩“一张图”和小视频，增强年报宣传效果。以“一张图”提炼全年战略推进成效和经营发展亮点；通过年度业绩小视频，更鲜活展示本行服务实体经济成效和经营特色亮点，增强投资者对交行经营发展的了解和投资价值的认同。

23. 兴业证券：

创新工作实践 致力于高质量发展

兴业证券股份有限公司（以下简称“公司”）成立于1991年10月29日，于2010年10月在上海证券交易所首次公开发行股票并上市。伴随着中国证券市场的发展壮大，兴业证券现已发展成为涵盖证券、基金、期货、资产管理、股权投资、另类投资、产业金融、境外业务、区域股权市场等专业领域的证券金融集团。自创立以来，公司始终高度重视公司治理、资本运作、信息披露、投资者关系管理等各项工作。公司设立董监事会办公室，协助董事会秘书履行各项职责。作为证券公司，公司不断创新工作实践，优化公司治理结构，致力于高质量发展，执行持续、稳定的利润分配政策，积极回报公司股东。

一、资本运作方面

近年来中国资本市场注册制改革的各项措施蹄疾步稳、加速推进，资本市场快速扩容，资本市场对实体经济的适配性和支持力度不断增强，服务实体经济的广度和深度显著拓展。在此背景下，国家鼓励和引导证券公司进一步充实资本、丰富服务功能，证券公司发展正在步入高质量发展阶段。兴业证券董监事会办公室根据公司战略定位，积极研究各类再融资审核政策及行业动态，开展各类对外投资可行性研究，探索通过外延式并购扩张实现整体实力提升的可行性，助力公司加速推进一流证券金融集团建设。2022年兴业证券完成了配股再融资，最终认配率达96.53%，募资规模达100.8亿元，配股再融资的顺利完成有利于公司进一步提升核心竞争力，提高服务客户和实体经济能力，提升资金使用效益和股东回报。

公司致力于通过资本运作，建立健全长周期的考核评价体系和激励约束机制，加强正向引导激励和反向惩戒约束作用，构建激励与约束并重、长期与短期兼顾的制度机制。2017 年 8 月依据《公司法》《证券法》等有关法律法规制定员工持股计划方案，落地实施员工持股计划。员工持股计划的顺利实施，有利于公司与员工形成利益共同体，推动员工进一步发挥积极性，对公司长远发展具有重大的意义。

公司制定了《子公司管理办法》《境外子公司管理实施细则》，通过对集团子公司公司治理、重大事项、战略与业务协同、人力资源、财务资金、合规、风险、审计、党建等方面进行管理分工，不断深化对子公司的垂直穿透管理力度，贯彻“合规、诚信、专业、稳健”行业文化理念，提高管理的有效性，防范各类合规风险。

二、公司治理方面

公司致力于法人治理结构的不断完善，根据《公司法》《证券法》《证券公司监督管理条例》《证券公司治理准则》《上市公司治理准则》等法律法规、规范性文件规定建立股东大会、董事会、监事会、经营管理层组成的公司治理架构，不断完善《公司章程》等公司治理制度，在制度层面确保公司股东、董事、监事的职责界限和法律责任符合法律法规、监管规定以及公司发展需要，公司“三会一层”运作规范高效，召集、召开、提案、表决程序合法合规。兴业证券董监事会办公室充分发挥董事会、监事会和经营层的沟通桥梁作用，定期向董监事发送合规简报、反洗钱工作简报、绿色证券金融业务经营分析报告、上市公司董监高违规案例等，向董事会风险控制委员会报送公司风险状况报告，保障公司董监事可以及时、高频、定期了解公司经营管理情况，为董监事的充分履职提供条件。为进一步提高“关键少数”的履职能力，董监事会办公室还积极组织董监高参加公司内部、外部协会或监管机构举办的各类行业学习和培训。

同时，兴业证券董监事会办公室创新管理手段，牵头开发关联交易管理系统，并在使用中不断升级完善，实现对公司关联交易的精细化管理。通过关联交易管理系统与公司 OA 的对接，将业务送审中的交易对手方与关联方名单自动匹配，并科学设置流程节点，实现对关联交易“自动识别，强制申报”的目的。该系统在关联方管理，关联交易识别、申报等方面发挥重要作用，确保公司对关联交易实施有效管理，防范关联交易违规风险。

三、信息披露方面

兴业证券董监事会办公室始终严格依据法律法规、中国证监会及上海证券交易所相关监管要求履行信息披露职责，把信息披露质量作为工作的重中之重。2022 年高质量完成公司年度报告、一季报、半年报、三季报共计 4 项定期报告的编制及披露工作；及时披露包括股东大会、董事会、监事会决议公告等共计 80 项各类重大事项公告，确保披露的信息真实、准确、完整，公平、及时地向投资者传递公司重大信息，并高度关注市场影响，持续做好信披与舆情联动管理。同时，还密切关注外部信息披露监管规定变化，及时根据内部经营管理要求，不断优化信息披露工作管理流程，确保公司披露工作合规、高效开展。

兴业证券董监事会办公室高度重视内幕信息知情人管理，通过定期组织培训，不断强化相关人员的内幕信息管理意识，并严格按照内幕交易防控及内幕信息知情人登记管理机制，持续做好登记报送，不断提高报送质量，全年完成公司年度业绩快报、定期报告等多项重大事项内幕信息知情人登记工作，登记人数共计数百人。

公司信息披露管理工作连续五年荣获上海证券交易所上市公司年度信息披露工作 A 级评价。

四、投资者关系管理方面

兴业证券董监事会办公室扎实、有效、专业地开展投资者关系管理工作，不断加强与投资者及潜在投资者之间的有效沟通，安排专人专线及时接听投资者关系热线电话、积极回复上证 e 互动平台上投资者对公司的提问、定期更新公司官网上投资者关系模块内容，增进投资者对公司的了解和认同，提升公司治理水平和企业整体价值，实现尊重投资者、回报投资者、保护投资者的目的。

在做好日常与机构投资者面对面、电话会议以及网络沟通交流的基础上，兴业证券董监事会办公室还定期召开业绩说明会、投资者见面会，接待股东、投资者的来访和实地调研，积极参加各种形式的资本市场投资策略会，主动和投资者交流沟通。2022 年共参加 27 场分析师组织邀请的投资策略会，参加 49 场分析师组织的机构投资者线上和线下路演。通过向投资者介绍兴业证券的发展战略、业务经营和发展情况，树立兴业证券在资本市场中的良好形象。

兴业证券投资者关系管理工作连续五年荣获福建省上市公司协会投资者关系管理工作 A 级评价。

五、管理实践方面

随着中国资本市场注册制等重大举措不断推进落实，资本市场持续完善，对上市公司董事会办公室的挑战也在不断加大。“打铁还需自身硬”，一是要持续密切关注最新法律法规、监管规定要求变化，持续完善公司治理，通过全面梳理各治理主体职责，完善议事决策流程，构建良好的公司治理运行机制，确保公司治理运行规范高效，保障公司重大事项落实推进。

二是要认真研究最新监管政策，积极了解投资者诉求，通过加强公司与控股股东、董事、监事、高级管理人员及公司内部的信息沟通渠道，持续做好信息披露工作，确保信息披露真实、准确、完整、及时、公平。

三是扎实开展投资者关系管理工作，加强与机构投资者和新财富有影响力的券商卖方研究团队的沟通交流，倾听中小投资者的心声，让投资者及时了解公司的经营情况和发展战略，提升公司透明度。

作为与投资者、监管机构、中介机构、媒体沟通的重要媒介，上市公司董事会办公室要负责上市公司规范运作、信息披露、投资者关系管理、资本运作等等工作。要应对这些工作挑战，把各项工作落细落实，最重要的是建立一支高素质的队伍，拥有熟悉财务、管理、法律等专业知识，熟悉资本市场最新运作规则，了解公司各项业务发展的“左膀右臂”，可以保障董事会秘书切实履职到位。通过搭建科学的人才梯队，充分发挥各自特长，完善激励机制，不断激发团队的工作热情与活力，打造一支能征善战、能够不断学习、持续提高自身业务能力的队伍，把董事会办公室的工作实践推向更高标准，以高质量的公司治理，促进公司高质量发展。

24. 工商银行：

不断提升公司治理有效性
有力促进工行高质量发展

中国工商银行始终把完善公司治理作为新时期实现高质量发展的基础工程，深入推进党的领导和公司治理有机融合，持续完善中国特色现代企业制度，推进公司治理体系和治理能力现代化。董事会积极对标党中央、国务院重大决策，落实金融监管要求，统筹推进金融工作“三大任务”实施，进一步突出金融工作的政治性、人民性，着力提升金融服务的适应性、竞争力、普惠性。董事会办公室不断优化公司治理制度和架构，增进董事会运作效率，提高董事履职保障，加强信息披露和对外宣传，促进全行改革发展、创新转型和战略落地，为董事会决策质效提升和集团高质量发展提供内在动能。

一、不断提升公司治理有效性，打造国有大行公司治理标杆

工商银行坚持和加强党的全面领导与公司治理有机融合、一体推进、协同联动，持续优化、完善公司治理制度和架构体系，不断提升公司治理能力，公司治理品牌美誉度和影响力进一步提升。

（一）修订完善公司章程和配套制度，进一步夯实治理基础

工商银行党委和董事会高度重视公司章程修订，2021 年度股东年会以 94.06% 的赞成率审议通过修订《公司章程》的议案。本次修订进一步体现了工商银行坚持党中央对金融工作的集中统一领导，突出了金融工作政治性和人民性。具体特点有：第一，将“深入学习和贯彻习近平新时代中国特色社会主义思想”写入党委职责条款；第二，新增“坚持加强党的领

导和完善公司治理相统一，实现有机融合、一体推进、协同联动”；第三，进一步完善党委前置研究讨论机制，明确“董事会或高级管理层决策本行重大经营管理事项，应履行党委研究讨论的前置程序”；第四，在经营宗旨中新增“致力于服务制造业等实体经济、防控金融风险、深化金融改革”条款；第五，增加“贯彻创新、协调、绿色、开放、共享的新发展理念”及树立高质量发展愿景等条款；第六，修订纪检监察机构表述，充分体现纪检监察派驻改革要求。

（二）优化完善董事会架构，构建多元、独立、专业的董事会

工商银行致力于构建符合新发展阶段要求和国有大行实际特点的董事会，持续优化多元、专业的董事会架构，科学调整董事会专门委员会组成，将具有相应专长的董事配置到相关专门委员会，有效发挥各委员会的专业优势。持续优化董事遴选机制，在行业内率先构建“1 + N”独立董事人才库，并积极利用行内外平台多渠道、多维度考察、评估人选适岗性，不断补充完善独立董事候选人名单，确保候选人熟悉中国国情、认同中国文化、符合企业价值认同，能够满足工商银行董事会要求和高质量发展需要。

二、发挥董事会战略引领作用，协助董事会科学决策

工商银行董事会聚焦全行战略发展，发挥战略引领作用，加强科学决策和有效监督，促进全行战略落地。

（一）聚焦战略谋划，提升董事会战略决策效能

坚持服务实体经济本源，加强集团资本、全面风险和内审内控管理，践行大行社会责任，不断完善集团公司治理，全力督导管理层推进各项战略落地。全方位对标“十四五”规划，推动全行发展战略与国家战略全面对接、深度融合，配套制定境内外发展、内部审计、风险管理、资本管理、绿色信贷等专项规划，充分发挥董事会战略引领和监督落实职能。

（二）完善运行机制，提升董事会科学决策能力

持续完善党委工作与公司治理相衔接的运行机制，充分发挥党委“把方向、管大局、保落实”的作用，使党委领导作用能够有效覆盖到公司治

理各个层面，辐射到全行工作各个领域。修订完善董事会议题工作规程，加强议题全生命周期管理，持续跟踪董事会决议的执行情况，定期梳理、转化董事会建设性意见，使其真正落实于实际工作、融于业务发展。

（三）加强互动交流，提升董事会沟通质效

建立重大事项董事会秘书沟通机制和党委委员、管理层成员列席董事会机制，进一步强化董事会和管理层的深度沟通，密切各治理主体之间的互动交流。

（四）加强数字化建设，提升董事会办公智能化水平

响应数字化转型号召，持续推进董事会办公平台智能化建设。在疫情常态化防控形势下，率先实现移动设备与行内视频系统互联互通，投产App、短信和邮件同步提醒功能，有力保障独立董事远程参会履职，不断提升董事会办公智能化和决策质效。

三、强化董事履职支持保障，不断提升董事履职成效

工商银行高度重视董事履职保障工作，建立健全制度体系，持续完善工作机制，不断强化保障力度，全面协助董事高质量履职，取得良好成效。

一是修订完善评价规则，不断提升董事履职监督和评价效能。积极落实《银行保险机构董事监事履职评价办法（试行）》有关规定，修订董事会对董事履职评价规则，在评价内容上增加了“贯彻落实国家有关政策和决策部署，关注战略性重大问题”事项，明确董事在落实国家政策方针、推动高质量发展方面的职责要求，为推动董事履职尽责、不断提升价值贡献夯实了制度基础。

二是完善履职保障工作制度，全面协助董事高质量履职。加强顶层设计，在公司章程、董事会议事规则及董事会各专门委员会工作规则等公司治理基础性制度中明确纳入董事履职保障相关要求；建立董事知情保障制度，从审议董事会议案、出席行内会议、参加行内活动、报告重大事项、开展课题调研、开放信息系统等方面，全方位强化董事知情和履职保障。

三是加强董事履职座谈和调研，持续提升董事价值贡献。加强董事与

高管层开展交流沟通，支持董事开展调研、座谈和课题研究，加强各类参阅信息报送，邀请董事参加行内重要会议及活动，开展董事履职培训等，持续拓展董事履职的广度和深度，不断提升董事的价值贡献。

四、加强信息披露管理，不断提高集团信息透明度

工商银行高度重视信息披露工作，不断深入推进提升公司透明度，优化信息披露内容，增加自愿性信息披露，面向资本市场讲好“工行故事”。

一是认真做好规定披露动作，充分体现大行责任担当。圆满完成强制披露任务，积极开拓思路、创新方法，贯彻新发展理念，强化信息披露，真实、准确、完整、及时地展现在服务实体经济、防控金融风险、深化改革创新等方面的大行形象。并在 2022 年上交所开展的信息披露工作年度考评中获评优秀。

二是修订完善信息披露管理制度，不断提升集团信息披露质效。严格遵守境内外信息披露监管要求，持续完善信息披露制度，优化信息披露机制。积极落实《证券法》《国务院关于进一步提高上市公司质量的意见》等新规新政，2021 年在可比同业中率先修订《信息披露制度》，完善信息披露管理架构；2022 年修订《内幕信息及知情人管理制度》《年报信息披露重大差错责任追究制度》等配套制度，进一步加强透明度建设机制保障。

三是积极探索并有序推进自愿性信息披露，满足投资者多样化需求。一方面，在定期报告和董事会决议公告中增加自愿性内容，加强对于战略规划、公司治理运行、风险管理等信息的披露，贯彻“简明清晰，通俗易懂”的要求。另一方面，结合投资者需求，披露《关于服务实体经济高质量发展的公告》《关于全资子公司工银理财有限责任公司筹建合资理财公司获准开业的公告》《中国工商银行股份有限公司公告》等多份自愿性专项公告，积极展示工商银行在服务实体经济、深化金融改革、维护资本市场稳定等方面的大行风范和责任担当。

五、创新优化投资者关系管理，持续提升投资者满意度

工商银行按照投关与市值管理科学化的理念要求，紧紧围绕“全面、主动、协同、精准、有效”原则推进投关管理工作，不断丰富投资者关系管理的形式与内容，加强投资者分类管理，不断提升公司透明度，真正做到“润物细无声”，持续提升投资者获得感，投关工作取得了积极成效。

一是完善投资者关系管理机制安排，继续开展多层次、多渠道、多方位投关活动。通过建立分层分类精准维护体系，实现境内 + 境外驱动、法人 + 个人驱动、线上 + 线下形式和会前 + 会中 + 会后等投资者全类型、全渠道、全过程覆盖。

二是数字创新引领，丰富投关活动形式。在投资者说明会环节引入网络弹幕、数据大屏、云参观环节等创新形式，主动加强立体信息披露，强化市场预期。

三是完善投资者关系管理机制，提高投资者服务质效。加强协同投关，做好股东与客户共同开发；坚持精准投关，打造智慧投关体系，提升对集团股东的服务精度和效率；加强有效投关，提高投关管理质效。

25. 中国太保：

持续提升公司治理能级　打造“太保样本”

作为一家在境内外三地上市的综合性保险集团公司，在对高质量发展坚守的“不变”与对标发展新格局的“主动求变”中，中国太保董办根据新的形势和工作要求，积极应对，主动作为，以公司治理作为长期主义发展的基石，以信息披露作为提升透明度的标尺，以投资者关系作为价值传导的关键，有效有成、主动创新，推动各项工作开展。

一、持续提升公司治理能级，打造公司治理的“太保样本”

一是以高效合规的三会运营，聚焦公司重大经营事项，发挥董事会战略引领作用。坚持“稳字当头，稳中求变，稳中有进”工作总要求，护住基本盘，扩大优势面，持续推动战略任务稳步落地实施。截至 2022 年 11 月底，年内共组织召开股东大会、董事会、专业委员会、监事会等会议 35 次，审议议案和听取报告 266 项，督办工作 100 多项，推动战略规划、经营策略、业绩要求及预算目标等重大经营决策的落实，持续牵引经营层改善短板。坚定“固本培元”，紧盯全年经营目标，发挥董事会多元化、专业化优势，持续提升董事会战略决策的前瞻性和效率。通过董事会、专题研讨会及调研走访等方式，让董监事充分听取、讨论公司经营业绩和重点关注事项，强化战略牵引能力，推动管理层优化市场策略和提升经营能力，培育发展新动能。

二是以科学有效的一体化管控体系，推动完善子公司公司治理架构及制度，防范集团整体经营风险，形成各司其职、各负其责、相互制约、相互协调的工作机制。一方面，组织集团各条线梳理子公司三会议案条线审核流程，持续保持集团对关键领域和重大事项的管控力度，优化决策流程、提高决策效率、加强内部协同、严守风险底线。根据集团公司治理优化方案，完善保险类子公司治理结构建设，修订三会管理暂行办法。在完善子公司治理结构、压实子公司法人治理主体责任的同时保证集团对子公司在关键领域和重大事项的管控不断不乱。另一方面，强化一体化公司治理体系，根据集团整体战略规划和子公司管理需求，指导子公司建立规范的公司治理架构和制度体系，突出子公司法人治理主体责任。银保监会原已豁免产险、寿险、资产公司设立董事会专门委员会和独立董事，根据集团董事会统一决策部署，产险、寿险公司设立董事会专门委员会，资产公司设立董事会专门委员会及独立董事，并制定了专门委员会工作制度。此外，充分发挥对子公司治理的牵引和引领作用，继续加大为子公司服务的力度，定期召开联席会议，搭建公司治理一体化管理学习平台，打造高素质的子公司治理团队，强化系统性、一体化的治理运作格局。

三是以数字化建设为抓手，提升科技赋能工作质效。在原“三会系统”App 基础上，于 2022 年 11 月启动自主开发设计多功能、一体化的全新“公司治理平台”，从单一满足三会材料阅览向公司治理应用场景进行延伸，打造集视频会议、在线表决、电子签名认证、资本市场观点等功能于一体的闭环管理系统，有效提升工作效率和应用体验。在确保线上重要会议保密安全性的前提下进一步优化成本管理，提升公司治理的合规性和敏捷度。同时，借助数字化工具，落实信息披露、股东股权及关联交易管理等相关工作数字化需求。

二、有效提高资本市场透明度，深化信息披露实践的“太保特色”

一是强化制度建设，为信息披露、维护股东合法权益等公司治理奠定制度基础。公司根据《公司法》《证券法》《保险公司股权管理办法》《银行保险机构大股东行为监管办法》等法律法规，制定及修订《公司章程》。按照监管要求，结合公司章程、公司性质、股权结构等情况，制定了符合公司自身情况的《股东权利义务手册》，并组织公司主要股东进行学习；公司还制定有《信息披露管理办法》和《投资者关系管理办法》等，从信息披露及投资者关系管理的角度切实保护股东知情权等权益，持续优化披露及投资者关系等机制，夯实公司治理基础。

二是不断优化信息披露透明度和有效性，加强以股东和投资者需求为导向的投资者关系管理。信息披露方面，公司严格遵守证券上市地法律法规，履行法定信息披露义务，并以公司股东和投资者需求为导向，不断优化信息披露的透明度和有效性。

（1）不断丰富披露形式、拓展披露覆盖面，坚持披露年报前导，以通俗易懂的语言及案例形式呈现公司主要经营亮点；发布中英文双语年报一张图及中文摘要；定期报告以图表、配图、醒目数据等直观的视觉形式展示公司主要财务和经营指标。

（2）不断提升主动披露范围和颗粒度，继续提升披露针对性和有效性：结合保险行业特点及公司实际情况，主动披露营运利润，对寿险等核心板块业务进行定量 + 定性披露；主动随定期报告同步披露成员公司偿付能力报告摘要，并在定期报告中专节披露公司核心竞争力、市场环境、经营计划、风险管理情况、内部交易情况，方便投资者理解保险公司所受行业监管及相应公司管理实践。

（3）主动披露履行社会责任情况；随着 ESG 重要性不断提升，公司在年度报告中将 ESG 单独设置章节，详尽阐释 ESG 理念与管理、与联合国可持续发展目标的连接及 ESG 实践成效，并在 2021 年将企业社会责任报告改版为可持续发展报告，这也是中国太保成立 30 年来发布的第一份可持续发展报告。

（4）结合保险行业特点及公司实际情况，续做好内幕信息管控，确保对各证券市场、各类型投资者的公平对待。在上交所通报的 2021 ~ 2022 年度上市公司信息披露工作评价结果中，中国太保评价结果为 A 级，连续 9 年获该评价，体现了监管机构对中国太保信息披露工作的认可。

三、积极推进投资者关系管理“双向传导”，讲好市值管理的“太保故事”

一是丰富深化投资者关系重大活动，提升市值管理水平。高质量、重实效地完成2021年度业绩发布会，公司管理层出席会议，全体独立董事、其他管理人员列席会议，并预留充足问答交流时间，资本市场对交流互动效果表示满意：“管理层态度是开放、坦诚的”“互动交流充分，中长期战略方向阐述清晰，展望积极”，会议通过网络直播+电话会议方式，时间选择上兼顾全球投资者便利，并为中小投资者开放实时互动平台，当日100%回复近百条提问。同时，根据市场关注热点和公司战略推进，第一时间举办偿二代二期监管规则专题电话说明会，作为唯一举办该专题会议的上市险企，直面市场关注特点，有效引导投资者合理认知公司价值，获得市场好评；在春节前、一季报发布后、中报发布前等关键时点，面向重要投资者组织召开专门沟通会，合理引导市场预期，平抑公司市值波动。

二是优化多元投资者沟通平台，确保投关活动公平性、一致性。在参加数十场境内外策略会和外部接待，以及通过上证e互动、投关热线电话、投关邮箱等途径与中小投资者开展互动的同时，团队还编写中英文双语版《投资者通讯》，优化内涵，在“问答纪要”板块对市场关注热点予以及时、统一解答。

三是多种方式拉近管理层与资本市场的距离，为公司经营决策助力。组织集团和主要子公司管理层参加路演会议、券商策略会及日常沟通会，创造经营层与投资者“近距离”沟通契机。及时追踪同业业绩和资本市场观点和建议，以同业定期报告业绩短信、《资本市场快报》等材料为载体，分析行业及上市同业动向，助力优化公司经营策略。应对行业新形势、监管新常态、公司新发展，中国太保董办始终致力加强专业化能力建设，以合规为底线，优化工作流程，以市场为导向，创新工作机制，练就“耐得住、看得准、做得细”的工作作风，力争为公司与行业高质量发展形成助力。

26. 中国人寿：

科技赋能　走高质量发展之路
守正创新　发挥头雁引领效应

作为境内外上市金融央企、行业“头雁”和上市地指数的重要成份股，中国人寿保险股份有限公司（以下简称“中国人寿”）在公司治理、信息披露及投资者关系等方面的表现备受上市地监管机构及境内外投资者的关注。自2003年上市以来近20年历程中，面对资本市场不断变革升级的监管规则要求，中国人寿董事会办公室探索形成了高效健全、合规透明、多元协同兼具创新特色的工作模式。董事会办公室通过科学顺畅的公司治理、严谨充分的信息披露、专业尽责的投资者沟通，致力于搭建一座与资本市场共同成长、彼此成就的互通桥梁，为董事会决策质效提升和公司高质量发展提供内在动能。

一、持续优化党建与公司治理融合机制，不断提升中国式公司治理现代化水平

公司治理是风控的基石。结构合理、机制健全、制度严密、运转高效的公司治理体系能够为公司稳健经营保驾护航。中国人寿以建立结构合理、机制健全、制度严密、运转高效的公司治理体系作为核心目标，积极探索有中国特色的优秀公司治理模式，将党建与公司治理融合渗透于经营管理的各个方面，不断提升中国式公司治理现代化水平，在合规经营、公司治理等方面发挥行业“头雁”引领作用。

与时俱进，调整优化董事会专门委员会结构。为更好地发挥专门委员会对董事会的决策支持作用，中国人寿调整设立战略与资产负债管理委员

会、风险管理与消费者权益保护委员会及关联交易控制委员会。董事会下设的5个专门委员会主席均由独立董事担任，4位独立董事均为具有行业经验与理论水平的金融、法律、经济、审计等方面的专家与学者。其中，审计委员会主席由“财务专家”担任，所有成员均为独立董事。

奉行董事会成员多元化政策，持续加强董事会建设。中国人寿形成了较为完善的董事候选人酝酿、提名及选举程序。董事会提名董事候选人时，不但兼顾专业能力和职业操守，同时考虑到董事会成员多元化要求，注重考量候选人的专业领域、年龄层次、社会阅历及董事会成员的性别比例。中国人寿深信董事会成员多元化可提升董事会决策能力，董事会多元化是维持良好的公司治理水平及实现公司可持续发展的重要因素。

科技赋能，推动三会运作实现数字化及信息化。中国人寿研发了一套由云桌面、“国寿会议”平台、云助理和平板电脑组成的四位一体会议系统，实现了公司治理会议的数字化和无纸化，在节约大量人力物力的同时提高了公司治理会议的效率，也是践行ESG绿色环保可持续发展理念的具体体现。

二、从合规披露向有效披露跃升，持续提升自愿性信息披露占比

作为A+H上市保险公司，信息披露工作需严格遵循各上市地法律法规、上市规则以及行业监管要求，监管规则错综复杂，更新迭代频繁，公司信息披露团队始终统筹兼顾各地规则差异，跟进最新监管要求，把好上市地合规披露关口，保持着信息披露工作合规、高效、零差错的良好记录。

持续完善制度建设，全方位保障信披工作高效合规。根据各上市地法律法规、监管规定以及公司所处行业的监管要求，结合自身实际，建立了涵盖信息披露管理、内幕信息知情人登记管理、重大信息内部报告、信息披露突发事件应急管理、定期报告重大差错责任追究、行业规则下等全方位的信息披露制度体系，并严格按照上述制度体系的相关规定开展信息披露工作。通过制度落实保障信息披露工作流程顺畅、高效合规。同时，密切关注上市地信息披露相关监管要求的变化趋势，实时检视现行制度有效

性，及时开展制度修订完善，确保信息披露事务管理与时俱进、持续合规。

积极探索披露创新，主动回应资本市场关切，提升自愿性信息披露占比。随着新《证券法》的颁布实施、上市地监管导向调整和投资者保护工作的深化，公司在合规披露基础上根据资本市场关注不断丰富和优化披露内容，从有利于投资者进行价值判断和投资决策的角度持续完善年报、中报的披露内容，增加自愿性信息披露占比，更好地满足投资者的信息诉求，在保护投资者知情权、消除信息不对称的同时加强投资者引导，助力公司市值经营。

三、勇于创新，打造多渠道、全方位投资者沟通机制

公司始终坚持合规、主动、平等、诚实守信的投资者关系工作基本原则，关注投资者保护，致力于打造尊重市场、敬畏市场、回报市场的负责任上市公司。

合规为上，持续加强投资者保护建设。多年的境内外上市使公司形成了合规有效的投资者保护机制。2022 年，中国证监会和上海证券交易所分别发布了《上市公司投资者关系管理工作指引》和《上市公司自律监管指引第 1 号——规范运作》。制度发布后，公司结合实际对原投关制度进行全面修订。新版投资者关系管理工作规定进一步明确了投资者保护的相关要求、各参与主体的职责，并对各种形式的投资者关系活动提出更高的规范要求。

双向互动，投关交流与市场反馈机制形成有效闭环。公司上下重视、尊重投资者、平等对待所有投资者。自上市以来，公司董事长、总裁及管理层成员积极参加业绩发布会、开放日等重要投关活动，全年四次召开业绩发布会和电话会议，会后管理层分多队开展全覆盖的境内外业绩路演。投关团队定期收集资本市场的观点及建议，通过每月撰写深度专题分析报告、每两周汇总市场近期关注重点与主流观点、每日向董监高报送股价信息等多种形式及时向决策层反馈投资者声音，为公司经营提供有益参考。此外，公司建立了由专业部门深度参与的投关联络小组机制，让投资者更

加深刻地了解公司，也能让业务部门第一时间倾听市场声音。

持续专业，始终与市场保持高频、高质、高效沟通。面对机构投资者及中小投资者的不同特点，探索出有针对性且形式多元的沟通模式。对机构受众，除定期举办的业绩发布及路演外，积极参加各家投行及券商论坛、策略会，组织分支机构参观调研，积极回应投资者的日常调研需求。面向中小投资者，通过上证 e 互动、投关邮箱、投关专线电话等平台及时回应诉求，并在四次业绩发布会增设中小投资者问答环节，积极参加监管机构举办的网上集体接待日等活动。

科技助力，积极创新数字化投资者互动方式。公司始终坚持与时俱进，充分发挥科技助力作用，为投关工作提供全方位的软硬件支持。目前，公司搭建了投关网站、投关微信公众号及小程序等多元化数字平台，投资者可第一时间获取公司最新信息、参加业绩发布会和在线路演等。面对新冠疫情的挑战，公司及时实现了“线上 + 线下”有机结合，高效开展投关交流工作。

27. 中国建筑：

合规专业优治理　价值创造促提升
全力打造世界一流董办　助力高质量发展

2021 年以来，中国建筑股份有限公司董事会办公室认真学习贯彻落实习近平新时代中国特色社会主义思想和党的十九届六中全会精神，紧紧围绕中国建筑“一创五强”战略目标，坚决落实“166”战略举措，统筹推进业务管理和疫情防控。主动应对新形势、新挑战，以治理体系顶层设计为引领，聚焦决策服务、治理合规、价值创造，为董事会科学决策提供服务保障，为公司治理合规运作保驾护航，为公司在资本市场的价值实现冲锋在前。

一、加强董事会规范建设，进一步推动公司治理改革走向深水区

（一）在完善公司治理中加强党的领导

修订完善公司章程中的党建内容，从董事会审议流程上保障党组织前置研究讨论机制，实现党组会 100% 前置研究讨论重大经营管理事项，积极保障党组织“把方向、管大局、保落实”的领导作用。

（二）协助董事会做好顶层设计

编制《贯彻落实〈中央企业董事会工作规则（试行）〉的实施方案》，明确 8 类 57 项落实举措。做好董事会制度的“废改立”，修订董事会议事规则等公司治理制度和规范性文件，重点推进强化董事会在机构设置、重大风险管理等方面的职权。

（三）推进贯彻落实证券监管新规工作方案

出台《贯彻落实证券监管新规工作方案》，包含8类123项落实内容以及17项相关公司基本管理制度的修订安排，组织推进并督促落实进度。

（四）持续推进治理专项整改工作

开展公司治理专项行动，针对上市公司独立性等10个方面119项治理事项进行深入自查，立行立改事项按要求已全部整改完成。

截至2021年，中国建筑已连续11年入选上证公司治理指数样本股。

二、保障董事会规范运行，充分发挥“定战略、作决策、防风险”功能定位

（一）厘清董事会权责边界

制定董事会决策事项清单，梳理出13类、133项董事会决策事项。完善董事会授权机制，梳理研究董事会过去3年审议事项，首次制定印发董事会授权决策方案和管理制度。

（二）“三化”提高决策效能

一是强化董事会会前沟通机制。建立外部董事召集人与董事长、总经理交换意见等多种形式的沟通机制。召开专题沟通会，实现了董事会议案100%会前沟通；

二是优化董事会议案管理机制，构建决策事项全周期闭环管理机制。公司制定《中国建筑董事会议案管理办法》，强化议案全周期管理；

三是固化董事会决议管理机制。董办根据独立董事提出的意见建议，定期跟踪了解董事会决议执行情况，定期向董事会进行报告，与总部各部门共同推动董事会意见建议转化，使其指导经营管理。截至2021年，中国建筑已连续10年荣获中国上市公司董事会金圆桌奖“最佳董事会”奖。

（三）强化独立董事履职保障

制定《独立董事履职服务保障实施管理办法》，定期报送经营管理资讯，组织开展独立董事专题务虚会及调研。董办继续牵头推进公司2021～2023年度“董责险”相关工作，优化相关条款，为董监高履职担当提供更

加完善保障。

三、持续提升信息披露和证券业务质量，进一步发挥资本市场的窗口作用

（一）不断夯实信息披露体系

聚焦公司重点任务，明确任务分工和工作标准，加强内部联动，发挥外脑专业优势，建立完善信披联络专员、推进会和沟通会等工作机制。严把披露合规关，以两类主体、三类事项为重点，全面把控披露信息编制、传递、审核等关键环节，全年累计披露公告及文件合规率达到100%，实现零质询，再获上交所信息披露A级评价。2022年上半年，发布《自愿性信息披露管理办法（试行）》，坚持强制性与自愿性信息披露相结合，帮助投资者及时了解公司，助力公司依托资本市场实现产业发展。

（二）持续增强信息披露有效性和针对性

严守合规底线，全面落实法律法规要求。强化政策指引，邀请上交所开展沪市上市公司2021年年度报告审核情况进行通报，全面排查监管重点关注事项。深入挖掘公司生产经营和改革发展亮点，展示公司应对诸多内外不利因素确保实现“稳增长”的实践，突出展现高质量发展内涵。增强信披可读性。运用数字化手段展示公司发展亮点，推出“一图读懂”定期报告，发布公司经营情况简报、重大项目公告微文，信息披露的传播广度和影响力显著提升。推进信披国际化。中国建筑连续3年自主发布英文版年度报告，向国际投资者、全球合作伙伴等展示公司经营情况和发展成果，公司2020年英文版年度报告荣获“年报奥斯卡”国际ARC大奖。

（三）认真做好监管服务和证券业务

积极联动监管机构。持续加强与监管机构的日常联系和信息沟通，完成调查问卷。组织接待中国证监会、北京证监局房地产业务专项调研；积极反映公司诉求，及时掌握最新政策要求。积极参与北京证监局民主生活会，就监管促进资本健康发展、完善资本市场基础制度、金融服务实体经济等提出反馈建议。

（四）“零失误”落实股权激励计划

评价期内，精准高效为2081名激励对象办理1.9亿股限制性股票解锁流通、35名激励对象限制性股票回购注销登记。

四、不断加大投资者关系管理力度，进一步巩固公司价值实现主阵地

（一）丰富投资者沟通渠道

一是创新开展业绩推介。2022年8月，中国建筑董办继续突破创新，首次采用“现场+电话+公告征集问题+网络文字互动+视频直播”的形式召开半年度业务说明会，会议视频直播在11家平台同步直播。共有超过10.3万人次在线收看，创历史新高记录。

二是开展形式丰富的业绩推介活动。组织多层次、多维度的年度业绩推介活动，组织多次券商分析师、基金经理投资者调研，举办投资者开放日活动，参加券商策略会，与多家机构投资者深入沟通交流。建立完善投资者沟通数据库，汇总投资者热点问题。公司在首届上市公司投关价值经纶奖评选中荣获最具投关价值上市公司奖。2022年上半年，公司荣获万得3C会议“最佳投资者关系”奖，上市公司投资者关系“天马奖”。

（二）投关新媒体平台引领推介

一是创新开设投关公众号，在建筑央企中率先试水新媒体应用，“中国建筑投资者关系”公众号于2022年5月15日正式上线。首日发布“董事长寄语——致共筑中建价值的您”，标志着建筑央企首家资本市场公众号平台向精细化、标准化运营演进。截至2022年8月底公众号共发布190篇文章，其中原创比例超过50%，特别是2022年在半年度报告发布后，及时发布公司2022半年度业绩推介系列新闻报道20余篇，迅速提升粉丝关注度，总数近5000人，平台影响力继续提升。公司因此荣获第五届卓越IR最佳数字化投资者关系奖。

二是加强资本市场媒介关系，邀请国资委官网、资本市场证券类媒体平台、中央主流媒体参加业绩推介，广泛开展宣传；中上协、北上协多次

刊载公司现金分红、ESG、投资者保护优秀实践文章。公司荣获全景投资者关系金奖、最佳新媒体运营奖。公众号平台案例入选《2021 年中国上市公司投资者关系白皮书》最佳实践案例。

（三）ESG 工作助力高质量发展

一是形成《中国建筑 ESG 管理工作提升方案（征求意见稿）》，组织召开外部专业咨询机构 ESG 座谈研讨会，进一步提升了公司对 ESG 管理的理解认识。

二是组织集团党组理论中心组学习。公司就聚焦 ESG 发展主题，在公司党组层面进一步解放思想、升级管理，通过前沿知识学习，并做好战略举措动员。

三是持续保持对外交流学习。主要包括向国资委、中上协报送优秀实践案例，填报调查问卷，参加“探索构建具有中国特色 ESG 生态体系”研讨会，线上参与 ESG 管理培训等。

四是福布斯中国发布“中国 ESG 50”，从 2022 福布斯全球企业 2000 强中选取了在 ESG 层面先行一步的 50 家中国企业，中国建筑成功入选。

（四）扎实做好投资者保护工作

组织现金分红网络说明会、参加上市公司投资者集体接待日活动。首次发布《中国建筑 2021 年度投资者保护工作报告》，开上交所上市公司先河，积极落实“5・15”投资者权益保护宣传工作；工作实效情况刊载于中上协《中国上市公司》等证券类媒体刊物。证监会专项听取公司投资者保护工作情况，相关成果 4 次在全国投资者权益保护日、中国投资者网宣传活动中亮相。

五、建立并持续完善市值管理工作体系，内外着力挖掘资本市场公司价值

（一）建立完善市值管理体系

首次发布市值管理工作方案，成立市值管理领导和工作机构，结合国资委上市公司质量指数考核试点要求及公司市值管目标，编制下发年度工

作计划，明确举措 31 项。组织召开市值管理年度工作会、市值管理沟通会、工作例会等，提供机制体系完善来推动管理举措落实落细。

（二）形成常态工作机制

指导 6 家上市子公司制定年度工作计划，调研 7 家上市子企业市值管理工作情况。拟定考核评价办法，组织专项沟通会，跟踪各单位月度工作进展，编制月度简报，强化激励约束机制。董办创新编制资本市场快报，及时反映公司市值变化和资本市场热点事件；发挥价值输出作用，形成股东情况分析报告、投资者月度通讯等，积极反映公司和资本市场动态；编制公司投资价值分析报告等，为管理层科学决策提供参考建议。

28. 沪农商行：

从“定好战略”到“做实战略”——董事会“三大抓手”强化战略管理

上海农村商业银行股份有限公司（以下简称“上海农商银行”或“公司”）坚持以习近平新时代中国特色社会主义思想为指导，认真贯彻落实“两个一以贯之”重要指示，以建立中国特色现代企业制度为着力点，围绕董事会“定战略、作决策、防风险”的职责定位，积极探索、勇于创新，通过引入“目标与关键成果法”（Objectives and Key Results，以下简称“OKR”）管理工具、强化党组织优势转化、突出“关键少数”价值评价“三大抓手”，加强战略过程管理，压实董事会战略管理最终责任，实现董事会从“定好战略”到“做实战略”的跨越式转变，致力建立更有利于战略传导、更具市场化的体制机制，持续激发干部人才队伍干事创业的干劲和活力，助推实现公司高质量发展。

一、以创新运用 OKR 管理工具为抓手，有效促动战略落地执行

董事会是公司战略的“方向盘”。战略定好后如何有效保障落地执行？在常规议事机制之外如何更好发挥董事会在战略过程管理的推动作用？围绕上述问题，公司董事会积极探索，求新、求变、求突破，基于“普惠金融助力百姓美好生活”的公司使命和董事会“定战略、作决策、防风险”的职责定位，自 2020 年起创新性地将 OKR 管理工具运用到公司战略管理中，推动战略管理模式变革创新，有效促动战略落地执行。OKR 作为一种目标管理工具，与 KPI 相比，更强调回归目标本源，关注过程路径、追求

自我挑战、形成组织合力。

一是战略分解。基于公司使命、愿景和核心战略，董事会审议制定年度战略 OKR 任务分解方案，从财务、客户、内部流程、发展成长四个维度清晰描绘战略地图，分解形成总行级战略目标（O）和关键成果（KR），明确全年的战略重点任务。

二是战略传导。董事会推动建立“总行—总行部室—分支行”三级战略 OKR 任务传导体系，各层级编制形成战略 OKR 任务，使战略推进责任落实到每位高级管理人员、总行部室和分支行班子成员，实现压力传导、责任夯实。其中，总行级、高级管理人员战略 OKR 任务报请董事会审核把关。

三是战略贯通。坚持“自上而下”与“自下而上”相结合，通过召开工作务虚会、专题讨论会、一对一面谈等形式充分沟通、反复讨论，确保各层级明确工作重点、有效承接战略任务，共同推进战略实施，提升组织战略效能。

二、以党的组织优势转化为治理效能为抓手，强化战略过程管理

公司加强党的领导与公司治理有机融合，实现党委书记、董事长，党委副书记、行长“双向进入、交叉任职”，在战略管理中充分发挥党委“把方向、管大局、保落实”领导作用和执行董事（董事长、行长）引领作用，保障董事会强化战略执行过程管理。

一是“一把手”挂帅开展战略宣贯，凝聚战略共识。2020～2022 三年战略制定以来，公司在全行范围内多举措、多渠道开展战略宣贯，公司党委书记、董事长亲自面向全行 5000 多名干部员工视频直播宣讲战略，总行领导、总行部室负责人、分支行班子带头面向员工讲战略，做到战略 OKR 任务解读全覆盖；在 OA 系统开设战略公示专栏，搭建战略研究平台，刊发系列宣导文章，电梯厅循环播放战略视频，开设战略微团课，编发战略手册。通过一系列宣导举措，强化全行对战略目标任务的认同，增强工作使命感，确保在正确的方向上投入最大的心力。

二是建立多层级战略 OKR 任务跟踪反馈机制，形成“按月跟踪—按季分析—按年总结”全流程闭环管理体系。总行高管层每月在行长办公会上按分工汇报战略 OKR 任务推进情况，并线上化跟踪战略 OKR 任务推进进展。总行部室、分支行班子成员按季根据战略 OKR 任务执行情况进行“红黄绿”亮灯自评估，上下沟通，加强辅导，协同共进；总行党委按季组织召开专题党委会，跟踪高级管理人员战略 OKR 任务推进进展，重点剖析存在的难点、堵点，为后续推进提供指导思路，并将战略 OKR 任务执行情况在 OA 系统“战略执行情况看板”中进行全行公示，形成围观效应和纠偏机制。总行每半年对战略执行情况进行评估，形成专题议案及时向董事会及董事会战略委员会汇报；年末总行高管层、各机构负责人按汇报路径就战略 OKR 任务推进情况向董事会及董事会战略委员会、总行战略领导小组作年度总结汇报。

通过强化战略 OKR 任务执行的过程管理，从机制上确保全行上下聚焦目标发现难点痛点、共责寻找路径、抓好措施落实，提升战略管理质效。

三、以高级管理层等“关键少数”为抓手，突出战略管理价值评价

“雁行万里靠头雁”，公司领导干部是战略实施的中坚力量。为引导全行上下从“盯指标”向“对目标”转变，公司积极探索创新组织绩效管理模式，统筹董事会、高级管理层、总行部室、分支行各层级的战略绩效评价，抓好“关键少数”，突出战略目标导向与战略价值评价，形成有机整体。

一是建立战略 OKR 评价机制，实现治理主体间责任有效传导。高级管理层考核体现战略导向，将战略 OKR 任务执行情况作为董事会对其履职评价的重要参考。探索采用高级管理层现场述职会的形式，重点围绕战略 OKR 任务和经营管理的工作重点，从业绩亮点、薄弱环节、原因分析等方面进行年度总结复盘，并提出下年度 OKR 任务思路。依托述职会平台，有效促进董事、监事与高级管理人员的深入交流，进一步强化董事会、监事会对高级管理层履职考核监督作用。

二是突出价值导向，充分激发全行内生动力。总行部室和分支行战略OKR评价更加注重过程评价，重点评价对战略的承接度和贡献度、任务的难度和挑战性、干部的进取心和担当意识，体现正向激励、拉开差距，形成价值评价新导向，让奋斗者脱颖而出。挖掘组织人才潜能，鼓励有利于全行中长期战略发展、做出突出战略贡献的行为，并作为考察干部担当、选人用人的重要参考，促进干部员工在追求高目标的过程中为公司价值创造、高质量发展作出更大的贡献。

上海农商银行董事会通过管理工具 + 组织保障 + 关键少数“三大抓手”，建立完善战略管理机制，一方面能够发挥董事会“把关人”角色，在战略目标制定、分解、执行和评估等环节充分主导战略管理全过程。另一方面，能够体现董事会“督导者”作用，从顶层设计上引导干部员工聚焦战略、勇挑重担、攻坚克难，有效培养公司干部人才队伍的“ONE SHRCB”全局观。董事会压实战略管理最终责任，将“好战略”转化落地为“实战略”，为助力开创公司高质量发展新局面作贡献。

29. 中煤能源：

加强子企业董事会规范指导
推动规范运作向下贯通

中煤能源董事会办公室（证券部）作为公司治理和规范运作主责部门和面向资本市场窗口部门，主要负责公司治理政策理论研究和制度建设；董事会和股东大会会议筹备、规范运作、决议落实督办、董事履职服务保障；上市公司合规管理、关联交易、信息披露、信息公开、投资者关系管理；子企业董事会规范运作指导、专职董事履职管理和服务保障；配合开展资本运作等。日常工作繁杂、事无巨细，我们深入贯彻国资委现代企业制度建设决策部署、证券监管机构规定，聚焦部门主责主业，扎实做好各项工作，为促进提升公司治理效能发挥了积极作用。信息披露工作连续13年获上交所A级（优秀）评价、连续12年披露社会责任报告、2021年首次披露ESG报告，投资者关系管理工作荣获第五届和第六届中国卓越IR“最佳资本市场沟通奖”、进门财经“2022年度最佳价值传递团队”、中国上市公司高峰论坛“2022年中国上市公司百强奖”等殊荣。

一、上市公司工作实践

（一）公司治理相关工作

健全公司治理制度体系，按照国务院和国资委关于提高上市公司质量的意见及工作方案要求，及时修订、系统梳理公司治理相关规章制度，明确权责边界，优化决策体系。强化董事会会议决策闭环管理，加强会前会中会后管理，做到资料标准化、运作程序化、决策科学化、档案规范化。

建立线上线下决议落实督办机制，定期向董事会汇报决议执行情况，保证决议有效落实。用心用情用力做好董事履职保障工作，制定董事履职保障工作细则，定期提供董事履职所需各类信息，组织做好董事常规调研和专项调研，强化日常沟通和重大事项会前沟通，为外部董事科学、高效、准确决策提供了有力支撑。年均组织董事会会议 8 次、股东大会 2 次、董事专项调研 2 次、各类专题汇报 20 余次、提供信息百余条。

（二）关于上市公司规范运作工作

从严从实做好合规管理工作。坚持关口前移、提前介入、充分研究，积极做好重大证券合规事项沟通和证券监管审核报备工作；定期举办证券合规管理培训，按月组织合规例会，加强内幕信息管理，杜绝内幕信息泄露，强化证券合规意识，保证规范运作。规范开展关联交易管理工作。加强预算管理和月度监控，确保持续性关联交易不超年度上限，动态监控新增非持续关联交易发生情况，及时履行审批和披露程序，保证各类关联交易符合监管规定。依法合规履行信息披露义务。兼顾沪港监管差异，秉承“真实、准确、完整、及时、公平、简明清晰、通俗易懂、严谨客观、兼顾从严”的原则组织信息披露，坚决杜绝虚假记载、误导性陈述或重大遗漏，确保信息披露依法合规。不断提升信息披露的有效性，主动发布投资者决策有用信息，减少冗余信息，准确把握披露时点和披露窗口，坚决防范重大事项漏披、迟披现象。年均为 30 余项重大事项的决策和披露提供合规建议，编制和披露中文、英文和日本版定期报告 14 份、临时公告 60 余项，在境内外披露公告文稿 300 余篇。

（三）关于投资者关系管理工作

加强与各类投资者沟通交流，按照“依法合规、诚实平等、主动作为”的原则，通过投资者电话会、投资者会见、业绩发布会、路演及反向路演、投资论坛、上证 e 互动等多平台多方式，保持与各类投资者良好沟通，促进公司价值正向传播。做好资本市场信息收集反馈，积极跟踪分析资本市场关注热点，加强对公司研报监测和主流媒体沟通，促进正向传播，最大限度消除市场信息不对称。定期编制资本市场报告，为管理层提供多方面决策参考。加强市值管理研究，客观务实组织开展市值管理课题研究，提出有关意见建议，多措并举持续营造良好氛围，全力维护投资者合法权益，引导市场价值合理回归，推动市场价值与内在价值相匹配。年均组织召开定期业绩说明会4次，安排投资者调研、电话会议超百场，累计投资者交流超6000人次；编发资本市场分析报告2份、投资者问答参考手册4份、投资者关系月报12篇、对标分析报告及新闻快讯100余份。

二、特色创新工作实践

（一）负责子企业董事会建设与规范运作指导

借鉴上市公司层面董事会建设经验，制定加强子企业董事会建设工作方案，明确应建尽建清单，积极组织推动34个子企业全部建立董事会。加强政策宣贯，印发规则指引，及时解疑释惑，交流经验做法，指导规范运作，开展董事会建设调研检查和考核评价，推动规范董事会建设要求向下贯通。

（二）负责子企业专职董事履职管理和服务保障

借鉴上市公司层面董事履职保障经验，制定专职董事选聘、管理、培训和履职保障制度体系，搭建履职指导和履职保障双平台，将履职支撑服务标准化、程序化、规范化。加强专职董事日常管理，建立月度例会和季度座谈会机制，定期总结工作、协调解决问题、开展专题培训、提示重点关注事项，着力提升董事履职能力。

（三）负责央企信息公开与信息披露协同

深入分析信息披露和信息公开工作的性质、要求、内容、方式和内在联系，积极探索深度融合，通过将信息披露成果妥善嵌入于信息公开平台，实现有关成果快速互联共享，助力高质高效完成央企信息公开工作部署，得到国资委高度肯定，更是丰富了信息披露载体，分门别类、更具层次地向广大投资者、社会公众展示了公司质量发展成果，维护了“阳光中煤”良好形象。

30. 建设银行：

以高质量公司治理推动金融高质量发展

建设银行董事会办公室始终以习近平新时代中国特色社会主义思想为指导，深入学习贯彻党的二十大精神，坚决贯彻落实党中央各项决策部署，立足新发展阶段，完整、准确、全面贯彻新发展理念，持续完善公司治理体制机制，有力有序推进“公司治理服务提升年”专项活动，切实提升董事履职服务能力，依法合规开展信息披露，加强投资者交流，深入传递投资价值，推动 ESG 管理体系建设，助力公司治理持续、良性、高效运作，以高水平公司治理助力新金融行动纵深发展，推动全行为实体经济提供更高质量、更有效率、更加温暖的金融服务。

一、持续推动完善公司治理体制机制

探索党建与公司治理有机融合的方式和路径，服务完善公司治理体制机制建设，努力将党的领导制度优势转化为公司治理和经营发展优势。

（一）推动加强党建与公司治理有机融合

做好党委会与董事会重大事项决策沟通衔接的制度保障。启动 2017 年版公司章程的修订工作，在章程修订案中明确“重大经营管理事项必须经党委前置研究讨论后，再由董事会或高级管理层按照职权和规定程序作出决定”等表述，已提交董事会及股东大会审议通过，待监管部门核准。会同党委办公室共同梳理董事会会议前需由党委前置研究讨论的重大经营管理事项清单、行长办公会议清单，明晰董事会的职责边界和决策流程，有力支持董事会与党委会、高管层有机衔接。

（二）助力治理主体之间加强沟通协调

助力董事会完善与党委、监事会、管理层等治理主体之间的定期沟通和信息共享机制，在公司治理、战略发展、经营管理等方面协同发力。服务董事长、行长、监事长定期与股权董事、独立董事座谈，围绕全行公司治理体制机制、战略推进情况、重大经营管理事项等深入交换意见，凝聚发展共识；股权董事列席行长办公会，出席全行工作会、经营形势分析会、月度沟通会及议案沟通会，动态掌握最新经营管理情况；董事会成员与党委及管理层成员定期开展专题交流，共同研究讨论银行发展重大事项及重点关注问题。

（三）进一步夯实公司治理制度基础

组织制定董事会议案工作规程，全面梳理议案征集、起草、沟通、提交、议定事项的执行及跟踪落实等各环节，明确工作质量、时限要求和部门职责。组织制定股份质押管理办法，规范建设银行股东对外质押建设银行股份的登记备案、权利限制、日常管理等事项。

二、支持董事会有效发挥战略引领作用

面对复杂严峻的外部环境和艰巨繁重的经营发展任务，支持董事会成员加强外部形势研判，深入研究全球宏观经济、银行发展战略、风险防控等重大问题，提出有价值的应对策略和建议，推动全行牢牢把握战略主动，积极支持服务实体经济，拓维升级新金融行动，不断释放发展潜能，助力经济社会实现高质量发展。

（一）加大金融支持实体经济力度

协助董事会推动全行持续提升对实体经济重点领域和薄弱环节的金融支持力度。加大制造业中长期贷款投放，重点围绕高技术制造业、高端装备制造业、制造业“单项冠军”、专精特新“小巨人”等优质企业及项目需求；充分发挥服务基础设施建设领域传统优势，关注公路、铁路、产业园、水利等重点领域项目融资需求；聚焦经济社会发展薄弱领域，信贷投放重点支持教育、卫生健康、产业数字化转型和农业农村基础设施短板弱

项领域。推动全行扎实做好“六稳”“六保”工作，持续落实国家减费让利等政策要求，加大惠企利民纾困力度，助力统筹支持疫情防控和经济社会发展。

（二）围绕国家战略开展前瞻性布局

服务董事会加强对建设银行“十四五”时期发展规划及2035年远景目标纲要的监督和评估，推动全行统筹推进、分步实施，从支持创新驱动发展、打通经济循环畅通、解决民生痛点、优化国内大循环空间布局、推动高水平对外开放等方面制定具体措施。

董事会审议通过《绿色金融发展战略规划（2022—2025年）》《中国建设银行2021—2025年境外业务发展规划》《中国建设银行消费者权益保护工作规划（2023—2025年）》等一系列重大战略规划，推动全行形成以“十四五”发展规划为统领，以条线、分行、子公司规划为支撑，定位准确、边界清晰、功能互补、紧密衔接的规划执行体系。

（三）拓维升级新金融行动

服务董事会审议通过出资人民币300亿元发起设立住房租赁基金、建信住房租赁基金（有限合伙）设立子基金等议案，加强与地方政府、房地产头部企业合作，积极培育租赁市场，助力建立多主体供给，多渠道保障、租购并举的住房制度，纾解百姓安居的痛点难点问题；审议通过《数字建行建设规划（2022—2025年）》，推动全行加快数字力工程和数据中台体系建设，着力提高数据资产管理、数据价值挖掘和数据共享应用等核心能力，进一步提升数据生产要素价值创造力，推动全行将新金融理念贯穿到战略发展及经营管理全过程。

三、切实提升董事履职服务能力

有序推进“公司治理服务提升年”专项活动，引导全行重视公司治理，提升对董事履职支持的服务意识。

（一）推动董事履职和董事会运行机制优化

推动制定《关于进一步提升服务董事会运行质效的意见》，进一步明确董事会议案提交、沟通、评价及质量保障程序，以及对授权管理、重大事项报告制度、董事知情权保障、信息披露义务、投资者关系管理、董事调研工作支持等方面要求。

（二）充分依托信息科技手段，保障董事会有序运行

依托金融科技优势，建立完善公司治理系列会议系统、董事履职服务系统及内部管理服务系统等，通过线上渠道为境内外董事会成员提供决策信息支持、议案审阅及沟通、调研交流等全方位、无差别地支持和服务，服务董事会及专门委员会各类会议以线上线下相结合的方式召开，保障董事会有序运行。

四、强化信息披露与投资者关系管理

在确保信息披露零差错零违规的前提下，强化主动沟通，着力展现新金融行动成效，获得社会各界认可。建设银行 A、H 股估值保持可比同业领先水平，连续 8 年获得上海证券交易所信息披露工作 A 类评价。2021 年年报在 LACP（美国传媒专业联盟）举办的年报评选中，全球排名第 12 位，连续四年获银行业白金奖。

（一）坚守信息披露合规底线

全年信息披露保持零差错、证券监管零违规。年内发布 4 次定期公告、70 次临时公告、证券变动月报表 12 次，在日本关东财务局发布定期报告 2 次，共准备各项信息披露文件 300 余份，办理董事、监事、高管等信息报备 10 人次。

（二）有效传递市场价值

多次发布关于加快信贷投放精准服务实体经济、房地产相关业务以及推进新金融行动提升服务实体经济能力等自愿性披露公告。综合运用定期报告、业绩发布、业绩路演、投资者论坛、调研会议、集团网站、投关邮箱等方式开展投资者宣介，展现新金融行动的内涵、特色和竞争优势，及时回应市场关注的战略推进成效、支持疫情防控纾困举措、货币政策趋势及影响、信贷需求和投放情况、房地产信贷政策及风险管控等问题。

2022 年，先后举办业绩发布会 4 次、业绩路演会议约 20 次，其中，董事长和行长分别率队出席 2021 年度和 2022 年中期业绩发布会，行长带队举行中期业绩路演，重视程度和会议效果深受投资者好评。参加投资者论坛 15 次，接待投资者调研团 17 次，拜访重点投资者 10 次，各类线上线下调研近百场，累计与近 1300 名基金经理和分析师展开交流，全面展示建设银行新金融行动及战略发展成效，有效增进市场对建设银行长期投资价值的认可。

（三）不断拓展宣介形式

开展“资本市场新金融优秀案例”评选，系列宣传全行代表性优秀案例。推动集团官方投资者关系栏目改版，提升市场关注内容的展现效果。认真梳理战略发展与经营业绩“九大亮点”，配合业绩发布会在“今日建行”发布，并设计业绩亮点宣传“九宫图”，获得诸多媒体解读及广泛传播。

五、推动 ESG 管理体系建设

推动 ESG 管理体系建设，加强 ESG 信息披露和市场交流，取得显著成效。2022 年，建设银行荣获第三届国际金融论坛“IFF 全球绿色金融奖·年度奖”；明晟（MSCI）ESG 评级连续 3 年维持 A 级，为国内同业最高水平。

（一）推动 ESG 要素融入业务发展和风险管控

依据《中国建设银行“十四五”时期发展规划及 2035 年远景目标纲要》，结合监管规定和建设银行实际，编制《中国建设银行环境、社会和治理工作规划（2023—2025 年）》，促进相关领域形成合理、清晰的目标和计划，推动 ESG 要素进一步融入经营管理和风险管控。协助董事会和管理层推进绿色金融及“双碳”工作，提升金融可获得性，强化消费者权益保护，促进员工职业发展，完善内控合规管理体系，拓展气候风险压力测试范围，推动环境和社会风险因素纳入信用评级，探索构建客户 ESG 评估体系，持续提升风险管理和风险定价能力。

（二）提升 ESG 信息披露质量

编制发布建设银行首份《环境信息披露报告》。全面披露环境相关治理结构、政策制度、风险和机遇及管理、投融资活动的环境影响、绿色运营和产品创新等。系统披露绿色金融相关政策。在定期报告中设立环境、社会和治理专门章节，首次稳妥披露建设银行绿色信贷政策。环境相关目标披露同业领先，通过 2021 年社会责任报告，精细化披露节能、减排、减废和节水 4 个方面共 13 个目标。

（三）加强与相关专业机构沟通交流

密切与中国上市公司协会、中国金融学会等专业机构在 ESG 领域的交流协作。作为 TCFD 试点工作组成员，参与编写《2020 年中英环境信息披露试点工作报告》。注重与 ESG 投资者沟通交流，与贝莱德集团、富登金融和法通等 20 余家知名国际投资者进行交流，主动宣介建设银行 ESG 领域的优势和核心竞争力。建立 ESG 投资机构名单，定期有针对性发送绿色金融工作进展，同时将市场关切及时反馈行领导和相关部门。

31. 重庆银行：

励精笃行　守正创新　打造高质量董办

重庆银行股份有限公司（以下简称“重行”）董事会办公室（以下简称“重行董办”）在实践中深入贯彻新时代发展理念，在董事会和董事会秘书的领导下，本着“励精笃行、守正创新”的工作作风，合规化、专业化、精细化开展公司治理、资本运作、信息披露、投资者关系管理、战略规划、投资管理、关联交易、股权管理等工作，助推全行高质量发展“行千里，致广大”。

一、以合规为基石，做董事会规范运行的“枢纽站”

一是不断完善党的领导与“三会一层”有机融合的公司治理架构。重行坚持和完善“双向进入、交叉任职”的领导体制，董事会结构科学合理，党委书记、董事长由一人担任，3 名党委班子成员担任执行董事，董事会成员多元化、专业化。董事会下设 8 个专门委员会，形成了专门委员会专业议事、党委前置研究、董事会集体决策有序衔接的运作机制，充分维护党委“把方向、管大局、保落实”领导作用。

二是不断完善公司治理制度体系。率先同业将党建工作写入公司章程，持续健全和完善《公司章程》《股东大会议事规则》《董事会议事规则》以及涉及董事会职权的战略规划管理、股权管理、风险管理、投资管理、市值管理、关联交易管理、信息披露等制度，从严应对多方监管政策，从不同维度和层面保障董事会履职行权。

三是不断加强会议管理。重行董办认真把好股东大会、董事会会议的会前程序关、会中议事关、会后落实关，持续健全股东大会、董事会决议意见督办机制，筑好会议规范化运作的坚实防线。2021 年，共组织召开股东大会 3 次、董事会 21 次、专门委员会 59 次，审议议题近 350 项。

二、以合规为准绳，做公司形象提升的“金话筒”

一是构建和谐投资者关系。重行董办以业绩发布会为桥梁，向资本市场充分传递重行经营业绩和投资价值。2021 年组织召开了两场“A + H”业绩发布会，以“双平台 + 中英文 + 境内外”的方式实现全网直播，数万人线上实时观看，多个媒体平台竞相转播。优选优配专业投关团队，推动投关活动实现“量质双升”。2021 年组织开展投资者调研活动 65 场，获得 2021 年“第四届中国卓越 IR 最佳数字化投关奖和最佳新锐奖”。

二是确保高质量信息披露。制定和完善了适用 A、H 两地上市监管要求的信息披露制度体系，严格遵循“真实、准确、完整”的原则进行法定披露，做到当披则披，应披尽披，坚持两地市场同步、同等、同样知悉信息。2021 年发布各类 A 股、H 股公告文件 260 余份，披露内容、程序充分满足监管机构及交易所及时性、合规性要求。

三是促进 ESG 管理提升。重庆银行董办及时跟进 ESG 相关监管要求、热点领域，引导全行各部门践行 ESG 理念。从“管理”和“实践”两个维度编写 ESG 报告，加强对绿色金融、数字转型、乡村振兴等方面的披露。重行 ESG 有关实践入选上市公司协会《上市公司 ESG 优秀实践案例》，获得的行业认可和市场好评。

三、以专业为支撑，做公司资本运作的“先锋队”

一是攻坚克难，实现 A 股 IPO。重行 A 股 IPO 始于 2007 年，2018 年 3 月项目正式重启后，重行董办牵头推进股东沟通、监管报审、法律尽调、章程修订、注册信息变更、董事任职资格核准等各项基础工作，稳妥做好上交所、港交所、指定媒体等各个渠道信息披露工作，同时多方拜机构、全国跑路演，历经艰辛，2021 年 2 月重行终于在 A 股上市，成为全国第三家、西部首家“A + H”上市城商行。

二是锐意进取，发行 A 股可转债。在总行党委的统一安排部署和充分论证研讨下，重行董办利用 A 股上市银行平台，抢抓有利契机，牵头启动并推进实施 A 股可转债发行工作，历经一年多努力，2022 年 4 月实现 130 亿元 A 股可转债成功发行，成为全国第一单“A + H”股上市中小银行可转债。

三是砥砺前进，拓宽资本补充渠道。重行董办根据全行发展战略及中长期资本规划，深入研究监管规定，牵头研究制定了各阶段股权融资方案并全力推动落实，主动走向市场、拥抱市场，综合运用引入战略投资者、H 股定向增发、发行境外优先股等资本补充方式，为全行各项业务发展提供资本支持。

四、以专业为导向，做董事会战略决策的“导航仪”

一是强化战略引领和传导。重行董办按年完成重行中长期发展规划滚动更新，积极推进经营转型和结构调整，确保战略规划目标、举措与内外部环境及重行发展实际相契合。组织相关部门召开战略研讨会、调研分支机构，借助“重银学堂”平台开展战略宣贯，确保战略规划传导到位。

二是推动战略执行和落地。从工作框架和实施体系两个层面修订了《战略规划管理办法》，建立了战略协同推进机制，确保经营管理活动与战略规划所确定的目标和任务高度一致，按季对年度经营计划的执行情况进行跟踪监督，按年开展战略规划执行情况评估，制定战略规划量化考核方案，强化对经营机构分解落地战略规划的激励约束。

三是加强对外投资管理。重行董办以股权投资管理和并表管理为着力点，建立了自上而下的集团定位管控机制。持续完善投资决策、监督、风控、评估等环节的制度和机制，从集团层面加强对资本、财务、风险等领域的统一并表管理，通过组织集团并表管理联席会协调子公司各项并表事宜，保障重行股权投资资产保值增值。

五、以精细为标准，做关联交易风险管理的“防火墙”

一是持续强化关联交易制度保障和组织保障。重行董办修订并完善了《重庆银行关联交易管理办法》，并以此为基础建立并完善关联交易审批、定期报告、额度预计、内部审计等配套机制，保障关联交易合规开展。推动设立了跨部门关联交易管理办公室，强化关联交易控制委员会职能，搭建了以“三道防线”为基础的关联交易风险防控体系，推动关联交易风险管理关口前移。

二是持续做实关联方名单管理工作。严格遵照多方监管要求的关联方认定标准，按照穿透原则准确识别、认定和收集关联方信息，并建立关联方名单持续更新机制，按季更新关联方名单。

三是持续强化关联交易管理系统管控能力。推进关联交易系统智能化建设，将关联交易管理嵌入业务系统。重行关联交易系统现处于试运行阶段，能实现行内关联方信息线上收集汇总，并完成了与信贷系统、信用风险系统等系统的初步衔接，实现了对禁止类关联交易的刚性控制，大大提升了关联交易识别、监测审查效率。

六、以精细为抓手，做公司股权事务的“大管家”

一是实现股份交易全托管。2021 年，重行董办于 A 股上市前完成了内资股转移托管工作，共完成 3187 户股权确权，股份确权率 99.9%；完成 2919 户证券账户登记，股份移交登记率 99.6%；实现 19 亿股 A 股股份登记，真正实现“A + H”股份交易全托管管理。

二是加强股东股权管理。及时修订重行股权管理、股权质押管理相关制度。按年完成主要股东资质持续合规及履职履约的审查，加强股东行为规范培训，督促股东按法律法规和监管规定履行股东义务。建立股权质押风险监测机制，定期查询和收集“A + H”股权质押冻结信息，利用风铃智评系统，多维度监测股东股权质押冻结情况。

三是提升股东服务能力。通过可转债项目推进主要国企股东增持重行股权。有序开展股东现场接待、确权登记、股息补发、股权转让等日常业务。通过设立 IR 邮箱、开设投资者咨询专线、开通上证 e 互动，建立健全与股东的沟通对话机制，服务股东的能力稳中有进。

32. 中国重工：

守正创新　能文能武
多措并举提高上市公司质量

中国船舶重工股份有限公司（以下简称“中国重工”）是中国船舶集团有限公司旗下全产业链舰船研发设计制造上市公司，是国内海军装备的主要研制和供应商，主要业务涵盖海洋防务及海洋开发装备、海洋运输装备、深海装备及舰船修理改装、舰船配套及机电装备、战略新兴产业及其他五大业务板块。公司是国内产业链最完整的海洋防务装备上市公司，也是国内领先的船舶制造上市公司，旗下拥有多家国际知名的现代化造船企业，为我国建设海洋强国以及海军装备的升级换代作出了突出贡献。

中国重工董事会办公室（证券事务部，以下简称“董办”）主要负责公司资本运营、信息披露、投资者关系、公司治理等业务。作为面向资本市场的窗口部门和推动上市公司高质量发展的核心部门，团队始终将使命感、责任感、荣誉感、信念感贯穿于本职工作，以遵守监管规则为出发点，以推动规范运作、提升治理效能为目标，积极探索创新，不断提升信息披露质量，持续完善公司治理，积极推进资本运作，认真做好投资者关系管理，全力推动中国重工规范运作和高质量发展。

在董办的不懈努力下，2022 年，中国重工已连续第 8 年获得上海证券交易所信息披露工作 A 级评价，近年来公司先后荣获各类权威奖项 20 余项，包括中国上市公司协会“这十年资本市场产业重组经典案例”、中国上市公司协会“2022 年度上市公司董办最佳实践”、《证券时报》上市公司投资者关系天马奖、《中国证券报》上市公司金牛奖、《证券日报》金骏马奖、《上海证券报》上市公司金质量奖、中国卓越 IR 最佳信息披露奖等，彰显监管机构和资本市场对公司资本运营、信息披露、投资者关系、公司治理等工作的高度认可。

一、积极推进资本运作及资源整合，赋能高质量发展

董办积极靠前谋划，支撑公司充分利用资本市场支持主业发展，稳步推进多项重大无先例的资本运作，有序推进资源整合及能力重组，助力公司高质量发展，并广泛推动经验成果共享。

一是先后牵头实施完成 6 轮具有示范意义的资本运作项目，累计募集资金 563 亿元。其中，通过非公开发行股份注入核心军工总装资产，开创了国内军工重大装备总装业务核心资产证券化先河；牵头实施资本市场首单市场化债转股项目，被中国证监会、上海证券交易所等列为 2017 年资本市场“示范引领的重大突破性案例”，为后续国有企业积极稳妥降低企业杠杆率、有力开展市场化债转股工作提供了有益思路和借鉴。

二是结合主营业务发展需要，积极研究论证各业务板块资本运作及资产整合事项，充分发挥资本市场资源配置作用，稳步推进内部资源整合和能力重组，促进资源优化配置，全力支持公司高质量发展。

二、持续提升信息披露质量，提升上市公司透明度

（一）不断完善信息披露管理体制

董办密切跟踪国家法律法规及上市公司监管有关规范性文件的修订趋势，及时推进公司有关信息披露、重大信息内部报告、内幕信息知情人管理等制度的修订，不断完善公司信息披露制度体系，以健全规范的制度体系保障信息披露事务的良性运转。

（二）不断强化重大信息管控机制

面对公司子公司多、管理幅度大等情况，董办不断强化重大信息管控，持续完善公司重大信息内部报告机制，牵头编制公司《重大信息月报》《监管动态及监管措施月报》，不定时组织举办提升子公司规范运作能力的

业务培训，建立完善子公司沟通联络机制，多管齐下，不断强化重要事项及重大信息的管控，为公司依法合规履行信息披露义务打好基础。

（三）高质量依法合规履行信息披露义务

董办紧密把握最新监管形势，面对资本市场不断涌现的新情况新问题，始终保持“本领恐慌”，切实加强学习与思考，将监管部门的新规则、新要求与公司的日常运营及信息披露相结合，立足重要事项、把握重大节点，高质量完成信息披露工作，做到真实、准确、完整、及时、公平、简明清晰、通俗易懂地披露信息，进一步优化披露内容，增强信息披露针对性和有效性。2022 年度，中国重工信息披露工作再度获得上海证券交易所信息披露工作 A 级评价，公司已连续 8 年获得 A 级评价。

三、强化投资者关系管理，提升资本市场形象

董办积极主动加强投资者关系管理，创新投资者沟通方式，尊重投资者，敬畏投资者，积极回应投资者关切，让投资者走得近、听得懂、看得清、有信心，增进市场认同，促进价值实现。

（一）进一步完善公司投资者关系管理体制机制

结合监管新规则，及时修订完善公司《投资者关系管理办法》；结合实际情况，制定公司年度投资者沟通专项工作方案，系统化开展与多层次投资者的交流和沟通工作，提高投资者关系管理工作的计划性和前瞻性。

（二）推动业绩说明会常态化召开

积极响应证券监管部门及国资监管部门关于召开常态化业绩说明会工作要求，建立业绩说明会常态化召开机制。2022 年，高质高效完成了年度、半年度和三季度共 3 场业绩说明会的组织召开，公司董事长、独立董事及高级管理人员出席，通过网络在线交流形式与投资者就公司发展战略、生产经营情况、财务情况等问题进行积极有效沟通，在资本市场讲好“船舶故事”和“军工故事”，提高资本市场认可度和美誉度。

（三）创新方式方法完善多层次投资者良性互动机制

一是多渠道加强与多层次投资者的沟通。持续与重点投资机构保持良

好沟通，及时回应投资机构诉求；克服疫情影响，“请进来”做好券商分析师、机构投资者调研接待，“走出去”参加券商策略会、行业论坛、上市公司交流活动等，持续与机构投资者保持交流沟通；通过定期维护上证e互动平台、投资者关系邮箱、接听回复投资者热线等方式，持续加强与中小投资者的互动，充分保障中小投资者合法权益。

二是常态化跟踪分析公司股东持股情况及股权结构变化，按月完成股东持股分析报告，为公司股价表现分析与预测提供有力支撑，从而高效、快捷、持续的维护股东关系。

三是积极主动紧抓发展机遇，及时传递企业价值。组织举办大型投资者集体调研交流活动，董事长、总经理及高级管理人员与投资者进行互动交流，让投资者走得近、听得懂、看得清、有信心。

四是积极协助船舶行业与资本市场对接，建立行业专家与资本市场分析师之间的纽带关系，加强行业专家与分析师、投资者的交流沟通，增进投资者对行业发展的了解和对公司未来发展的信心。

（四）利用新媒体探索创新投资者交流形式

充分用好新媒体平台，强化与投资者的沟通效果。2022年，“中国重工数字空间展厅”上线运行，通过线上形式多方位、多角度展示公司产品、科研生产成果及成就等；同时，紧抓热点做好公司官网、微信公众号等新媒体平台的日常运营及维护，传递公司品牌理念和价值，树立公司良好形象。

（五）积极向市场传递长期发展信心

根据资本市场趋势和二级市场形势，提高反应速度，靠前谋划，因势利导，适时建议并积极配合控股股东研究增持、回购、延长限售股限售期等价值实现措施，并推进相关措施的落实落地，持续提升资本市场对公司未来发展的信心，引导公司价值合理回归。

四、完善公司治理，健全国有控股上市公司治理机制

（一）完善公司治理体系，不断提升公司治理水平和治理能力

不断探索推动构建具有中国特色的国有控股上市公司治理机制，持续

提升公司治理水平和治理能力。

一是在完善公司治理中加强党的领导。全面贯彻“两个一以贯之”，严格落实党建进章程，将加强党的领导和完善公司治理相统一。

二是进一步健全以公司章程为核心的公司治理制度体系，不断完善以公司章程为基础，以“三会”议事规则、董事会各专门委员会工作制度、董事会授权管理办法等一系列保障制度为支撑的公司治理制度体系，强化章程在公司治理中的基础性作用，进一步规范公司治理。

（二）强化董事会战略引领，深入贯彻落实提高上市公司质量

一是认真落实《国务院关于进一步提高上市公司质量的意见》（国发〔2020〕14 号）、国资委《提高央企控股上市公司质量工作方案》和国企改革三年行动要求，牵头制定《中国船舶重工股份有限公司提高上市公司质量工作实施方案》及工作台账，聚焦重点任务、明确职责分工、细化具体举措，确保工作落实落地，多措并举提高上市公司质量。

二是充分发挥董事会在公司治理中的核心作用，持续提高董事会“定战略、作决策、防风险”的能力。

（三）持续推动“三会”规范高效运作，保障科学决策

依照《上市公司治理准则》《公司章程》和“三会”议事规则等，有序组织推进“三会”议题征集、议案编制、会议筹备、组织召开等各项工作，保障公司股东大会、董事会、监事会、经理层的依法合规运作。加强会前沟通、会中研讨、会后执行，充分发挥各专门委员会在促进董事会科学决策方面的重要作用，保障决策的科学性、有效性。

（四）不断强化“关键少数”责任意识，持续增强履职能力

不断强化“关键少数”责任意识，推动董事、监事、高级管理人员积极履职。组织公司董事、监事、高级管理人员参加各类监管工作会议及培训、赴所属子公司进行现场调研，向董事、监事提供公司定期报告、改革发展和生产经营信息、财务信息、政策动态及监管措施月报等信息，为“关键少数”履职提供必备条件和专业支撑，持续增强履职能力，促进忠实勤勉履职。

33. 川仪股份：

务实求进　守正创新　助力公司高质量发展

重庆川仪自动化股份有限公司（以下简称“公司”）是国有控股上市公司，在全面深化国企改革和推进上市公司高质量发展背景下，公司董事会办公室秉承一贯专业务实的工作作风，在公司董事会的正确领导下，扎实做好基础工作，对标先进水平，创新工作实践，不断提高履职能力和履职成效，为推动公司高质量发展作出了积极贡献。

一、高质量信息披露，获得多方认可

公司是处于完全竞争领域的高新技术企业，产品与服务主要面向流程工业，具有很强的技术性、专业性特征，为便于投资者认知和理解，董事会办公室牵头，技术、营销、制造、财务、管理等部门通力合作，在组织编制信息披露文稿时坚持“真实、准确、公平、完整、及时”原则，并不断强化信息披露内容特色，持续提升信息披露的有效性。

一是在定期报告中以“数据 + 表格”“图片 + 文字”等多种元素直观、生动地展示公司业务发展情况、产品体系、核心竞争力等，用通俗易懂的语言解释专业词汇，全面、客观分析经济形势、竞争格局、下游行业趋势、市场需求变化等带给公司的机遇与挑战，以及公司生产经营管理各方面重点工作的推进情况，增强定期报告可读性。

二是以投资者需求为导向，收集整理投资者日常关注信息，有针对性地增加定期报告主动披露内容，如公司订单情况、客户及市场情况、产能建设情况、自主研发与国产化替代情况、职业经理人改革和人才队伍建设

情况等，满足不同类型投资者信息获取需求。

三是配合年度报告、半年度报告披露，及时编制发布简洁明了的可视化报告，通过提炼关键要点，以图文并茂的方式将报告期业务状况、经营成果清晰生动地展示出来，让投资者“看得懂”“看得清”，进一步提升定期报告的可理解性。

公司在信息披露工作方面的高质量追求获得了监管机构、上市公司同行的肯定和投资者的认可，2021 年公司获得上交所信息披露评价 A 级，并入选《证券时报》“第十六届中国上市公司价值评选”主板上市公司价值 100 强。

二、多维度投资者关系管理，传递企业价值

在保证合规的前提下，以真诚、开放的态度与各类投资者深入交流。

公司投资者热线电话实行专人专责服务，配置了 AB 角接听专员，常年保持 24 小时畅通，即使在周末、节假日或疫情居家办公期间也不例外，确保及时接听投资者来电、回应投资者关切。同时，通过上证 e 互动、公开邮箱、接待现场调研等多种渠道，与投资者保持及时有效的沟通与交流，做到“有问必答”，答复内容准确清晰，风险提示到位，各年度投资者问询答复率均保持在 100%。

积极创新形式、拓宽渠道，丰富投资者交流载体，通过组织开展投资者走进上市公司活动、投资者网上集体接待日活动、投资者现场参观和调研等方式加强公司推介，联合公司宣传部门建立微信公众号、官方网站等新媒体立体品宣矩阵，向投资者主动传播公司经营理念，展示公司最新产品成果和市场开拓进展，不断提高投资者的关注度及参与度。

高质量开好业绩说明会，董事会办公室把业绩说明会作为投关工作的重要内容，精心组织筹备，董事长、总经理、独立董事、董秘、财务负责人全程参与，从年报业绩说明会到半年报、季报业绩说明会，频次不断增加，质量效果持续提升。2021 年度业绩说明会，董事长以“PPT + 短视频”的方式深入进行年报解读，全方位展示行业信息、公司经营情况及战略规

划；2022 年半年度业绩说明会，董事长通过“云参观”带领投资者走进公司创新示范智能工厂，让投资者更直观地感受和了解公司近年来智能制造建设以及主要产品单元改革发展情况，都收到了很好的效果。

一系列坦诚真切的价值传递活动，赢得了投资者对公司基本面和长期价值的认可，公司前十大股东中机构投资明显增多，部分个人投资者连续 5、6 年长期持有公司股票，中小投资者参与公司治理积极性不断增强，与 2020 年相比，公司最近一次出席股东大会的股东户数增长 98%。

三、持续规范运行，提升治理水平

按照上市监管和国资监管要求，积极推进中国特色现代企业制度建设，把党的领导切实融入公司治理，厘清党委会、董事会决策边界，形成党委会“把方向、管大局、保落实”，董事会“定战略、做决策、防风险”，经理层“谋经营、抓落实、强管理”的工作机制；制修订《公司章程》《董事会议事规则》《董事、监事履职评价及薪酬管理办法》《董事会基金管理办法》等公司治理相关制度 16 个，进一步落实董事会职权，保障董事会有序运作，促进董事履职尽责；规范召开 13 次董事会专门委员会、9 次董事会、5 次股东大会，共审议议案 54 项，确保重大事项严格履行决策程序，充分发挥各治理主体作用，推动公司高质量发展。

不断优化董事履职支撑体系，针对公司董事会换届，外部董事、独立董事中新任人员较多的情况，组织编制董事履职参考手册、相关政策法规及文件汇编等，打造合规履职“手边书”；推动设立董事会基金，为董事会专项工作和董事会专门委员会工作提供支持；建立并完善董事调研机制，围绕公司经营管理运转情况、董事会重大决策前期研究、董事会批准重点项目推进情况、“十四五”重要产品发展方向及布局情况等组织开展董事调研，助力科学决策，2021 年以来集中调研 4 次，受到董事一致欢迎和好评；积极组织公司董监高及关键业务人员参加内外部培训，2021 年先后培训 23 批次、111 人次，内容涉及最新监管政策解读、上市公司违规处罚案例、全面风险管理体系等，持续强化相关人员的规范意识和履职能力。

牵头实施全面风险管理体系建设及管控体系优化项目，制修订制度122项，围绕重大决策、发展建设、经营管理、日常工作进一步有效提升管控效能；积极推动构建全面风险管理体系，以集团化管控为主线，吸收风险管理与内部控制最新研究与实践，编制《风险管理手册》，建立风险数据库和风险动态管理机制，不断防风险、促发展；按照“流程出发，打开边界，融合贯通”原则探索实施内控、两化融合、质量管理、全面风险管理等多体系互联，建立动态协同管理机制，最大限度实现体系间的信息共享，努力降低管理成本、提升管理效率，推动公司持续健康发展。

四、服务深化改革，促进高质量发展

充分发挥董事会办公室作为综合性、专业性相结合的管理部门连接内外、沟通上下的工作特点，积极按照公司部署，作为总牵头部门在各方支持下大力推进国企改革3年行动、对标世界一流管理提升行动、科改专项行动、国有上市公司发展质量提升专项行动，组织起草行动方案，明确工作时间表、路线图和职能分工，建立改革行动台账及在线督办系统，大力度、高标准、快节奏落实各项改革任务，不断助推公司高质量发展，更好地服务国家战略。

根据公司改革发展需要开展专项调研，收集整理行业发展趋势以及资本市场相关政策、数据，撰写调研报告，建立数据库，为公司深化改革提供重要的论证支撑；作为主力成员深度参与公司中国特色现代企业制度建设、职业经理人改革、经理层成员任期制契约化改革、中长期激励约束机制建设、低效无效资产清理等重要改革专项工作，推动公司进一步聚焦主责主业、优化产业布局、健全市场化经营机制，激发强大的改革发展内生动力和创新创造活力。

34. 万科 A：

良好的公司治理机制　助力万科持续健康发展

作为国内最早一批上市公司之一，万科企业股份有限公司（以下简称“公司”或“万科”）从一家 1989 年全年收入仅为 2350 万元的小企业，经历行业多轮洗牌，仍能屹立于行业龙头地位，并成长为世界 500 强（2022 年为第 178 位）、A 股持续分红时间最长的企业。这一方面是受益于时代、得益于行业红利，另一方面是和在内部机制上不断探索及优化密不可分。正是公司随着时代持续迭代的治理机制为企业持续保持竞争力提供了制度保障，构建了穿越周期的“稳定力”，促使公司从上到下以“数一数二、领先领跑”为目标，致力于股东价值最大化。

一、与股东紧密绑定的万科文化

面对着多元化、大体量的业务管理，万科以《万科事业合伙人纲领》为指导，打造更加扁平高效的组织架构，进一步激发经营管理团队的主人翁意识、工作热情和创造力，强化经营管理团队与股东之间同舟共济、共创共享的关系。

（一）万科文化塑造了万科人不甘平庸、勇于突破的精神

2004 年，在万科成立 20 周年之际，对过去 20 年的经验进行了全面的总结，明确万科的愿景为致力于成为中国房地产行业的持续领跑者。2018 年万科管理团队及骨干员工经过多轮讨论，完成《万科事业合伙人纲领》，纲领中明确公司的事业愿景为“以高质量发展领先领跑，作伟大新时代的好企业”。万科人的追求从来都不只是“活下去”，万科的愿景是领先领

跑，“活得好，活得久”。在领先领跑的事业愿景指引下，公司自上而下的核心价值观也带着不甘平庸、勇于争先的烙印。

（二）资源向可打胜仗的团队倾斜，鼓励价值创造

如万科七大地产区域 BG 新增投资额度与回款额锚定，多回多投，少回少投，将资源向实现更多回款的团队倾斜，以督促区域 BG 积极销售回款；在内部各业务分配奖金方面，也是按照实现业绩情况进行分配，以激励员工努力创造更高的回报，使员工利益和股东利益同步实现、紧密结合。

（三）通过共担共享的激励机制，将员工、所在业务单元和集团利益紧密绑定

如七大地产区域 BG 完成总体回款目标作为回款达标奖的触发条件，体现责任共担，各区域 BG 完成总体回款目标达成后，方可分配回款达标奖，若因某地产区域 BG 未完成目标，导致集团未完成回款日标，则所有地产区域 BG 均无法获得奖金。

（四）实行严格的绩效考核和末位淘汰制度，激发员工积极性

在人才使用与晋升上，每年度集团所有单位都会对自身业务、组织、人进行拉通检视，一方面对业务与组织能力进行查漏补缺，另一方面实现在人才使用层面能上能下。

二、完善公司治理机制

（一）良好的公司治理机制支持万科持续健康发展

万科从 1988 年进行股份制改造开始，因股权较为分散，不存在控股股东及实际控制人。长期以来，万科多元、均衡的混合持股结构一方面使公司能充分发挥机制的灵活性，又有多方制衡的作用，另一方面也对公司治理提出了更高要求。

2000 年至今，万科董事会保持“4 + 3 + 1 + 3”的架构，即独立董事 4 人、股东董事 3 人、外部董事 1 人、内部董事 3 人。深圳市地铁集团有限公司（以下简称“深铁集团”）2017 年入股成为第一大股东后，继续支持

万科维持上述董事会架构。深铁集团一方面尊重公司市场主体地位和自主经营权，坚持所有权和经营权相分离，不干预公司经营管理，遵守商业规则，尊重企业家精神；另一方面，深铁集团注重国有资本回报，保障国有资本安全，遵照法律法规和公司章程规定参与公司治理，行使股东权利，履行股东义务。

2020 年度股东大会上，万科将管理层的 3 个非独立董事席位中的 1 个转为职工董事席位，公司治理结构进一步完善。监事会由股东代表 1 人，管理团队代表 1 人和员工代表 1 人组成。

万科坚持专业、规范、透明的治理理念，凭借良好的治理水平和持续稳健增长的业绩赢得了股东的信赖，公司治理获得资本市场广泛赞誉，多次获得最佳公司治理奖项和最佳投资者关系奖。

（二）让董事履职有充分保障，充分发挥董事作用

充分尊重董事，让董事履职有充分保障。在董事任职之初，万科会专门安排向新任董事汇报公司各方面的情况、董事权利及义务等，一方面能让董事尽快熟悉公司的架构和运作，另一方面也便于董事更好地发挥作用。此外，万科自 2002 年起开始购买董事责任保险，是国内第一家购买该险种的上市公司，责任险为董事在履行董事责任时引致的诉讼或损失提供保障和赔偿，有助于其更好地履行职责。

在董事履职过程中，万科持续为董事提供各种内外部培训机会，更新法律法规和风险的知识，并通过董事月报、专题汇报等形式让董事了解公司情况、行业动态以及相关监管要求。同时，公司向有需要的董事安排专人对接，为董事履职提供必要的支持和关怀。

考察调研项目，让董事更多参与公司实践。为了进一步充分发挥董事的作用，每年都会邀请董事考察各地子公司和项目。通过现场查看、单独访谈、会议讨论等方式，董事对一线公司发展有更深入的了解。在考察中董事根据自身的背景经验能找到更独特的切入点，提出更有价值的意见和建议。

充分发挥董事的专业能力和人脉资源，让董事共同分享公司发展的成就感。公司的董事具有极强的专业能力和丰富的管理经验，公司在尊重董

事意愿情况下，让董事充分发挥其专业能力、管理经验和人脉资源等优势，参与到公司工作实践中，共享公司发展的成就感。

（三）外部高要求鞭策公司持续增长

（1）全体股东和董事会是公司业绩的监督者。万科为 A + H 股两地上市公司，拥有超过 45 万户普通股股东，公司的经营业绩的每一丝细微变动，每一项业务动作，甚至市场上每一个传闻，都会在股东中引起强烈震动，这 45 万双眼睛以及其他数不清的潜在投资者，均是公司经营的监督者，管理层深知公司每一项经营表现的社会影响，时刻如履薄冰。公司董事会始终在公司战略和业务评价方面发挥积极作用，督促公司形成“矢量组织、冠军组织和韧性组织”。

（2）资本市场是公司业绩的鞭策者。作为市值排名前列的房地产公司，公司经营表现一向备受资本市场关注，行业主要分析师对万科均有覆盖。由于公司长期以来的稳健表现，尽管目前行业下行明显，但分析师仍认为万科作为行业领跑企业，能对抗行业下行的趋势，走出不同的增长曲线。市场的高预期带来高压力，如公司实际经营业绩与行业分析师预期出现较大偏差，将可能遭受专业机构投资者大量抛售，股价大幅下跌，甚至带动整个地产板块震荡，公司将面临来自资本市场的强大压力。

在投资者和资本市场如此紧密的关注度和极为严苛的增长要求下，管理层必然负重前行，力争上游，能省的钱一分也不能多，能赚的钱一分也不能少，尽全力交上一份满意的答卷。

三、高度重视投资者关系管理

在股东、董事会及资本市场对公司的监督和鞭策下，公司高度重视投资者关系管理工作，以公司使命为本，配合战略，让公司的真实价值得到更好的反映。

万科将投资者看作为公司客户，从客户的具体需求出发。在投资者关系管理的过程，万科形成了一个四部曲的良性循环：讲好公司的商业逻辑投资故事，找对切合公司战略的投资人，加强与投资人的沟通频率，积极听取投资者建议并良性互动。此外，需要公司组织机制保障作为重要基础，特别是需要董事长的重视和公司各职能部门的支持。总的来说，投资者关系管理作为连接公司内外部的桥梁，其灵魂价值在于沟通。通过沟通获得信任，通过沟通赢得支持，通过沟通真实体现公司价值。

35. 深圳能源：

推动治理机制创新发展
绘就高质量转型发展底色

深圳能源集团股份有限公司（以下简称“深圳能源”或“集团”）是全国电力行业第一家在深交所上市的大型股份制企业，也是深圳市第一家上市的公用事业股份公司。2007 年 12 月实现整体上市，开创了国内电力公司整体上市的先河。深圳能源聚焦低碳清洁能源和城市环境治理两个战略定位，推动从单一发电企业向综合性能源企业转变。截至 2022 年 6 月底，公司已投产电力可控装机容量 1690.67 万千瓦，其中清洁能源占比超过 60%，垃圾日处理量 31950 吨，天然气供应量达 6.06 亿立方米，绿色低碳化转型成效显著。通过五年奋斗，集团产业布局拓展至国内 24 个省市及加纳、越南等海外地区。

经过长期的积累、传承、发展与创新，深圳能源以战略引领和价值创造为核心，构建了多元、协同的治理生态，走出了一条低碳转型、绿色发展之路。集团治理水平受到监管和市场的高度肯定，先后荣获保尔森可持续发展奖、深圳市市长质量奖、深圳市上市公司治理十佳等奖项，自 2008 年起连续 14 年被深交所评为“信息披露优秀单位”，充分彰显了集团对治理运作的坚守和匠心。

一、高标定位，推动治理机制创新发展，绘就高质量转型发展底色

坚持高标准的公司治理。集团把公司治理作为新时期增强核心竞争力

的基础工程，通过“三大坚持”（坚持把党的领导作为公司治理正确政治方向、坚持把战略引领和价值创造作为公司治理的核心目标、坚持系统规划及整体推进的公司治理工程），处理好“四种关系”（党的领导与公司治理的关系、集团治理与子公司管控的关系、治理体系与治理制度的关系、治理效率与治理监督的关系），自觉遵守国资监管和证券监管规定，科学决策水平及风险防范能力有效提升。

持续推动公司治理创新。随着国资国企改革的持续深化以及深圳建设中国特色社会主义先行示范区战略部署，集团树立全局全新发展理念，不断创新治理机制，在混合所有制改革、契约化管理、激励约束机制、授权管理等方面形成突破，实现治理结构和治理能力的现代化，推动高质量转型发展。

二、依法治企，健全公司治理制度体系，厚植高质量转型发展根基

规范公司章程和配套议事规则。持续跟踪证券监管和国资监管规定，及时修订完善以公司章程、议事规则等为核心的公司治理制度体系，制定并发布了所属企业《章程》《股东协议》等标准文本，规范投融资、担保、关联交易等重大事项的决策程序与机制，促进各项工作高效协同运转。

打造“1+3+N”卓越绩效管理体系。全面导入卓越绩效管理新理念和标准化管理平台，打造“1+3+N”卓越绩效管理体系，即1个治理指引、3个标准子体系、N个质量提升工程，运用到电力生产、安全环保、投资管理、自主创新等全流程全链条，实现战略导向过程、价值创造过程、关键支持过程自适应循环发展。

优化所属企业治理机制。积极推动所属企业建立董事会，提高外部董事的比例，提升所属企业的法人治理能力，着力构建以战略型管控为主的“集团公司—产业平台—经营单位”三级管控体系。实施可再生能源、环保、燃气三大绿色投资平台的事权授权方案和投资决策权授权方案，增强市场反应及竞争力，提升转型发展动能。

三、规范运作，构建公司治理良好生态，汇聚高质量转型发展合力

坚持党的领导不动摇。全面完成集团及所属企业公司章程修订，形成包含64个细项的决策清单，确保集团党委及各级党组织在企业经营改革发展中发挥“把方向、管大局、保落实”的领导作用。构建集团“1＋10＋N”党建工作责任体系，把“软指标”变成“硬约束”，实施党建和经营双绩效考核，推动党建经营同频共振。

建设战略型董事会。集团目前董事会成员9人，其中外部董事6人（独立董事3人），董事会规模合理，董事来源丰富，治理效率较高，满足集团经营业务多元化的需要。董事会下设专门委员会，由专业人士组成，为集团在转型发展中的公司治理提供更为科学的建议。整体上市以来，集团董事会突出战略导向，逐渐实现“三个转变”：从合规主导型治理模式向战略主导型治理模式转变，从被动响应型运作模式向主动探索型运作模式转变，从日常事务为主的程序化决策向重大战略为主的论证型决策转变。

增强经理层经营活力。通过章程明确经理层的决策范围，并结合实际优化授权，不断完善工作边界。持续深化经理层激励约束机制改革，制定《经理层年度业绩考核和薪酬管理标准》，充分落实董事会职权。董事会与经理层于期初签订以战略为导向的经营业绩责任书，期末组织现场述职评议，考核结果实施强制分布并与薪酬激励充分挂钩、刚性兑付，通过市场化机制进一步增强地经理层的活力，确保转型发展任务层层落实。

四、双向沟通，全方位、立体化地做好投资者关系管理工作，构建与投资者信任共赢的关系

公司自上市以来，持续重视投资者关系管理工作，并通过投资者关系管理，推动提升公司运作规范化水平，促进提高公司核心竞争力。

坚持以信息披露为基础的投资者关系管理。真实、准确、完整披露公

司信息，是公平对待证券市场所有投资者的行为。公司上市以来，信息披露工作始终保持优异水平，2008 年以来连续第 14 年被深交所评为“信息披露优秀单位”。在深交所 2553 家上市公司中，连续 14 年及以上获此殊荣的占比仅为 0.4%。连续 14 年披露社会责任报告，为公司股东及时、准确了解公司生产经营状况和未来发展提供了有效信息。同时，公司主动适应证券监管新形势新政策和投资者的新需求，针对公司行业、产品进行分板块优化及自愿披露、组织投资者开展专项业务调研等，让更多的投资者了解公司、读懂公司。

形成常态化沟通机制分类开展投资者关系管理工作。一方面，公司深化投资者管理，在股价走势、股东结构常态化监测分析基础上，通过上市公司业绩说明会、长期股东走访、行业政策及市场热点解读、主流证券媒体报道等系列工作，加强与行业分析师、投资者、证券媒体等市场主体沟通，实现企业估值水平有效提升。另一方面，面对日益增加的机构投资股东及潜在股东，公司采取分类管理方式，根据投资者不同的特点和需求，提供差异化、个性化、精准化的服务，进一步提升投资者关系管理工作的针对性和有效性，得到了投资者的高度认可。

保持稳定分红政策持续回报投资者。公司成立以来，始终高度重视投资者回报，执行持续、稳定的利润分配政策，公司近 3 年平均分红总金额占归母净利润比例为 42.81%。稳定的分红政策吸引更多长期资金投资公司，也为公司稳定可持续发展创造了良好的外部环境。自律、政府监管及社会监督互为支撑的协同监管格局有重要意义。

五、资本运作，着重发挥其造血功能和价值提升功能，实现企业高质量和跨越式发展

充分利用资本市场开展直接融资。为满足资金需求，能源集团深度对接资本市场，创新融资工具，拓宽融资渠道，先后在证券交易所、银保监会、银行间交易商协会等不同资本场所开展各品类融资，构建了长中短期融资相结合的合理结构。发行了全国能源行业第一只连结债券和香港与内

地债券市场互联互通合作机制启动后首支债券通产品。2019 年以来，累计发行公司债220 亿元（含永续债150 亿元）、企业债28 亿元、保债计划141 亿元（含永续保债计划60 亿元）、中期票据90 亿元、短融220 亿元，破解同步实现高质量、高速度发展的瓶颈，为公司产业发展提供可靠支撑。

全力推动公募 REITs 试点工作。中国证监会、国家发改委联合有关单位于2020 年正式推出基础设施公募 REITs 试点政策，为落实中央部署，拓宽权益融资渠道、助力公司高质量发展，能源集团对所属资产进行梳理，对照试点工作要求，2020 年10 月，确定以东部电厂为底层资产开展项目的申报前期工作。2021 年 12 月底能源集团正式向深交所提交东部电厂 REITs 申报材料，2022 年6 月东部电厂 REITs 项目获得中国证监会准予注册的批复，成为全国首单获批的清洁能源类公募 REITs 产品，6 月底，鹏华深圳能源 REIT 基金完成询价，网下发售认购倍数为 109. 15 倍，创业内当时已发行公募 REITs 行业纪录，开辟了清洁能源项目“投、融、建、管、退”全生命周期发展模式与投融资机制的新路径，是能源集团产融结合的成功典范，更是能源集团探索轻重资产相结合的运营模式的有效实践。

统筹开展所属企业混改引战。结合能源集团发展规划，积极挖掘混改标的企业，按照“做实做全综合燃气”的战略方针，2021 年 2 月正式启动所属燃控公司以增资扩股方式引战工作，科学确定引战策略，攻坚克难，释放股比 40. 14%，募集资金总额达 33. 66 亿元。燃控公司的成功引战不仅是能源集团深化国企改革的重要举措，也是对混合所有制经济的有益探索，标志着燃控公司从此迈入国有、外资股权多元化的新时期，正式开启市场化、专业化、国际化转型发展的新篇章；此次引入的四家战略投资者覆盖燃气产业链上下游以及金融领域，能够实现与燃控业务协同发展，对燃控体制机制创新、产业升级具有重要意义。同时，在双碳目标的大背景下，积极推动南北控、资源公司寻找战略投资者，多方接触潜在投资者，了解不同投资者差异化诉求，力争通过混改为企业提供更大的发展空间和更规范的公司治理。

基于科学高效的治理体系，深圳能源取得了丰硕的发展成果，“十三五”期间成功实现了再造一个“深圳能源”的宏伟目标，绿色低碳转型成效显著。集团也将聚焦“30·60—碳达峰、碳中和”重大能源革命，紧抓粤港澳大湾区、深圳建设中国特色社会主义先行示范区的重大历史机遇，推动治理体系和治理能力达到或接近世界一流水平，成为科学决策、有效激励、严格监督的上市公司最佳治理实践，为实现成为具有国际影响力的能源与环保综合服务商的“十四五”目标保驾护航。

36. 中集集团：

不断创新履职特色
持续提供高质量发展内在动能

“高质量承接集团战略规划，在保障集团合规运行的前提下，充分借助资本力量和内外部资源，助力集团战略落地及可持续发展”，中集集团董秘办秉承“打造特色董办”的价值定位，在资本运作、公司治理、信息披露、投资者关系等核心能力方面不断创新履职特色，为公司高质量发展提供内在动能，使中集集团良好的资本品牌形象得以进一步呈现。

一、勇当资本运作能手：资本赋能与产业发展双轮驱动，共同助推集团实现跨越式增长

当前，国内实体经济转型升级迫切，A 股资本市场改革提效。在产业和资本双重革新的大背景下，2022 年，中集集团迎来投产四十周年华诞，立足新发展阶段，如何谋篇布局、精准发力，是留给每一位中集人思考的课题。中集集团董秘办紧密围绕集团战略，充分利用外部资源、发挥自身专业，为集团、板块探索更多资本运作机会，共同推动集团高质量、可持续增长。

一方面，董秘办积极发挥“资本运作作为企业发展有力助推器”的重要作用，围绕集团现有产业基础，寻找和挖掘“国家有需求、行业有短板、中集有优势”的潜力领域和优质标的，探讨股权合作机会，为集团产业新布局打开局面。2022 年 10 月，由董秘办牵头组织和深度参与的青鸟消防定向增发项目，中集集团出资 12 亿元成为上市公司青鸟消防的第三大股

东，为进一步做大做强集团消防业务注入产业优势资源。2022 年，董秘办深度研究并设计集团层面股权激励方案，完成方案审批及披露，并就实操落地做好相关准备工作；同时，深入探讨集团层面的资本筹措方案，推动择时落地。

另一方面，董秘办密切跟踪、配合集团下属板块进行资本运作，重点参与推进业务重组、引入战投、分拆上市等重点工作，为下属板块的资本运作规划与实践提供专业意见和技术支持，致力推动产业和资本的深度融合，陪伴业务板块成长。2022 年，董秘办大力协助并推动集团海工、载具、融资租赁、重卡等板块或子公司引入战略投资者，拓宽融资渠道，优化股权结构；协助推动分拆子公司 A 股上市的资本运作，相关子公司 IPO 项目陆续取得阶段性成果。在“资本运作赋能集团战略发展”的特色赋能模式下，持续为集团高质量发展和跨越式增长提供动能。

二、肯当公司治理帮手：坚持中集特色治理机制，保障公司治理高效运行，促进与主要股东合作共赢

中集集团独具特色的混合所有制安排，均衡的股权结构，现代化的公司治理结构，为集团灵活的市场化经营机制奠定了重要的制度基础，与此同时，中集集团董秘办通过不断完善公司治理制度体系和运行机制，持续助力推进公司治理体系和治理能力现代化。

一是持续加强公司治理制度建设，通过系统修订公司章程及“三会”议事规则等治理规则，进一步明晰权责边界，为各治理主体规范运行、科学决策夯实制度基础。

二是持续完善治理架构，顺利完成第十届董事会与监事会换届选举，确保董事会架构依法合规、多元专业。

三是持续优化运行机制，强化董监事履职服务支撑。为了确保每次会议的顺利举行，针对提交审议的各项议案，董秘办强化重大事项事前沟通机制，从公司业务逻辑到规则运用再到审议程序等，全方位、多维度向董监事进行详细介绍、解释和说明，为董事高质量履职和董事赋能公司发展

提供有力保障，切实提升治理效能。

作为治理机制的延伸，在维护与促进与主要股东关系方面，董秘办积极协助集团相关板块业务与股东业务的对接工作，旨在通过与主要股东及其体系内企业的战略合作、深度协同、优势互补，实现“业务＋股权”的强强联合，进一步提升市场竞争力，以优秀的业务为实体经济作出更大贡献，进而实现共赢。

三、善当信息披露巧手：打造高质量精品年报，用专业促进集团战略合规落地，多维度提升价值贡献

对于体量庞大、业务板块众多的中集集团，如何在遵循深港两地监管准则前提下，将公司过去一整年的经营成果详实、准确地传递给投资者，是对参与年报编制的董秘办工作人员提出的一项严峻考验。为了避免漏报导致的信披违规风险，中集集团建立了重大事项报送体系和分层审批流程，明确各层级审批授权额度。为了增强年报披露的可读性，董秘办在年报中不仅将各大业务板块梳理为物流、能源、创新 3 条业务线，便于投资者理解公司业务架构，还通过与上年对比的方式列示了当年经营数据，对投资者可能关注的数据变化做出重点分析。在工作人员历时三个月加班加点的努力下，公司以“工匠精神”完成了约 400 页，近 27 万字的精品年报，向市场递交了一份高质量答卷。在深交所 2021 年度信息披露考核工作中，中集集团连续第 5 年信息披露考核结果为 A（优秀）。根据深交所信息显示，2021 年度共计 2553 家深市上市公司参与考核，连续 5 年以上考核结果为 A 的上市公司占比仅 4.74%。在证券市场监管不断趋严的背景下，作为 A＋H 股两地上市公司，市场大环境对公司信息披露工作的效率及质量提出了更高的要求。董秘办信息披露团队秉持丰富的两地上市公司信息披露工作经验，牢固合规意识、坚守合规底线，切实将提升信息披露质量作为提升公司治理水平的重要举措。以重大项目为牵引，从合规角度前瞻性地介入项目管理，是中集董秘办积淀形成的信披工作机制。在实操中，董秘办提前参与到项目各阶段，从事前的方案研判、设计、确认，到事中沟通、审

议、披露，再到事后跟踪、检查、管控。通过信披工作前置，董秘办将规则结合实际灵活运用，注重合规风控事前防范性控制与事后检查性控制，使得项目方案更加全面，审议流程更加优化，部分关键事项提前与两地交易所沟通，有助于缩短项目周期，极大保障了各项目顺利、高效推进，事半功倍地促进集团战略落地。

此外，董秘办持续通过信息披露合规宣贯、多维度专业价值输出等，带动集团整体合规意识及专业水平提升，不仅在专业领域建立了良好口碑，还为中集集团营造良好的外部监管环境，更为中集集团在资本市场上的高质量发展保驾护航。

四、争当投资者关系旗手：扎实内功提升 IR 沟通质量，价值传播增强公司资本市场认可度，积极有为树立行业 IR 标杆

主动研究是中集集团投资者关系管理工作的一大特色，以前瞻的行业信息收集及多维渠道，提升资本市场沟通透明度和沟通质量。为更好地满足投资者对行业趋势判断的诉求，董秘办投关团队加大对海内外行业信息的收集力度，重点跟踪多板块行业下游及同业竞争等多家上市公司的业绩、业务进展及重大资本运作情况，为投资者交流提供行业发展趋势判断的重要信息。此外，在收集行业及竞争对手的同时，也为业务经营提供及时的情报信息。作为公司价值传播的窗口，董秘办强化积极有为的投资者关系管理。价值传播是提升企业资本市场认同感的有效手段之一，上市公司一方面需要借助境内资本市场强大的平台影响力，积极传播企业战略及经营情况，获得资本市场的认同；另一方面，亦需要强化双向沟通，链接投资者与管理层，建立双向信任，共同成长。

（1）善用舆情，做好多圈层传播影响。

当前，中集集团内部正在孕育着蓬勃的成长性业务，董秘办投关团队在主动研究之后深入了解新创业务的行业发展和未来，敏锐捕捉多个热点题材，在股东、核心机构、中小投资者、泛投资群体、财经媒体中搭建多圈层的深度沟通，不断强化成长与战略转型，主动争取影响分析师和投资

者。特别地，针对负面舆情风险事项，事前评估、舆情引导、舆情监控、舆情反馈、舆情处理等一系列事项已形成常态化负面舆情管控方案。

（2）畅通资本市场双向沟通，提供有效参考决策。

除了对外传播，投关团队亦积极收集资本市场的反馈声音，定期向管理层反馈资本市场的诉求和投资者对公司经营发展的想法，整理分析并形成战略举措参考、纳入公司的战略框架，为公司在做企业决策时提供有效参考，真正发挥起链接上市公司与投资者和社会公众的纽带作用，提升公司资本市场关注度、认可度。

凭借出色的投资者关系管理工作，中集集团入选中国上市公司协会颁发的“2021 年报业绩说明会优秀实践案例”，并多次荣膺资本市场 IR 重要奖项。董秘办积极参与各协会单位、财经媒体组织的具有正面传播意义的资本市场活动，如 2022 年受邀在资本市场学院开展题为“积极听取资本市场声音　获取公司发展的新动能”的 IR 经验分享，在与资本市场同仁交流的同时，也借助外部渠道积极传递公司的内在价值，树立行业内标杆。

经过多年来的精心培育和实干历练，中集集团董秘办已成为一支由董事会秘书带队的专业团队，每个成员一专多能，彼此之间互相配合和督促，以高效专业的工作作风，精益求精的工作标准，不断在实践中积累与提高。未来，中集集团董秘办将继续锐意进取、勇于实践，致力于打造特色董办，为中集集团成为一家规范优秀的 A + H 股上市公司作出积极的贡献。

37. 中国长城：

完善中国特色现代化企业制度
推进公司治理体系和治理能力现代化

中国长城科技集团股份有限公司（以下简称“公司”）于1997年登陆深圳证券交易所，26年来公司致力于打造“安全、先进、绿色的自主计算底座”，努力成为国家网信领域战略科技力量，为建设网络强国、数字中国贡献强劲动能。公司始终把完善公司治理作为新时期实现高质量发展的基础工程，加强党的领导和完善公司治理相统一，持续完善中国特色现代企业制度，推进公司治理体系和治理能力现代化。

一、加强董事会规范运作，不断提升公司治理水平

根据董事会办公室工作职责以及公司相关制度，全力配合董秘加强“三会”运作管理，包括议案前期沟通、会议筹备、组织跟踪决议的执行、督促、检查和反馈等。持续加强董事会专门委员会与董事会之间、董事会专门委员会与经营班子之间、各专门委员会成员之间的沟通和交流，协助董事会专门委员会在公司章程和相关议事规则规定的职权范围内，发挥专业所长，积极建言献策。

（一）健全制度建设，夯实公司治理建设基础

为持续完善法人治理结构，结合公司实际情况不断健全内部控制体系，努力推进法人治理进程和提升公司规范运作水平，根据公司战略发展定位及管理需要，全面贯彻落实公司制度建设要求，梳理优化内控规章制度体系，新建和修订公司级规章制度，进一步完善了公司的制度规范体系。评

价期间，鉴于内部控制建设与时俱进的需要，健全基本制度体系，修订《公司章程》及其他基本管理制度，制定《金融衍生品交易业务管理制度》等。

（二）加强内部控制建设与评价，全面防范风险

1. 内部控制建设与评价

董事会办公室联合内控有关部门，开展内部控制建设，一是开展自查自纠，做实内控建设计划。二是持续推进制度体系建设，夯实管理基础，确保内控机制的不断完善与切实有效运行。三是优化流程，提升运行效率，优化业务信息化流程，从制度流程符合性、效率性、内控合规性角度进行优化完善。四是查漏补缺，做好内控评价整改落实。定期开展内控评价，针对发现的问题项，按照内部控制管理要求，制定整改方案措施并推进实施，完成整改。

为充分发挥监督作用，确认投资目标达成情况，发现投资项目存在的风险，联合公司相关部门，对达到后评价条件的项目开展综合评价。通过对投资决策、投资效益与项目管理水平进行综合评价，揭示、问题风险，并提出改进建议，形成投资闭环管理，促进公司不断加强投资管理能力、提高投资效益。

2. 全面风险管理

公司已建立全面风险管理组织体系，上至董事会，下至风险管理关键岗，体系化形态基本形成。全面风险管理的三道防线得到进一步加强。各直管业务单位均明确了全面风险归口管理部门，全面风险管理工作由被动应对向主动作为转变。

通过完善监管法规制度体系、合规管理体系和责任追究工作体系，规范重大经营风险事件报告工作，增强内控管理的针对性、及时性、有效性，将“五位一体”委员会主要职责分离并新成立“风险与合规委员会”，实现职责聚焦、集约管理，为公司高质量发展保驾护航。

（三）强化董事会提案管理，强化决议督导

结合法律法规、公司现状和多年董事会运作实践，制定了《董事会会议提案管理办法》，要求各业务部门须根据项目类别提供专项材料，公司

相关部门负责人员应严格本办法及相关法律、法规及规范性文件的规定申请、审核和管理，提案各业务部门应严格履行议案决策程序，按照议事规则、决策清单等规定，履行前置审批程序及内部审批程序后再呈报董事会审议。《董事会会议提案管理办法》的实施，有助于不断提升董事会规范运作水平，提高董事会决策效率。

董事会决议的关键在执行，为提升董事会决议执行管理水平，公司建立“决策—执行—汇报”的闭环沟通机制，通过日常不定期和定期方式，形成董事意见督办报告，实现决议执行有效管理。

（四）加强董事履职支持，赋能外部董事规范高效履职

董事会办公室发挥桥梁纽带作用，做好全方位、及时式服务保障。强化与董事的日常沟通联系，主动了解董事履职需求，及时落实董事交办的工作任务，增强主动意识、服务意识，全面服务保障董事履行职责。

为使董事能够及时全面获取履职所需的相关信息，董办通过定期发送监管部门法规、协调董事参与业务汇报会、筹备内外部履职专题培训、组织开展业务单位调研等形式，畅通了董事信息获取渠道，方便董事随时随地全面了解公司动态，也能够将董事的意见和建议及时传达给公司领导，做到了“件件有回声，事事有回应”。

二、配合公司资本运作项目，促进公司经营能力提升

（一）长城信息混合所有制改革及分拆上市工作

为深入贯彻党的十九大精神，结合国务院《关于进一步提高上市公司质量的意见》中鼓励和支持混合所有制改革试点企业上市的指导意见，并按照国务院国资委关于国有企业改革发展的要求，积极推进长城金融股份制改革，推进其实现跨越式发展，做大做强金融电子板块，进一步实现公司业务聚焦、提升科技创新能力和专业化经营水平。董事会办公室就长城信息分拆上市项目涉及增资扩股、股份制改革、项目启动、项目预案等配合履行“三会”审批及披露工作，并指导长城信息履行分拆上市各项审批事宜。

（二）非公开发行股票项目

自2020年3月启动非公开发行股票项目，根据相关规定及要求，结合募投项目的决策背景和战略调整及公司“十四五”规划等对非公开发行股票项目不断进行优化，董事会办公室联合公司相关部门探索国资背景机构引入，在重点城市开展多场路演，面向投资机构，介绍公司主责主业与国家政策相结合的定增思路；邀请意向投资机构参观公司，深入了解公司业务；并就证监会受理、反馈、发审会与批文取得事项、项目调整、变更承诺和经营范围以及章程的修改等工作全力高效配合。2022年1月，在资本市场行业下行的背景下，实现超额、溢价融资，成功募资40亿元。

（三）股票期权激励计划

为进一步建立、健全激励机制，充分调动公司管理团队和核心技术（业务）人员的积极性，实现对企业中高层管理人员及核心骨干员工的激励与约束，充分调动其积极性和创造性，促使决策者和经营者行为长期化，实现企业和股东价值最大化，2018年至今，董事会办公室负责组织实施公司股票期权激励计划，股权激励计划覆盖范围大、人数多、协调难度大。截至目前，第一期股权激励计划已实施完毕，超500名激励对象在第二个行权期实施行权，正在开展第二期股权激励计划。公司的股票期权激励项目是中国电子旗下上市公司的首单股权激励，股权激励计划的顺利开展和实施，起到了激励员工与榜样示范的双重作用。

三、国企改革三年行动取得实现明显成效

把握公司入选国企改革“双百行动”的宝贵契机以及国企改革“三年行动”的战略机遇，联合公司相关部门，充分运用战略投资、增资扩股、混改引战、分拆上市等手段，打出“深改组合拳”。此外，通过深化国有企业改革，不断完善公司出资企业治理架构，实现公司核心能力的跨越式提升。董事会办公室积极配合公司开展外部投资并购，补齐核心资源短板。收购飞腾信息技术有限公司部分股权，成为飞腾最大股东；收购迈普通信技术股份有限公司部分股权，进一步增强上市公司影响力；向中电智能科

技股份有限公司增资，形成系列化特色工控产品体系；通过混改和分拆上市，对长城信息股份有限公司深入推进改革，实现股权结构调整优化，启动长城信息创业板上市工作，并已获得深交所审议通过。

四、加强子企业治理工作

董事会办公室紧跟公司战略步伐，同步指导各级子企业混改、引战试点工作，通过引入产业资本、地方国资、上市公司、央企资源，积极通过资本纽带带动产业升级转化，同时构筑以 PKS 为核心的生态“朋友圈”，贯彻“坚底强链”的战略使命。作为子企业董事会建设的主要承接部门，董事会办公室通过完善子企业配套制度、理顺决策程序、提高运行质量、健全报告机制等，帮助子企业不断提升自身公司治理水平，推动出资企业战略和业务上下贯通。此外，公司高度重视子企业派出董事监事队伍建设，始终把选优配强专职董事监事、强化专职董事监事管理、提升专职董事监事履职能力、发挥好专职董事监事作用作为一项重点工作，积极通过多种举措加强专职董事监事队伍建设。

五、信息披露和投资者关系管理

董事会办公室严格按照《信息披露管理制度》的规定和监管部门的要求，加强信息披露事务管理，履行信息披露义务，真实、准确、完整、及时地披露信息，确保所有投资者公平地获取公司信息，增强公司透明度。公司从 2017 年起已连续 5 年获得深交所信披评定 A 级。

在内幕交易防控工作方面，董事会办公室制定并修订了《内幕信息知情人登记管理制度》，并按照制度和相关法律、法规要求在涉及定期报告等重大事项披露前，整理登记知情人员相关信息并按监管机构要求进行报备，严格控制内幕信息传递范围，加强内幕信息保密工作。持续加强内幕交易防控工作，以各种形式强化公司全体董事、监事、高级管理人员以及关键岗位人员的内幕交易防控意识。公司不存在董事、监事、高级管理人员及其相关亲属利用内幕消息违规买卖本公司股票的情况，未发生重大敏感信息提前泄露或被不当利用情形，也不存在因涉嫌内幕交易被监管部门行政处罚的情况。

在投资者关系管理方面，通过日常沟通交流，业绩说明会等形式加强与投资者的互动。评价期间，共开展两场业绩说明会。公司积极参与深交所“国企改革新样板”系列业绩说明会活动，作为“国企改革新样板”系列业绩说明会活动代表企业之一，集中展示央企控股上市公司上年业绩、经营状况、发展战略和核心竞争力。业绩说明会均运用了年报可视化视频、年报图文解读等生动化手段，并同步在公司微信公众号、抖音号、官方微博等平台进行全方位宣传，让更多的投资者能够参与到公司业绩说明会中，与公司积极互动，让投资者更加了解经营情况，提升交流效果。

在日常投资者关系维护方面，及时处理中小投资者关系平台的相关信息，通过电话、电子邮件、传真、在线留言、接待来访等方式回答中小投资者的咨询，切实提高公司中小投资者接待工作的透明度。同时做好资本市场各类中介机构之间的关系维护。

步履不停，未来可期。2023 年是全面贯彻落实党的二十大精神的开局之年，是推进“十四五”规划关键之年。董事会办公室未来将继续发挥公司与资本市场之间的纽带作用，坚定不移贯彻落实提高上市公司质量各项举措，持续提升公司治理能力、竞争能力、创新能力、抗风险能力、回报能力，为公司、为股东、创造更多价值，为中国经济与资本市场发展贡献力量。

38. 华侨城 A：

强化规范运作水平　持续提升信披质量

2022 年，是国资委中央企业“合规管理强化年”，也是深圳证券交易所自律监管规则体系大整合大重构的一年。面对新的形势、新的要求，在公司管理层的坚强领导、统一部署下，深圳华侨城股份有限公司（以下简称“公司”或“华侨城 A”）董事会秘书处（以下简称“董秘处”）聚焦合规、信披、投关等工作职能，守正创新、砥砺奋进，全力推动公司规范运作再显新作为、信息披露再上新台阶、投资者关系再展新气象，持续获得监管机构及资本市场的好评。现特将公司董秘处积极探索、开拓创新的具体做法报告如下。

一、价值创造：强化规范运作水平

在依法治理的宏观环境下，董秘处牢固树立“合规创造价值”的基本工作理念，持续增强公司规范运作与内部控制水平，助力公司实现高质量可持续发展。

一是完善治理机制。为了加强信息互联互通，提升公司整体治理水平，在董事会秘书的推动下，公司特别成立由管理层直接挂帅的信息披露委员会，及其下设的由主要业务职能部门组成的信息披露和投资者关系工作小组，组建下属企业重大事项报告报备工作小组，“纵横有序、协同高效”的合规工作格局逐步落地见效。成立董事会执行委员会及 4 个专门委员会，负责公司重大议题决策，为董事会切实发挥“定战略、做决策、防风险”的作用提供支持。

二是防范重大风险。一方面，以中国证监会治理自查专项行动为抓手，实事求是开展自查自纠和规范整改工作，防范监管风险；另一方面，以合规风险专项自查为抓手，定期开展风险专项核查，防范市场风险。

三是践行闭环管理。作为公司的“经营内参”，在董秘的带领下，董秘处积极开展以科学决策为核心的闭环管理工作——（1）注重从董事会及会前沟通会收集董事会成员对公司的意见建议以及会议所作的决策；（2）待整理汇总形成会议要览后，由董秘处统一向公司管理层汇报，并将目标进行逐级分解，压实到人；（3）持续跟踪督办，定期汇总最新进展，并向问题提出人反馈，确保董事会决策、执行、督办、反馈的闭环管理落实落细。

四是强化履职支撑。面对新冠疫情反复的挑战，公司通过日常项目实地调研、专题汇报等形式，帮助董事更加深入、全面掌握公司经营进展；坚持在董事会正式会议开始前，通过现场、视频等多种途径召开董事会会前沟通会，以便董事尽早知晓议案内容、充分发表意见建议，从而提升董事会决策效率；持续向公司董监高提报日常履职指引，动态发布董监高履职注意事项及最新变化，定期呈报《资本市场简报》《独立董事专报》等专项成果，为董监高合规高效履职提供专业支持。

二、价值挖掘：持续提升信息披露质量

为更好地发挥公司内部与资本市场联系的“桥梁”与“纽带”作用，近年来，公司以合规为基础、市场为导向，持续深挖公司价值亮点，不断提升信息披露质与量。

一是坚守合规底线。一直以来，公司遵循信息披露真实、准确、完整、公平的基本原则，以稳为主、稳中有进地开展信息披露工作，已连续 10 年（2012～2021 年）获得深圳证券交易所上市公司信息披露等级为 A 的评价，领先同行。

二是顺应市场需求。近年来，公司聚焦市场、聚焦价值，统筹制定信息披露长效优化计划，由表及里，由浅入深，逐步推进信息披露优化工作。

截至目前，公司已结合市场需求，在定期报告中增加了房地产及文化旅游业务核心经营数据的披露，包括项目拓展情况、土地储备情况、去化情况、景区数量、旅游人次等具体指标，实现了定期报告中主营业务核心数据披露从无到有、从有到多、从多到优的重要跨越。

三是积极挖掘价值。在定期报告编写过程中，董秘带领公司信披及投关工作小组召开专项工作研讨会，集思广益、群策群力，积极挖掘公司在文化旅游和房地产业务经营成果中的亮点和特色；主动对标优秀房企，按月定期向市场披露上月主要经营数据及情况，至今已累计发布20余篇月度经营公告，保持公司与市场的高频联系。

四是加强ESG管理。在董秘的指导下，公司立足本土，接轨国际，对标一流，主动按照香港联合交易所有限公司ESG要求，完成公司社会责任报告编制，进一步提升了社会责任报告的完整性、科学性与权威性，进一步凸显了公司“心中有责任、肩上有担当”的责任形象。

三、价值传递：促进市场沟通互信

在疫情防控常态化的趋势下，公司突破传统、创新图变，现已形成“线上+线下”双轨并行的投资者交流途径。

一是线上交流有声有色。持续优化公司官方网站，动态更新公司进展及公告，不断擦亮投资者了解公司的“第一道窗口”。及时举办年报业绩说明会，积极与广大股东互动交流。2021年年报正式披露的次日，公司随即召开“风雨兼程　笃行不怠”2021年年报线上业绩说明会。会上，公司管理层与投资者通过电话连线，就公司年度经营成果以及未来发展规划等内容进行了充分交流。本次年报线上业绩说明会，吸引了超7.3万人次观看，创历史新高。积极参加“沟通传递价值，交流创造良好生态”——2021深圳辖区上市公司投资者网上集体接待日活动，100%回复投资者在线提出的75个问题，集中回应关切。提升互动易平台工作要求，耐心倾听投资者心声。2021年，公司累计回复互动易问题1140个，回复率达100%，累计接听投资者热点电话293个。

二是投资者接待“城”心“城”意。2021 年，公司累计召开 2 次股东大会，结合防疫要求，为了给前来参会股东提供便利，特设主会场和分会场，管理层与近百名股东作现场互动交流；公司累计举行 41 次投资者交流会，与三百余家机构投资者保持高频沟通。同时，为了提升机构投资者实地调研效果，形成良好的市场口碑，公司努力克服新冠疫情扰动，通过实地考察、与项目公司一把手交流等形式，持续开展“华侨城 A 价值发现之旅”系列投关活动，不断增进机构投资者对公司的理解与认同。雄关漫道真如铁，而今迈步从头越。未来，董秘处将聚焦公司发展与改革，苦练内功、增强能力，做好公司内部与市场之间的联系互动，为公司乃至我国资本市场的高质量可持续发展积极贡献力量。

39. 珠海港：

任重道远　上下求索

珠海港股份有限公司（以下简称“公司”）于1993年3月26日在深交所上市，是深交所最早期的异地上市公司之一，股票简称：珠海港，股票代码：000507，公司第一大股东为全资国有企业珠海港控股集团有限公司，实际控制人为珠海市国资委。

作为珠海港口发展资本运作的重要平台，公司始终坚持规范运作与稳健经营，自2008年实施战略转型以来，焕发出新的活力，走出了一条跨越式发展的崛起之路。目前公司已发展成为一家拥有88家控股企业（含1家创业板上市公司和1家新三板创新层挂牌企业）、27家参股企业、1家合营企业，总资产超200亿元的大型港航能源集团，业务涵盖港口运营、航运物流、电力能源、新能源、管道燃气、先进制造等领域。

董事局秘书处是公司负责信息披露、公司治理、投资者关系、资本运作等工作的职能部门，共配备5人，部门每年拟定工作重点及工作计划，使每个员工在分工协作的同时专注于深耕具体领域，并形成互相协助、互相补充的工作模式。近年来公司信息披露连续6年获得深交所最优A类评级，先后荣获“最佳上市公司董事会”“优秀董事会”“新财富金牌董秘”“A股上市公司社会责任奖”“最具社会责任上市公司”“公司治理特别贡献奖”“中国上市公司ESG百强”等重要奖项，资本市场影响力日益提升。

一、信息披露：精益求精

积极转变传统信息披露理念，从强制性被动披露转变为公司的整合信息传播，在合规基础上丰富自愿信息披露内容，如战略规划、业务布局、社会责任、环境保护、企业荣誉等非财务信息，提高公司透明度，全方位向投资者展示公司成长潜力和核心竞争力。一方面，对外披露一方面做到多层审核，确保准确性；另一方面，对定期报告、重大收购等重要事项，通过制作一图读懂、彩页设计、主流媒体专题解读、公众号连续宣传等方式向市场进一步宣传，帮助投资者更好地了解公司。2020 年至今累计披露六百多份公告，实现了“零失误”。

二、公司治理：合规至上

面对监管强化新常态，扎实做好规范运作工作，持续提升公司治理水平。

一是公司“三会”在议案资料筹备、会前沟通、会议记录、公告信息报备等环节规范运作，确保所有事项的审议、决策、披露程序符合监管部门的要求。

二是保障董监高高效履职：每年组织董监高到成员企业进行实地调研，畅通公司治理层的沟通渠道，实地了解成员企业的主要业务情况及经营情况；定期邀请头部券商及咨询机构与公司董监高就监管法规的变化、风险管理、ESG 管理及内控体系建设进行专题的分享；密切关注资本市场及同业最新动态，每日梳理股价信息、公司舆情信息、行业动态等形成舆情早报，每月整理分析公司二级市场表现、宏观及行业动态、公司治理、监管动态、重要经营信息、投关活动、中小投资者调研等内容形成董事局月报，以供董监高了解公司相关情况，充分保障其知情权。

三是结合公司经营发展及监管部门的要求，密切跟进监管制度、规则的更新，推动进一步完善公司相关制度的修订，确保公司审议流程更加高效完备。

四是在各个成员企业设置信息披露联络人，每年到重点企业及组织全体成员企业进行信息披露及规范运作培训，结合监管规定、违规案例及公司实际情况，对关联交易、对外报送、框架协议、重大担保等事项进行解读，确保成员企业持续加深合规意识。

三、投资者关系管理：高效沟通

持续加强和完善投资者关系管理工作，创新运用多样化沟通渠道，加强与投资者的互动，树立公司在资本市场的良好形象。

一是结合公司最新发展规划、投资者关注点及行业发展动态，进一步挖掘公司内在投资价值，定期更新对外推介材料，以期让市场对公司未来发展形成合理预期。

二是持续加强与核心券商分析师的维护沟通，与其形成深度互动，每年结合公司投并购及业务发展动态，组织分析师及投资者前往新收购标的或重要下属企业进行现场调研，以增进资本市场对公司发展的了解，同时促成券商积极出具研究报告及会议纪要，确保公司资本市场关注度保持在行业前列。

三是结合股东结构特点，针对性地拓宽公司价值传播渠道，以期更精准地向投资者解读公司投资价值，如每季度主动电话联系持股数量较大、持股时间较长的中小投资者，了解其买入/卖出的原因、对公司发展等方面的建议，并形成调研简报提供给董监高参考，在中小投资者聚集度高的平台如雪球网、同花顺及东方财富网开通企业号，并持续围绕智慧绿色、港航物流和ESG管理进行系列主题宣传，2022年共发布文章14篇，文章阅读量达73万，其中ESG主题宣传受到雪球网上市公司官方账号的关注和文章收录。

四是不断创新公司业绩说明会、投资者说明会形式，丰富投资者沟通内容，于2021年度业绩说明会上首次采用现场直播结合网络问答形式进行，并辅以演示文件，生动直观展现公司2021年在生产运营、资本运作和可持续发展方面取得的成效。

五是主动加强与主流财经媒体的联系，建立媒体记者及自媒体数据库并持续维护，了解媒体需求并针对性进行引导，多渠道正面宣传公司投资价值，主动走访多家主流财经媒体，帮助对口记者系统了解公司情况和发展方向，并了解记者关注点，获得多篇主动报道。

四、资本运作：赋能主业

为加快新能源产业的布局和延伸，构建完善的港口航运物流集疏运体系，提高可持续发展和整体盈利能力，近年来积极推动公司收购A股上市公司秀强股份控股权及港股上市公司天伦燃气参股权，并通过公开竞拍方式收购控股股东资产港弘码头，以全面要约方式收购香港上市公司兴华港口100%股份并成功私有化，同时积极探索光伏上游产业项目及协助推动秀强股份定增以实现战略转型。

上述并购事项，始终秉承着高度的责任心，按照合程序、超常规的目标，全力协同相关部门与标的企业及中介机构进行充分协调处理，在并购实施的若干重大环节推进前，都尽可能地提前介入准备，防患于未然，全面梳理项目审议程序及各环节合规要点，加快进程的同时确保事前、事中、事后涉及的关键环节均符合各级监管要求。

公司通过成功实施一系列并购，推动了港口+新能源双主业的做大做强，港口业务实现了长江+西江两江流域的重大战略布局，为公司构建了完善的集疏运体系，全面提升港口综合服务能力，打开公司跨区域的地理发展空间，与公司港航配套服务、全程物流及供应链业务如期发挥协同效应；新能源方面实现公司快速向光伏产业链上游布局和延伸，进一步加码在智能玻璃、BIPV（光伏建筑一体化）产业领域的投资布局，同时实现了异地燃气业务布局，拓展了公司燃气业务规模和发展空间。

五、ESG管理：坚守责任

面对责任投资发展加快，投资者对企业社会责任履行情况关注度不断提升的趋势，持续推动构建及完善公司ESG管理体系，推动公司进一步强化风险和责任主体意识，促进公司的可持续健康发展。

一是公司在董事局层面完成设立ESG委员会，制定ESG委员会工作细则，组建跨部门的 ESG 管理小组，确立了由战略层、管理层、执行层三个层级构成的 ESG 治理架构。

二是明确 ESG 管理小组职责分工及公司 ESG 提升方案，推动公司在建立可持续发展战略、ESG 管理制度、ESG 目标管理和 ESG 风险管理领域持续提升。

三是结合公司整体业务发展情况，对标同行企业 ESG 管理实践，形成了珠海港 ESG 议题库及核心指标库，逐步形成完善的 ESG 管理体系。

四是持续强化 ESG 宣传，ESG 评级大幅跃升，获资本市场认可，在 2021 年 ESG 报告披露后，公司发布“一图读懂珠海港 2021 年度 ESG 报告”，并在公司雪球网和同花顺企业号上，对报告的核心内容进行为期 6 天的持续宣传，并结合公司 ESG 重要事项节点在官网、公众号、企业号上进行持续解读；积极申报资本市场 ESG 奖项，年内公司获得“公司治理特别贡献奖”“中国上市公司 ESG 百强”奖项；积极研究国内外机构推出的 ESG 评级标准，响应评级机构标准逐步完善公司 ESG 信息披露，在中证 ESG 的评级结果中，公司获得 AAA 级，位居中证一级行业分类工业 1261 家上市公司的第 2 位；在 Wind ESG 发布的评级结果中，公司 ESG 评级跃升为 A 级，成为交通基础设施行业 44 家上市公司中的第 1 位。

六、管理实践：改革创新

董事局秘书处积极挖掘同行业优秀实践特色，保持持续学习，不管提升自身专业能力。

一是每年联系不少于 1 家的优秀标杆上市公司进行现场走访及学习交流，通过分享公司治理、部门架构、ESG 管理等模块吸收其他上市公司优秀工作经验，提出不少于 2 点的公司治理改进建议并进行落地执行，不断提升部门管理水平。

二是广泛吸收资本市场信息，积极参加中国上市公司协会、广东上市公司协会、证监局、深交所等监管部门组织的培训，2022 年已累计参加 15 次培训活动。2021 年，广东证监局联合广东上市公司协会举办广东辖区上市公司业绩说明会在线培训，公司受邀在线分享业绩说明会举办经验。

三是加强对行业咨询、焦点信息的收集、整理、分析工作，针对行业趋势或公司实际业务需求，进行专题分析，2022 及时跟进港口、航运和大宗商品（钢材、玻璃、纸浆等）动态数据，完成行业月度信息简报；同时梳理出了光伏、风电、储能、氢能、物流等行业专题报告，供公司治理层及相关企业参考，及时将资本市场及行业的外部信息及时反馈给上市公司相关部门，辅助公司业务规划和战略制定，提升公司价值。

四是紧跟资本市场变化，积极学习专业知识，部门设置读书角，涉猎资本运作、ESG 管理、公司治理、市值管理等书籍，并鼓励在月度例会选择专题进行分享学习，借助部门的力量多角度多渠道学习，广泛吸收相关知识。

任重道远，上下求索。未来，董事局秘书处将在履行好基础职能的前提下，继续紧跟公司高质量发展的脚步，持续保持学习求知的谦卑姿态，心存敬畏，积极学习借鉴优秀同行的工作经验，不断提升部门竞争力，助推公司实现高质量发展。

40. 我爱我家：

行稳致远　进而有为

我爱我家控股集团股份有限公司（以下简称“我爱我家”或“公司”）于1994年在深圳证券交易所上市，是全国领先的以综合性居住服务为核心的互联网人居生活服务平台运营商，公司主营业务包含存量住宅经纪、房屋资产管理、商业资产管理等。公司聚焦居住场景，以用户价值为导向，以为消费者创造品质生活和追求企业卓越运营为目标，基于网络平台和数字智能开展线上线下一体化的运营服务，为客户提供居住交易相关的优质服务。目前，公司业务覆盖北京、上海、杭州、南京、苏州、南昌等国内一二线核心城市，运营门店总量超过3300余家，员工超过4万人，并先后入选深股通、富时罗素全球股票指数系列、标普道琼斯新兴市场全球基准指数A股名单。公司注重在经营发展上专注、稳健，公司治理上讲规矩、守底线，立足长远，持续健康发展，努力回报投资者，共同维护资本市场的良好生态。

在上市公司管理架构中，董办是一个特殊的部门。董办是董事会日常运行和董监事履职的服务者，是上市公司价值的传播者和维护者，是信息披露的传递者和资本运作的参谋者。作为上市公司证券事务工作及其职能的具体履行部门，公司证券事务办公室（暨董办，以下简称“证券办”）在过去的一年一如既往坚持规范运作，提升信息披露质量，维护中小投资者权益。面对不断变化的资本市场新形势和新要求，证券办在公司董事会的领导下，在董秘的带领下，在工作中，时刻谨记“没有最好，只有更好”的理念，坚持“零失误”“零差错”“零延误”，加强团队自身建设和提升，注重细节、持续学习、守正出新，在实践工作中的创新及特色亮点总结如下。

一、注重细节、树立超强的责任意识，加强信息披露工作，确保信息披露质量

信息披露工作由于口径的差异、政策把握水平等原因，其他业务部门提供的资料常常不能直接采用，需要反复核对、修正或补充再加工。在工作中，证券办不断强化精品意识、细节意识，文件完稿前实行人员交叉检查和逐一对应核对，公司信息披露持续保持较高质量，几乎没有补充和更正情形。因为我们工作的严谨，券商、律师、会计师等在披露报告定稿前也主动交给我们帮助复核。

针对定期报告，在季度、年度结束后，根据工作量及进度安排，证券办提前拟写工作进度及任务分工表，对定期报告内容进行分解，并提交财务部等部门及会计师事务所等相关中介，以实现各方充分沟通、统筹安排、明确职责和时间进度，同步准备材料，充分提高工作效率。同时向相关部门发出工作衔接函，收集定期报告须披露的薪酬、诉讼等重大信息。证券办将材料汇总后，对文字进行反复斟酌，会同财务部对数据进行反复核对，形成初稿后提交公司董事会审议，充分保证定期报告的质量。在编制过程中，认真审核，反复校对，确保了定期报告的按时、顺利披露。

针对临时公告，强调及时、规范。在公告的起草、审核、披露等各个环节均高度重视，反复核稿。临时公告由相关业务部门提供资料，由证券办负责起草，经相关部门再次确认、董事会秘书审核，董事长签发后对外披露，充分保证公告质量。对于重大合同、协议，在签订前及相关重大事项发生前，配合公司财务等部门，就相关事项在信息披露、审批程序、规范运作等方面的合法合规性提出建议，促进公司规范运作，减少监管风险。近年来，公司年均对外发布公告超过150个，涉及披露及报备文件数百份，逾百万字，无一补充和更正，继续推进了公司信息披露的质量和效率，确保了公司自上市以来在深交所上市公司信息披露考核中持续保持良好评价，为公司塑造资本市场良好形象作出了贡献。

在定期报告、重大事项披露过程中，及时建立并上报内幕信息知情人档案，做好未公开重大信息形成和流转过程中的保密工作。向公司相关股东、董事、监事、高级管理人员发出董监高等相关人员定期报告或重大资产重组披露期间买卖公司股票的提醒函，不断提醒公司相关股东、董监高等相关内幕信息知情人注意信息保密及敏感期不要买卖公司股票。近年来没有监管部门质疑或违规处罚的情形发生。

二、多渠道对接、多措施并举，助力投资者关系管理和维护

通过多元化的沟通交流渠道，进一步优化投资者服务，促进公司规范化运作水平，也让投资者通过多方渠道了解公司，构建互信共赢的投资者关系。

我们坚持对每一名投资者的诚信意识和尊重股东的股权文化，确保与投资者交流的顺畅通道，实现公司与投资者之间的双向沟通和良性互动。通过投资者热线电话、投资者关系互动平台、定期报告业绩说明会等多种方式与投资者进行沟通交流，并实时关注报刊、网络等媒体对公司的相关报道，与投资者、主流媒体保持良好的沟通，并主动求证报道的真实性；聆听股东心声，传递公司信息，增进投资者对公司的了解与认同，提高公司的透明度和诚信度，保障全体股东的合法权益。自 2018 年以来，公司已连续 5 年在定期报告披露后主动召开业绩说明会，将业绩说明会的召开纳入公司常态化投资者关系管理工作。证券办由专人及时处理投资者邮件信息，接听投资者电话，听取和回应投资者提出的各类问题；收集整理投资者接待中遇到的问题，做好信息资料库更新、储备；定期协同召开投资者关系管理及公共关系管理部门联动会议，及时就投资者关系管理中遇到的问题进行讨论和经验总结。认真对待，及时回复每一条“互动易”提问，回复内容均经董事长审核，高质量的回复得到了投资者认可。2022 年公司投资者关系管理工作得到监管机构及权威媒体认可，入选中国上市公司协会上市公司 ESG 优秀实践案例、获评全景网投资者关系金奖（2022）业绩说明会创新奖、投资者关系金奖（2022）业绩说明会勤勉奖、投资者关系

金奖（2022）中小投资者关系互动奖、证券时报“中国上市公司 ESG 百强”以及“中国上市公司投资者关系最佳董秘奖”。

我们重视与监管部门的充分有效沟通，保证监管部门能随时与公司及相关各方及时取得工作联系并获取信息。一方面，通过及时传达和不断学习巩固最新的监管要求及规则，协助董事会及经营班子依法行使职权，尽可能避免公司及相关个人违规处罚风险；另一方面，认真对待、及时回复监管部门的问询与调研，做好上述监管部门信息沟通平台的定期维护、查看和信息报送。针对重大交易、关联交易或重大事项均提前与深交所、证监局监管员沟通、请教，确保合规披露。同时实时更新对法律法规和资本市场的认识，坚持以投资者需求为中心的信息披露，在保证信息披露真实、准确、完整的基础上进一步提高质量，以简明清晰、通俗易懂的信息披露，满足不同类型投资者的多元化需求。

三、做好转化器，加强部门间协同合作、高效办会、高质量推进各项工作

为了起好转化器作用，加强部门间协同合作很重要，很多工作不是哪一个部门能单独完成的，同一个部门的工作也不是哪一个人能单独完成的，没有谁可以包打天下。要做到分工不分家，既提高个人单兵作战能力，也提高团队的整体作战能力，超越个体认知和个体力量的局限，发挥 1 + 1 > 2 的效果。证券办力求当好转换器，将监管部门的要求转换成公司内部能听懂、能提交完成的工作，将公司所做努力传递给监管部门。同时结合具体业务传递监管规则和案例，强化相关人员的规则意识。努力调动各级人员对信息披露事务的积极性和配合度，为各部门提供合规指导及风险控制。确保各部门间沟通及时，随时跟进重点事项，无重大遗漏，就分红派息、解除限售、股东减持等专项事项拟定时间表及工作流程，实施审议披露，统筹及主导相关部门及外部机构顺利实施完成上述事项。

本着高效、节约的原则，证券办认真做好股东大会、董事会，协助做好董事会专门委员会、监事会的会议工作，尽可能周密规划、严谨落实会

议各环节的工作，切实提高办会水平。进一步规范提案的收集、整理，并认真落实提案报审制度，严格按照《上市规则》《公司章程》等规定履行必要的审批程序，有效提高了会议效率。切实抓好会后信息、纪要及记录的整理工作，及时对会议精神进行披露、传达、贯彻。关注会议决策及决定事项的督促落实，确保会议取得实效。证券办牵头推动重大事项推进，就定期报告，非公开发行、员工持股计划、分红派息、解除限售、股东减持等专项事项拟定时间表及工作流程，统筹及主导相关部门及外部机构顺利实施推动上述事项。

我们注重团队建设，部门人员做到了一专多能，团队工作达成互补，建立了台账制度，梳理健全各类工作手册（超过数十项流程、近百份表格、上百个模板），形成部门会议机制，通过讨论与沟通、复盘与反思，发现问题、解决问题，相互促进，提升团队作战能力。

我们认为，规范运作和公司治理工作是证券办工作职能的起点，证券办所承担的规范运作管理、信息披露、投资者关系等工作，是一个公司价值经营体系的最后一环。证券办不是一个与业务分割的部门，不是发布公告、配合“三会”运作等可以简单概括的，证券办的工作是一个转换器，让公司的努力，让奋斗在一线同事的辛劳付出得到监管认可，在资本市场得到公正评价，得到合理估值。因此，证券办在协助管理层开展规范运作、信息披露、监管沟通及投关维护等工作的同时，其实也在换一个角度做业务，用证券合规为公司的发展全力保驾护航。

浩渺行无极，扬帆但信风。证券办将继续奋楫前行，始终着力以公司战略目标为工作导向，在证监会、交易所等监管机构的指导下，在中国上市公司协会等专业组织的悉心帮助与支持下，不断筑实信息披露，紧抓规范运作、合规安全，努力搭建多元化畅通的沟通平台，构建与投资者互信共赢的良好关系，助力公司高质高效发展，为公司未来发展积蓄坚实的发展动力。

41. 太阳能：

强化管理　锐意创新　高效完成董办各项工作

董事会办公室是建立现代企业制度、强化公司治理、推进“三会”规范运作、为决策层把关参谋的服务部门，也是对接证券监管机构、面向资本市场的窗口部门。作为深圳证券交易所主板第一家以光伏发电为主业的上市公司，中节能太阳能股份有限公司（以下简称“公司”）设立董事会办公室（证券法律部）作为公司治理的专门业务部门。公司董事会办公室（证券法律部）结合监管要求，在董事会、董事长及董事会秘书的领导下，强化管理、锐意创新，着力提升工作的制度化、标准化水平，充分发挥承上启下、服务配合、联络各方的中心枢纽作用，各项工作均统筹有序、高质高效完成。

一、严谨合规保持高质量信息披露

作为上市公司，信息披露方面需不断精益求精，持续提高自身要求以及公告信息质量。董事会办公室（证券法律部）始终严格遵守信息披露的有关规定，按照中国证监会和深圳证券交易所信息披露格式指引及其他信息披露的相关规定，组织按时完成定期报告披露工作，并根据公司实际情况，真实、准确、完整、及时发布会议决议等临时公告，忠实履行信息披露义务，确保投资者及时了解公司重大事项，最大程度地保护投资者利益。

同时，在遵循法定信息披露基本原则的基础上，坚持以投资者需求为导向，不断提高自愿性信息披露的深度和广度，加大自愿性信息披露的力度和频次，主动展示公司良好发展成果，增强投资者对公司发展的认可和信心。在公司各业务部门、各下属单位的共同努力下，2021 年度的信息披露评级为 A 级。未来将持续关注监管部门最新披露要求和投资者需求，保障公司进行更充分、更完善、更高质量的信息披露。

二、守正创新确保规范运作

董事会办公室（证券法律部）作为公司董事会的日常办事机构，积极推动公司稳健经营，与时俱进、开拓创新，不断增强业务能力和战略定力，强化公司合规的治理能力，持续推进各项管理制度的完善更新。

一是建立科学规范的决策制度体系。董事会办公室（证券法律部）协助公司董事会以《公司章程》为基础，搭建集公司基本制度、董事会运作专项制度、经董事会决策的核心业务制度于一体，从顶层决策到一线经营的立体化制度体系，为董事依法履职提供了制度保障。

二是健全董事会决策的“前中后”过程管理。在强化董事会运作及管控、提高规范运作水平方面，董事会办公室（证券法律部）认真执行监管要求及公司制度，当好公司与董事沟通的桥梁，切实做到会议前充分沟通、会议中积极听取意见建议、会议后及时跟踪反馈，确保决议落实落地。2016～2021 年期间，公司累计召开董事会 51 次、审议议案 284 项，专门委员会 59 次、审议议案 189 项，各议案均全票表决通过，体现董事会在重大经营决策上方向一致。

三、积极沟通优化投资者关系

公司始终以维护广大投资者特别是中小投资者的根本利益为己任，高度重视投资者权益保护以及投资者关系管理相关工作。结合公司实际，董事会办公室（证券法律部）积极践行“走出去”与“引进来”相结合的方式，与投资者建立良性双向沟通渠道。

一是在“走出去”方面。在公司官方网站和微信公众号组织设立投保专栏，不定期对热点问题进行宣导，及时发布可视化年报——“一图读懂年报”长图和互动式 H5，以及自主制作的半年报 H5，以精炼的文字和可视化的形式，提炼财务和业务指标，帮助投资者对年报数据的理解和分析；高质量组织召开年度业绩说明会，共 6 万余人线上观看，取得了良好的活动效果，由重庆上市公司协会推荐公司为重庆辖区 2021 年报业绩说明会优秀实践企业；积极参与境内外机构券商举办的策略会和调研活动，借助券商搭建的交流平台，就公司生产经营情况与投资者进行及时有效的沟通，保持与资本市场的持续有效沟通。

二是在“引进来”方面。组织公司形成常态化的投资者来访调研接待机制，对于日常投资者来访调研或电话会议的预约请求积极响应，使其及时、全面、直观地了解公司生产经营情况和光伏行业的发展趋势等；同时派专人做好交易所投资者互动平台维护工作，及时回复互动易问题和投资者来电、来信的咨询，保证回复内容的真实、准确、完整，促进公司与中小投资者的良性互动，保障中小投资者的合法权益。2021 年度内回复互动易问题约 430 个，接听热线电话约 500 通。

四、充分发挥上市公司融资功能

在公司治理与金融创新上，董事会办公室（证券法律部）充分利用资本市场平台所积累的规范治理经验和融资经验，顺应资本市场的发展趋势和公司产业发展的需要，把握机会创新融资模式，提升公司资源效率。在公司和董事会的指导下，董事会办公室（证券法律部）主要负责公司 2021 年非公开发行股份募集资金工作，并于 2022 年成功募集资金总额 5981117981.67 元，为公司实现光伏电站装机规模快速增长奠定了坚实的资本金基础，进一步提升了公司在资本市场的影响力。同时，持续开展公司再融资专项课题研究，对上市公司层面未来资本市场股权融资模式和可行性进行分析，为公司后续再融资工作提供参考，以建立有效的资本金保障措施，助力战略规划落地，保障公司持续快速发展和实现股东价值最大化。

五、加强监管机构双向沟通

董事会办公室（证券法律部）时刻注意保持与证监局、交易所等证券监管部门及上市公司协会的联络，保持良好的沟通关系，积极配合完成日常信息报送工作，并对证券市场发展规范和制度修订等方面提出意见和建议。

一是积极参与监管部门制度修订。公司作为深圳证券交易所主板第一家以光伏发电为主业的上市公司，2020 年董事会办公室深度参与了《深圳证券交易所行业信息披露指引第 15 号——上市公司从事电力相关业务》（现行制度为《深圳证券交易所上市公司自律监管指引第 3 号——行业信息披露》）的修订，与深圳证券交易所积极沟通，结合行业特点，为制度的修订建言献策，更好地进行行业规范治理。同时在其他制度征求意见时，积极配合为其提出实际工作实施中的有效建议。

二是及时提出意见建议。在填报深圳证券交易所年报系统时，根据实际操作中发现的问题，及时和深圳证券交易所技术方面人员沟通，对系统操作完善和程序运行流程等方面提出建议，保障工作更为流畅和高效。

当前，在深化国有企业改革和资本市场改革的背景下，对国有控股上市公司而言，董事会办公室（证券法律部）的工作责任重大，使命光荣。部门将持续坚持“两个一以贯之”，积极探索全面加强党的领导和完善公司治理、建立中国特色现代企业制度相互统一，乘势而起，奋发有为，为促进资本市场的良好发展、切实维护投资者权益、建设高质量的国有控股上市公司而努力奋斗！

42. 中钨高新：

提升治理水平　讲好中钨故事
助力公司开启高质量发展新征程

中钨高新证券法务部（董监事会办公室）紧紧围绕公司战略，立足提高上市公司质量，打造效能中钨、品牌中钨，不断在工作实践中改进工作方式，创新工作方法，在公司治理、信息披露、投资者关系和资本运作等方面工作成效显著，得到了公司董监事会、监管部门和资本市场多方的认可与肯定。2022 年，公司获评“上市公司董办最佳实践”。

一、信息披露方面

公司秉持“信息披露无小事”理念，高质量完成信息披露工作，全年累计信息披露 104 项，信披合规率 100%，监管机构“0 质询”，获 2021 年度深交所信息披露考核 A 级评价。

一是加强公司内部重大信息报送的组织协调工作，制作应披露事项清单发送相关单位，修订《重大事项内部报告制度》，明确各单位专人对接信息报送，提升全员信息披露合规意识，确保公司信息披露的及时、准确、高质量。

二是积极推进自愿性信息披露，回应资本市场投资者关切，充分利用信息披露窗口，向市场传递公司经营管理亮点。

三是提高定期报告可读性和易读性，增强披露有效性。从有利于投资者进行价值判断和投资决策的角度，充实优化公司定期报告披露内容，有效传递公司价值。制作一图读懂年报、季报，用图片、图表等简明清晰的形式展示。

四是与公司外宣部门建立联动工作机制，做好外宣稿件合规审核工作，避免在非法定信息披露渠道泄露公司股价敏感信息。

二、投资者关系管理方面

近几年，公司不断提升投资者关系管理工作水平，持续加强与资本市场的沟通力度，通过多层次、多形式、高频率、高质量的投关工作，展示了公司在钨产业的龙头地位和实力。公司以技术为核心竞争力，从事高端制造的企业定位获高度认同，重塑了公司在资本市场的形象，公司投资价值获市场广泛认可，市场价值取得新突破。2021 年年末，公司市值首次突破 200 亿元，机构投资者占比持续提升，股东结构持续改善优化。

（一）建立内部联动、外部畅通的“大投关”工作机制

一是建立董事会秘书主责，证券法务部牵头，财务、技术及业务单位主要领导共同组成的“大投关”团队，针对投资者关注的公司经营、管理、财务、行业、市场格局及产品技术等各层面问题，做出迅速、专业的解答。公司“大投关”团队表现出的专业与敬业，极大地增强了投资机构对公司的信任。

二是多渠道、多层次建立常态化沟通交流机制，充分利用网络、电话会议、投资者现场沟通调研等方式开展投资者交流，坚持“请进来”和“走出去”相结合，提高资本市场对公司的关注度。

（二）树立品牌思维，有效传递公司内在价值

一是常态化开好业绩说明会。近几年，中钨高新经营业绩持续大幅增长，在定期报告披露后，通过网络文字互动、语音互动等多形式、常态化举办业绩交流会，每年召开业绩交流会的频次不少于三次，并在业绩说明会后与行业分析师、投资者持续保持交流沟通。公司 2020 年度、2021 年度连续两年获评“上市公司业绩说明会优秀实践案例”。

二是以品牌思维面向资本市场。在深入理解中钨高新战略与业务发展的基础上对公司核心产品的应用与市场竞争力进行专业化提炼，有效地向

资本市场传递了公司在制造业转型升级等方面的价值，公司投资价值获资本市场广泛认可。2021 年 9 月至 2022 年 8 月，通过电话会议、网络会议、现场调研、路演与反路演等多种形式与逾 800 家机构进行了交流互动，中钨高新在资本市场热度持续升温，研报数量、媒体报道数量均创新高。公司“中国高端刀具龙头”“引领国产化浪潮”的资本市场品牌形象进一步巩固。2022 年，投研机构共发布公司研报 32 份，是 2021 年的一倍，研报均给出了买入/增持/推荐/强烈推荐等评级。

（三）创新投资者交流方式，提高投资者交流效率

契合当前自媒体传播需求，力求信息传播简洁、高效，通过业绩长图、可视化报告等形式，简洁生动地向投资者展示了业绩报告的重点内容，提升公司定期报告的阅读性。在公司公众号上开辟投资者关系专栏，关注“中钨高新”公众号后即可查看公司公开发布的经营管理信息等，方便快捷。建立投资者微信群，及时将公司已公开披露的经营亮点发送微信群，方便公司股东及潜在投资者及时关注公司发展动态。

（四）充分保护中小投资者

保持公司投资者热线、深交所互动易平台接听回复率超 95%。建立投关工作台账，累计披露投资者关系活动记录表 12 份，整理投资者问答记录 170 余条，保证信息披露的公开、公平和公正。

三、公司治理方面

公司秉持“诚信　专业　创新　高效”的共同价值观，扎实做好公司治理基础工作，持续改进，提升“三会一层”运转效率，创新工作方法，建立专委会联络员机制，充分发挥董事会专门委员会作用，推动公司治理结构持续完善，助力公司高质量发展。

（一）持续完善公司治理制度，夯实规范运作之基

牵头对公司内部治理制度进行不定期梳理梳理，确保有效衔接跟进最新国家法律法规、上市监管政策指引及规则的修订。近期，全面梳理公司治理制度 20 余项，修订了包括《公司章程》《董事会议事规则》《股东大

会议事规则》及董事会各专门委员会工作细则等在内的治理制度8项。新建《中钨高新董事会授权管理办法》，进一步规范公司董事会授权行为，提升运转质量效能。

（二）建立董事会专门委员会对接机制，持续优化“三会”组织工作流程，保障公司治理主体高效运作

一是固化董事会提案流程，加强议案内容合规性审核。通过OA系统固化提案流程，确保提案程序到位、合规。定期会议召开前，提前发出搜集董事会议案的通知，有序组织相关议题集中上会审议，提升董事会效率。重视董事会议案编制的合规性，及时与议案编制部门保持沟通，对照相关公告指引要求，将对外披露必备内容提前落实到董事会议案编制中去，与后期信息披露做好有效衔接，提升工作效率。

二是建立专委会联络员机制，落实落细董事会专门委员会职责。由公司证券法务部总协调，人力部、财务部和审计部等部门分别根据部门职能对接董事会各专门委员会，及时进行专业化的汇报沟通。严格按照《公司章程》、各专门委员会工作规则等规定，在相关议案提交董事会决策前，由相应的专门委员会进行充分讨论和审议，切实发挥了专门委员会的作用，为董事会决策做好专业化支撑。

三是强化董事履职服务支撑，充分发挥部门桥梁作用，做好董监事的日常沟通和服务工作。组织开展董监事经营现场、重点投资项目调研活动，按时报送公司日常经营相关资料文件，保障董事、监事及时了解公司经营动态，为董事会、监事会履职提供保障，提升支持效能。固化会前专题汇报形式，确保董事充分了解议案内容，提高董事会决策效率，保证决策合法合规性，促进公司重大经营决策顺利落地实施。

四是积极组织公司董监高及相关人员定期参加监管机构举办的培训，促进相关人员提升履职专业能力。

43. 东北证券：

踏实稳健初心如磐　探索实践答卷常新

东北证券董办团队（证券部）全力投身公司治理、信息披露和投资者关系管理实践，不断夯实专业、迎接挑战、探索创新，紧紧围绕公司发展战略，内聚主业、外塑品牌，为公司相关方利益保驾护航，为巩固和提升公司治理水平提供有力支撑。

一、扎实推进公司治理体系建设，夯实基础，提升效能

（一）公司治理架构清晰，权责明确保障履职

公司董办团队高度重视法人治理结构的优化和内控运作管理水平的提升，形成了完善、规范、透明的治理体系和高效健全的运作机制，并持续推进公司治理体系和能力的现代化建设，“三会一层”权责明确、各司其职、勤勉尽责、相互独立、有效制衡、科学决策，确保治理工作高效有序开展。2022 年，公司依规组织召开“三会”，其中股东大会 2 次、董事会 13 次、董事会专门委员会 19 次，审议、审阅公司重要事项，决策程序依法合规，决策过程科学高效，决策事项精准落实，保障并推动公司治理水平持续提升，公司战略决策和经营管理向高质量发展。

（二）制度建设稳步推进，确保治理合规有序

公司董办团队及时跟踪监管动态，紧密关注监管机构的政策导向和规则变化，定期开展公司治理制度体系的研究和评估，并及时结合公司实际推动公司治理相关制度的持续修订和完善工作：一是组织开展《公司章程》《公司董事、监事薪酬与考核管理制度》等 20 余项制度的修订、审议

和发布工作，确保公司治理工作开展有据可依、合规高效；二是通过编制并发送《公司治理重要事项提示函》和外规制度解读与管理提示等书面材料，对公司治理重要事项及董监高人员履职要求、变化等向股东及董监高人员进行主动提示，延长外规解读落实触角，进一步提升公司治理的规范性和合规性。

（三）提升董事专业水平，提供充分履职保障

公司董办团队高度重视加强董事履职能力建设，为董事勤勉履职、诚信执业提供资源支持和信息传导等多维度保障，确保董事有序参与董事会、股东大会会议，及时与股东开展双向沟通，提升治理效能；保障独立董事的独立、客观立场，能够充分发挥专业优势，协助董事会科学决策，并发表明确独立意见，切实维护公司利益和中小股东合法权益；2022 年，董办团队组织全体董事参加监管机构、自律组织及公司内部开展的专题培训和监管会议等共 6 次，助力董事及时了解监管趋势和政策变化，对公司外部经营环境做出有效研判，不断提升自身理论水平。

（四）强化股东日常跟踪，构建主动管理机制

公司董办团队始终围绕外部关切，主动沟通主要股东了解其重大事项，多渠道收集补充股东最新数据信息，对股东变化事项快速响应，积极应对；建立股权事务月度报告机制，系统分析公司股权及股东信息、股价及市值数据等变化情况，加强公司股权相关信息的监测、研究与应用；根据监管要求，及时、准确做好股权质押信息披露及规范运作专项自查、《证券公司股权管理规定》落实情况专项核查及监管报告等系列工作，确保公司股权事务规范管理。

二、紧密围绕信息披露品质提升，固本培元，探索创新

（一）紧跟监管趋势，注重内容传播，双管齐下提升信息披露品质

公司董办团队及时学习中国证监会、深圳证券交易所的最新信息披露规则与编报规则，始终严格按照有关规定要求，深入了解投资者关注和关切，在保证披露内容详实完整的基础上，聚焦“精准、高质”“化零为整”

的工作思路，力求分析专业精炼，表达通俗易懂，版式美观利落，全面、客观、充分展示公司的经营管理和财务状况。2022 年，公司披露临时公告 66 项，保证公司重要事项及时、公平、公正、完整地发布，报告编制过程依法合规，呈现内容客观真实，披露方式规范严谨。

与此同时，团队对定期报告页面版式进行美化设计，提升投资者的阅读感受，并创新传播形式，通过制作一图看懂、图文速览、视频速览等多种方式解读展示公司定期报告内容，借助手机移动和互联网等多元化渠道为投资者创造更多生动、便捷的阅读机会。

（二）探索创新实践，优化工作流程，做好信息披露成果转化和应用

公司董办团队探索创新信息披露工作模式，一方面，以完善工作流程为目标，提炼多年工作实践经验，梳理工作痛点、难点，明确工作流程和标准，编制《公司信息披露工作手册》，为更好实现信息披露工作的体系化、标准化开展提供指导；另一方面，以深化内部协同为目标，创新构建“定期报告路演”机制，采用与主要业务单位面对面交流的方式，了解其关于公司信息披露工作的协同需求，以点对点服务方式逐步建立专项沟通清单，为相关单位提供个性化的信息披露内容服务支持，助力公司内部信息协同效率稳步提升。

三、主动突破投资者关系管理传统模式，锚定目标，拓宽视野

（一）对内形成长期、稳健的工作规划，建立“计划—实践—跟踪—总结—提升”的闭环工作机制

公司董办团队研究制定了《公司投资者关系五年工作规划》（2021—2025 年），提出“一个中心三步走”行动理念，为建立公司投资者关系管理体系提供纲领性指导。团队在五年规划基础上逐层分解，制定年度工作计划；按照从宏观到具体、从框架到分支的工作思路，具体实施各阶段目标任务；定期跟踪并结合管理实际形成落实五年工作规划的阶段性进展报告体系，对行业发展和公司工作开展情况进行系统研究和总结；以总结评价为依据，为核心工作开展提供理论支撑和行业借鉴，并对后续工作计划

提供思路和建议。团队通过系统、完整的闭环工作机制，建立并有序推进投资者关系管理体系运营，持续提升投资者关系管理工作水平。

（二）对外开展丰富、多元的投关活动，形成宣传推广与媒体关系相结合的投关运营模式

在日常管理中，董办团队一方面高度重视投资者电话的接听工作，有专人负责并根据投资者疑问进行耐心解答，咨询电话基本实现“响必答”，通过耐心沟通交流引导投资者形成理性投资、价值投资的理念，保护投资者合法权益；另一方面，公司不断巩固和提升深交所互动易平台提问的回复质量，有专人每日查阅，平台提问完全实现“问必复”，及时、准确解答投资者的疑问和质疑。

在实践活动中，董办团队通过召开业绩说明会、开展分析师现场调研、参加投资者网上接待日、设立公司网站投资者关系专栏和公开电子邮箱等多元化的沟通方式主动加强与广大投资者、分析师等的沟通交流，拓宽沟通渠道，畅通信息反馈机制，充分保障投资者权益；团队运用新媒体途径，开设“东北证券投资者关系平台”微信公众号，发布公司重要活动、业务的开展情况及成果等图文，提升投资者的信息获取体验，进一步丰富投资者交流渠道。

四、高度重视公共关系成果反馈，主动管理，培育形象

（一）强化声誉风险管理，维护公司诚信形象

公司董办团队着力健全声誉风险管理体系，主动防范声誉风险的同时，树立公司诚信负责的良好企业形象。团队研究制定《公司声誉风险管理制度》及配套制度，确保声誉风险管理工作有据可依、合规开展；牵头建立多渠道、跨部门的公司舆情跟踪机制和声誉风险定期报告机制，并通过舆情监测系统的实时监控全面提升风险防范能力；及时、重点关注公司声誉事件、新闻媒体负面报道等情况，采取积极、正面的方式，主动、快速回应媒体采访或质疑，解释澄清误解，有效控制声誉事件发酵扩散，维护公司形象，保护投资者合法权益。

（二）聚焦社会责任/ESG 实践，推动履行企业责任

董办团队牵头统筹社会责任/ESG 管理实践工作，对内升级管理模式，主动求变，通过发布系列专刊、开展线上直播培训和定期专项评估的方式，解析、分享行业优秀案例，引导公司相关部门聚焦社会责任/ESG 重点领域，为提升公司社会责任/ESG 管理工作提供思路、奠定方向；对外强化宣传推广，参与各类行业研讨和评选交流，主动推介公司社会责任/ESG 管理工作优秀实践，传递公司理念和价值，逐步提升公司履行企业责任的传播度和影响力。

五、全面开展团队建设，增强综合实力，助力能力提升

近年来，公司董办团队人员数量、结构和专业水平得到进一步优化提升，团队成员由 6 人扩充至 8 人，其中，70 后 1 人，80 后 2 人，90 后 5 人；成员全部为硕士以上学历，其中博士 1 人；教育背景涉及管理、经济、财务、法律和公司治理等广泛领域；团队成员勠力同心、桴鼓相应、相得益彰，整体向更加年轻化、专业化发展，综合素质大幅提升，推动董办工作实践能力与日俱增。

44. 国元证券：

推进 ESG 进程
助力打造公司绿色金融品牌形象

2022 年，国元证券股份有限公司（以下简称“公司”）董事会办公室秉承工匠精神，积极落实监管机构、自律组织各项任务，服务董事会和股东，巩固规范运作能力、提高信披质量、提升公司治理水平，做好投资者关系管理等工作，赢得市场和监管机构广泛认同，有力提升了公司市场形象和社会美誉度。公司连续 15 年荣获深交所信息披露 A 类评级，连续 12 年被评为支持地方实体经济优秀等次，荣获第四届中国卓越 IR 最佳信披奖、中国上市公司社会责任奖等荣誉。

一、持续提升信披质量，信息披露连续 15 年荣获深交所最高评级

面对日趋严格的监管环境，董办高度重视信息披露工作，持续完善信息披露制度和重大信息内部管理，不断提高信息披露质量。公司专业合规的信息披露受到资本市场的认可。公司连续 15 年信息披露被深交所评为 A 级，根据统计，信息披露连续 15 年被评 A 的深市上市公司仅有国元证券、招商蛇口和云南白药 3 家。

（一）建立完备的信息披露事务管理制度体系

公司已根据证监会、深交所新发布的各项监管法规，制定了《信息披露事务管理制度》《重大信息内部报告制度》《年报信息披露重大差错责任追究制度》《内幕信息知情人登记制度》等基本管理制度，明确规定了重大信息的范围、信息报告的责任划分、工作流程、保密义务；信息披露的

原则、标准、流程，定期报告和临时报告内容及信息披露制度的实施及监督等。

（二）依法合规做好信息披露工作

公司负责信息披露的常设机构是董事会办公室，董事会办公室指定专人负责信息披露，信披工作做到事前充分讨论、查询案例，事中认真撰写、复核，事后及时总结。2022 年，董办披露 2021 年年度报告、董监事会决议公告以及股东大会决议公告等一系列份公告，都做到披露信息有原则、有依据、有内容、有质量、无差错。

定期报告方面。公司按照上市公司和证券公司监管规定，认真编制定期报告，报董事、监事、高管签署确认意见，经董事会、监事会审议通过后在《中国证券报》《证券时报》《上海证券报》《证券日报》及巨潮资讯网披露。公司定期报告披露及时，不存在年度财务报告被出具非标准审计意见的情况。公司每年度的财务会计报告、风险控制指标报告、内部控制评价报告、关联交易情况说明等其他专项报告，均经符合《证券法》规定的会计师事务所审计。

临时报告方面。公司及时披露重大行政许可、董监高变动及其他可能对公司证券交易价格产生较大影响的重大事件，保证披露信息真实、准确、完整，简明清晰，通俗易懂，不存在虚假记载、误导性陈述或者重大遗漏。

二、不断完善法人治理水平，夯实公司发展基础

2022 年随着国企 3 年改革行动逐渐深化，董办根据《关于中央企业落实子企业董事会职权有关事项的通知》，制定了《公司落实董事会职权实施方案》《公司董事会向经理层授权管理办法》等一系列配套制度，清晰划定权责边界，科学优化决策流程，进一步推进董事会建设，落实好董事会职权，保障好董事会“定战略、作决策、防风险”核心功能，形成权责法定、权责透明、协调运转、有效制衡的公司治理体系。对《公司章程》《董事会议事规则》中涉及董事会职权的条款进行了修改，保障董事会行使职权与发挥公司党组织政治核心作用相结合。修订了《公司审计委员会

工作细则》，明确规定了审计委员会全部由外部董事担任，充分发挥外部董事制衡监督作用。公司牢牢把握“两个一以贯之”的重要原则，围绕国有资本投资公司“四个主体”功能定位，清晰划定权责边界，科学优化决策流程，形成权责法定、权责透明、协调运转、有效制衡的公司治理体系。一方面，公司坚持以《公司章程》为核心，以《股东大会议事规则》和《董事会议事规则》为关键，以专门委员会《工作细则》等制度为支撑，积极推动制度规则体系科学化；另一方面，公司推动法人治理结构高效化，坚持外部董事占多数，组建专业互补、结构合理的董事队伍。

公司董办积极做好“三会”召开工作，每次召开股东大会、董事会、监事会、专门委员会，董办都会积极做好会前、会中、会后工作，保证各项会议顺利进行。

公司充分发挥外部董事制衡监督作用。目前，公司董事会由 14 名董事组成，公司外部董事共计 11 名，占公司董事 79%（其中股东单位推荐董事 8 名、独立董事 5 名）。公司董事会设风险管理委员会、审计委员会、战略与可持续发展委员会及薪酬与提名委员会，均有外部董事参与，其中审计委员会、薪酬与提名委员会中独立董事占多数并担任召集人。实现了董事会成员中外部董事数量大于内部董事，避免了董事与公司经理层人员高度重合，真正实现决策权与执行权的分权制衡。

为保证独立董事充分了解公司经营运作情况，维护公司和全体股东的利益。董办定期组织独立董事到分支机构实地调研，与分支机构领导、员工就分支机构运行机制、经营管理等方面进行了深入交流，切实做到为独董了解公司情况畅通渠道。董办积极与股东单位、人力资源部、证监局、深交所沟通，做好董事、监事、高管离任及补选相关的会议、公告、报备、资料填报、合同签署工作，保证人员更替稳定性。

三、推进 ESG 进程，打造公司绿色金融品牌形象

为进一步加强内部控制，实现节约能源消耗，降低社会及环境风险，打造绿色金融品牌形象，凸显社会责任，彰显可持续发展理念，推动公司

ESG（环境、社会、治理）信息披露规范化，提高公司 ESG 评级，提升公司长期投资价值，董办持续推进 ESG 工作。

一是建立 ESG 三级治理架构。董办组织公司通过修订《公司章程》，将董事会战略委员会更名为董事会战略与可持续发展委员会，作为 ESG 议题的最高决策机构，负责 ESG 的战略制定、重大事项审定及信息披露等工作。在经营层成立 ESG 委员会及下属工作小组，负责 ESG 议题的风险识别、目标制定、绩效检视以及 ESG 实质性议题的落实。各部门、各分支机构均设有专门人员负责 ESG 实践及相关数据统计、信息归集。权责清晰、上下联动的 ESG 治理架构，推动国元证券 ESG 治理工作规范、有序开展。

二是构建 ESG 指标体系。董办组织公司构建了一套符合企业实际的 ESG 指标体系，规范指标的记录方式、统计范围、统计口径、统计周期及统计方法，固化指标的统计路径和收集流程（已在 ERP 上线 ESG 指标报送系统），既推动了各部门、各分支机构将 ESG 指标纳入管理和统计，也为 ESG 报告编制提供了完整、便捷、可靠的数据，同时也为董事会、管理层监控了解 ESG 实施情况提供直接的数据参考。

三是开展 ESG 专题培训，为提升国元证券 ESG 管理及披露水平，董办组织公司聘请第三方专业机构，开展四期 ESG 现场培训，内容涵盖商业道德、ESG 风险管理、ESG 责任投资、ESG 评级体系等多方面，培训对象包括国元证券高管、ESG 工作小组成员及各部门 ESG 骨干员工。培训课程通俗易懂、可操性强，受到了广大参训人员的一致好评，进一步推动 ESG 理念传导落地。

四是董办组织公司加入联合国责任投资原则（UNPRI），制定《国元证券责任投资指引（试行）》，把环境、社会和治理问题纳入投资分析和决策过程，践行 ESG 投资，充分发挥资产管理、自营投资的专业力量，助力“双碳”目标的实现。同时董办组织公司申请正式成为气候相关财务信息披露工作组（TCFD）的支持机构，国元证券基于 TCFD 建议进行气候相关风险的信息披露。此外，董办组织公司开展第三方鉴证，独立的第三方报告审验对于提升报告的可信性和质量具有比较重要的作用，公司是国内投行与证券行业中首家引入可持续会计准则 SASB 的证券公司，为提升报告的可信性，公司连续两年对 ESG 报告进行第三方审验，保障了报告披露信息和数据的可信性，同时吸取来自审验机构的经验和意见，不断提升 ESG 指标的披露和管理水平，使报告的质量得到进一步提升。

五是 2022 年 3 月，根据全国金融标准化技术委员会证券分技术委员会秘书处关于发布的《〈2022 年证券期货业标准研究课题选题指南〉启动课题申报的通知》（证标委秘发〔2022〕28 号），公司积极响应并立即组建课题项目团队。小组成员由国元证券、中国科技大学、南德认证（中国）、西南证券组成。项目团队多元化水平高，具备证券市场上市公司、高校科研机构以及行业认证检测服务等与 ESG 信息披露密切相关的研究背景。目前已经搜集上市公司公开发布的 ESG 报告两百多份并进行文本分析，确定上市公司乐于披露的指标及权重。同时也对国内及国际文献进行分类整理，确定国内及国际学者乐于关注的指标及权重。

六是 2022 年 7 月，董办协助组织国元证券联合安徽省生态环境厅共同设立“迎客松”生态环境宣传教育项目（征集启事拟于近日发布），资助环保社会（社团）等组织参与安徽省生态环境宣传教育活动，旨在广泛宣传习近平生态文明思想，推动“美丽中国，我是行动者”提升公民生态文明意识行动计划走向深入，不断构建全民参与的现代环境治理体系。

七是持续推进 ESG 信息披露工作，公司严格对标 ESG 指引、GRI Standards 等相关要求，遵循社会责任报告披露原则，全面规范 ESG 信息披露，满足监管部门以及投资者对公司 ESG 信息披露的要求。ESG 报告兼顾企业特色及 ESG 趋势，公司 2021 年 ESG 报告紧跟 ESG 趋势及要求，从治理（包括企业治理、营造正面金融环境影响、责任投资、人力资本发展等）、环境（包括气候战略、资源节约、绿色运营等）到社会（包括普惠金融、结对帮扶、社会捐赠等）逐次展开，详细介绍公司在 ESG 方面的责任理念、实践和成效，体现了公司“为您创造美好生活”的定位，凸显了国元证券应有的责任担当。为便于境外投资者阅读，公司还发布了英文版 ESG 报告，成为第一家发布英文版 ESG 报告的上市券商。

公司通过对 ESG 推进工作的不懈努力，2022 年 4 月 MSCI 最新 ESG 评级报告显示，公司在人才发展和责任投资两个实质性议题的管理上已经达到行业领先水平，公司 ESG 评级结果从 CCC 跃升至 BB，为国内证券公司中首家实现连升两级的券商；7 月深交所全资子公司深圳证券信息有限公司正式推出国证 ESG 评价方法，以及基于该评价方法编制、以深市核心指数（深证成指、创业板指、深证 100）为母指数的 ESG 基准指数和 ESG 领先指数，公司凭借较好的 ESG 表现，获得 AA 级评价；8 月，恒生指数有限公司发布恒生指数系列最新检审结果，公司凭借在 ESG（环境、社会及公司治理）方面的卓越表现，于 2022 年 9 月 5 日（星期一）被纳入恒生 A 股可持续发展企业基准指数（HSCASUSB）成分股。

未来，公司将始终坚持服务社会、履行社会责任理念，继续以国际、国内 ESG 评价体系为标杆，始终致力于社会公益事业，继续通过开展各类绿色金融业务，降低自身在投融资活动中的碳足迹，探索出推动其他行业实现低碳发展的国元证券碳中和路径，力图为社会各界利益相关方创造更大的价值。

45. 航发控制：

聚焦主业　务实创新
以精益管理推动高质量发展行稳致远

中国航发动力控制股份有限公司（以下简称“公司”）是国家定点的专业从事航空发动机及燃气轮机控制系统研制生产的核心军工央企，产品覆盖国内全部军民用在研在役航空发动机，为实现航空强国持续贡献高质量动力控制装置。公司董办深入贯彻落实习近平总书记关于国企改革发展和资本市场建设的重要论述，从服务提升公司治理软实力和价值创造硬实力的影响因素出发，靶向发力、务实创新，通过深化改革持续提升公司特色现代企业治理能力，助推高质量发展。2022 年 1 ~ 9 月实现营业收入 37.52 亿元，同比增长 23.49%；归母净利润 5.42 亿元，同比增长约 36.38%。

一、深化机制改革，推动现代企业治理更加规范、高效

（一）完善制度体系，推动外规内化

2022 年，随着中国证券法规监管体系的进一步整合完善，公司董监办在深刻领会立法精神的基础上，完成了以章程为核心的“1 + N”配套制度修订完善工作。

一是落实公司法、党内法规、国资监管、上市公司监管、军工企业管理等要求，以满足央企集团管控和上市公司合规监管为前提，对公司章程进行了全面修订，落实“两个一以贯之”，把党组织嵌入到公司治理架构中，并据此完善了各治理主体的配套管理制度和实施细则。

二是细化各治理主体决策权责界面。结合近三年党委会、总办会审议决策事项范围，修订《贯彻“三重一大”决策制度实施办法》；建立了党委前置研究的《经营管理重大事项清单》；按照分层、限额的原则，完善了覆盖10个方面70条内容的《重大事项决策机制一览表》，进一步细化党委及“三会一层”的权责界面与风险阈值，实现了党的领导与公司治理有机统一。

三是进一步强化授权管理。编制了《公司董事会向经理层授权管理办法》，从资本运营、财务管理等六个方面明确13类授权事项，在董事会规模较大、外部董事较多的情形下有效提高公司决策效率。

（二）构建保障机制，提升履职能力

一是服务董事履职支撑的机制建设。董办从提升能力、保障权利、保证精力3个维度着手，服务董事任职。提升能力方面，优化了董监高选任程序，更加注重外部董事的战略思维、法治理念、市场意识和履职能力，推动董事团队能力结构互补、专业经验多元。制定董监高履职培训计划，提升董事行权能力。如董办于2021年11月董监事换届选举及高管聘任当天组织了董监高任前培训。保障权利方面，按照董事会议事规则等相关制度，保障董事决策、建议、监督等权利并为董事履职合规提供费用保障。保证精力方面，充分征集董事、监事、经理层、总部部门和子公司议题情况，统筹编制年度“三会”计划、现场调研计划，合理拟定“三会”时间，保障董事有足够的精力充分履职。

二是服务信息共享的机制建设。加强与各治理主体和子公司董监事机构的信息共享，为决策提供数据和报告支撑。建立了《子公司信息报告管理实施细则》，以3大类67条定性与定量结合的清单条目化形式，明确报送信息事项的类型、触发额度、节点和形式，确保生产经营重大事项的快速传递和共享，保障公司主动性披露和强制性披露规范高效。

三是服务调研沟通的机制建设。在公司“三会”召开期间，有针对性地组织投资者及董监高进行生产经营现场专题调研，协助董监高了解已发生和可能发生的重大事项及其进展情况，评估可能对公司产生的影响，在全面掌握企业运作情况的基础上与经理层进行座谈开展审慎分析、研讨，

给予可行性建议或意见。

二、创新管控模式，发挥融资平台功能，提升核心能力

（一）精心策划，创新项目实施方案

联合中介机构创新设计了向航发集团发行股份购买资产和向特定对象发行股份募集资金的资产重组和非公开发行“并联“方案，统筹达成了募集产业发展资金、存续企业整治、国有资产盘活等多目标要求。项目的创新模式开创市场先例，为解决军工央企上市公司国拨投入确权问题提供新思路，有望成为“航发控制案例”推广，显著提升了航发控制的资本市场形象。

（二）管理创新，圆满完成计划目标

项目实施过程中，董监办组织项目各方按照“成功树”方法进行管理推进。统筹资产收购与股权划转、项目可研编制、股票发行关键环节，协调四地子企业平行推进。在项目获得批复后，迅速启动北上广深四地路演，组织投资者赴子公司现场参观，介绍主业发展前景，突出价值投资亮点，在簿记日大盘和公司股价大跌的不利局面下，最终以较发行底价溢价23.8%的价格足额募集42.98亿元，提前2个月实现公司资本运作目标。

三、推动互信共赢，持续精益投资者关系管理

以公司特色的“五心”文化为引领，围绕让投资者“走得近、看得清、听得懂、有信心”，董办持续完善常态化、高质量的投资者对接机制，提升了公司资本市场形象。

一是丰富沟通形式。兼顾不同对象需要，通过专项路演、现场参观、不定期拜访机构投资者、视频直播业绩说明会等形式和视频宣传片、PPT讲解、年报可视化、多方连线（分析师、投资者、媒体、公司）等形式创新解读方式，帮助投资者聚焦关键信息，促进投资者与公司互信共赢。

二是拓宽沟通渠道和沟通对象。借力机会宝、腾讯会议、进门财经等

平台召开了线上交流会和网络业绩说明会，邀请投服中心、“新财富”军工首席分析师等知名机构、分析师助阵，增强活动的影响力和公信力，主动开展多种类型的投资者沟通工作，合计吸引 1000 余家机构 2000 余人次参加，同比增长翻番；利用互动易问答平台，实现中小投资者网上对公司的提问得到实时回复。

三是持续推动精益管理数据库建设。建立机构与分析师、高频问题、研报等数据库探索数据化精益管理，持续开展月度股东持股分析和舆情监控机制，关注重要股东异动及关联度高的舆情信息，助力精准确定沟通方向、对象和内容。

通过上述努力，2022 年获评深交所 2021 年度信息披露 A 级、无锡市信息披露优胜单位，近几年连续多次荣获深交所和地方政府信披优秀表彰；公司连续入选中国上市公司协会 2020 年度、2021 年度报告业绩说明会最佳实践案例，并获国务院国资委高度肯定；2022 年同时荣获中国上市公司协会“2022 上市公司董办最佳实践”奖；2022 年 5 月荣获全景网“优秀 IR 团队金奖”和“机构友好沟通金奖”两项；公司股东结构显著优化，机构股东户数、持股占比从 2021 年 8 月底 2189 户、72% 增长到 2022 年 8 月底 4297 户、87%，增幅显著；“军工上市公司精准利用社会资本提升核心能力的全流程管控投融资模式分析”课题荣获“2022 中国企业改革发展优秀成果一等奖”。

46. 广发证券：

多措并举夯实高水平治理
科学规范促进高质量发展

上市公司是资本市场高质量发展的基石。提高上市公司质量是推动资本市场健康发展的内在要求，是党中央、国务院从战略和全局高度作出的重大决策部署。近年来，证监会深入贯彻落实《国务院关于进一步提高上市公司质量的意见》，聚焦规范公司治理、提升信息披露质量、加强投资者保护等。

广发证券股份有限公司（以下简称“公司”）是专注于中国优质企业及众多有金融产品与服务需求的投资者、拥有行业领先创新能力的资本市场综合服务商。公司先后于 2010 年和 2015 年在深圳证券交易所及香港联合交易所主板上市（股票代码：000776. SZ，1776. HK）。公司崇尚专业制胜、开拓创新，坚持走专业化发展道路；怀揣事业心、责任感及专业追求，致力于发展成为一流的投资银行和财富管理机构；坚持服务国家战略大局、实体经济及居民财富管理，积极履行社会责任；始终围绕主责主业发展，做优做强核心业务，以优质的金融服务满足客户需求，以良好的经营业绩回报广大股东。

党的二十大对加快构建新发展格局、着力推动高质量发展作出了战略部署。立足新时代，公司董事会办公室（以下简称“董办”）积极响应党中央、国务院及证监会号召，充分发挥连接上市公司与资本市场的纽带作用，运用新方式和新手段，在公司治理、信息披露、投资者关系管理、资本运作、ESG 等方面开展了一系列卓有成效的工作。

一、持续完善制度体系，强化董监高履职保障，为科学高效的公司治理保驾护航

有效的公司治理是衡量上市公司质量的重要标志。作为同时在中国内地和中国香港两地上市的公众公司，公司同时满足 A + H 两地公司治理和规范运作要求，构建了由股东大会、董事会、监事会和经营管理层组成的公司治理体系，并在董事会下设战略委员会、提名委员会、薪酬与考核委员会、审计委员会、风险管理委员会 5 个专门委员会，形成了权力机构、决策机构、监督机构和执行机构之间相互配合、相互协调、相互制衡的运行机制，建立了较为完善的公司治理结构。科学高效的治理结构，确保了公司管理团队的连续性和稳定性，为公司坚持“一张蓝图绘到底”的战略路径提供了坚实保障。

制度管根本、管长远。上市公司必须要有一套公开透明、连续稳定的制度体系，才能行稳致远。本轮资本市场改革始终把完善基础制度作为总纲，大力推动健全法治体系，完成《证券法》修订，推动《刑法修正案（十一）》出台，证监会、沪深交易所和证券业协会也同步修订了多项相关行政法规、部门规章和规范性文件。公司自成立以来，高度重视完善制度体系，坚持将法律法规及准则要求与公司经营发展实际进行有机结合，建立健全规范的制度体系，持续满足内外部要求。

上市公司董监高是公司治理中的关键一环，提升董监高执业效率、履职能力是企业规范运作的重要保障。董办积极通过定期培训、编撰月刊、专刊等多种方式协助公司董监高掌握公司、行业及监管的最新动态，致力于为董监高的合规高效履职提供坚实保障。

一是每月编制并向董监高发送《董监事通讯》，内容涵盖公司当月经营情况、“三会”决议执行跟踪，以及行业监管动向、法律法规修订、重要会议精神、同业实践案例等，及时传递行业及公司发展动态，协助董监高，尤其是外部董事及外部监事提高履职效率。

二是定期组织对全体董监高的内部培训，由境内外法律顾问或外部专

家担任讲师，就境内外重要法律法规的修订情况、政策精神等进行详细分析、解读，提高董监高履职能力。

三是每年均组织集团各部门和全资及控股子公司召开培训会议，根据最新法律法规及交易所相关规定，全面梳理相关议案、公告文件及其需履行的审批程序，明确信息披露义务人的责任及追责机制，压实责任，保证信披和“三会”工作的稳妥开展。

此外，面对疫情对公司信息披露与投资者关系管理工作的挑战，董办迎难而上，主动制定应急预案，提前告知股东大会报名参会股东最新防疫政策及要求，为因新冠疫情无法现场参会的董事及监事提供通讯、视频等多种形式的便利条件，确保了公司“三会”的合规运作。

二、自主研发管控模块，加强科技赋能及创新应用，为公司高质量信息披露筑牢基础

信息披露是上市公司与资本市场沟通的主要渠道之一。公司持续提升信息披露质量，提高公司信息透明度，多次荣获深圳证券交易所信息披露评价 A 级。特别是在关联交易、对外担保、对外捐赠等重大事项的管理中，董办利用数字化转型契机，自主研发管控模块，通过科技赋能管理，不断革新及健全信息披露机制、工作流程，持续提升规范运作水平。例如，在关联人名单管理方面，董办团队牵头开发和维护的“证券事务与集团管控”系统，供集团相关人员实时查询脱敏的关联人名单，预判拟开展的交易是否构成关联交易；同时，建立关联人名单更新提醒及复核机制，确保关联人名单持续符合相关规定。

在关联交易及其他重大事项管理方面，公司在 OA 流程中嵌入了对关联人名单及“担保”“捐赠”等重大事项关键字的识别，相关流程一旦识别将自动流转至董办进行审批，以判断需履行的审批程序和信披义务。通过数字化手段，董办有效提升了公司对重大事项管理的精细化程度，确保相关重大事项的合法合规决策和披露，为公司规范运作提供了坚实保障。近年来，证券上市规则、规范运作指引等制度不断修订完善。董办时刻保

持对新规的敏感度，不断加强学习，展现了优良的专业素养；境内外信息披露工作在复杂环境的考验下合法合规平稳推进，为公司相关重大部署及决策提供了有力的支持。

三、深耕投资者关系管理，精准传递公司价值，助力公司在境内外资本市场树立良好品牌

公司高度重视投资者关系管理工作。公司董办配备专业的投资者关系团队，以扎实的专业知识、良好的沟通协调能力，通过线上线下多渠道、多平台、多方式与资本市场持续增强互动交流。

扎实做好股东分析、问答集及舆情监控等基本功。

一是公司每月对 A 股及 H 股股东名册进行收集保存，并编制股东分析报告，对股东属性分布、股权结构等变化情况进行统计分析，密切关注重要股东持股情况。

二是多视角了解投资者应对内外部因素发生变化时的重点关注事项，运用问答集、数据库、研究库等小工具，筑牢专业基础。为专业解答投资者各类问题，公司主动与境内外专业分析师、机构投资者等投资者沟通，力求做到精准传递公司价值。

三是促进 IR 与 PR 的良性互动，助力做好品牌工作。考虑到投资者关系管理与品牌市场工作的共性与特点，公司不断强化 IR（投资者关系）与 PR（公共关系）的互动，在公司重要活动、重大事项、新闻稿、声誉风险等方面做好事前事中事后的信息互通机制，协力做好公司投资者关系和品牌管理工作。

高度重视投资者关系管理工作，持续丰富投资者关系管理的内容及方式。

一是除应监管要求召开年度业绩说明会外，公司连续 8 年举办年度、半年度业绩发布会。公司高度重视，及时与境内外投资者就公司发展战略、经营情况等进行交流，坚定信心，共同发展。

二是积极接待调研及参加境内外知名投行组织的策略会议。董办主动

跟踪资本市场动态变化，了解投资者偏好，提升市场对公司的认可度，促进公司价值发现。2022 年，公司累计接待调研 27 场，涉及境内外投资者及分析师超百人。

三是多渠道及时回复投资者问题。公司积极维护中小投资者利益，董办开通两部投资者关系热线，认真听取和回复中小投资者的建议和咨询，通过电话、邮件、公司网站或深交所“互动易”平台多渠道及时回复投资者各类问题。持续打造多渠道、多元化投资者沟通机制，向境内外资本市场传递公司价值。

伴随着资本市场进一步开放，资本市场的国际化进程正在加速推进。自公司 2015 年 H 股上市后，董办已与高盛、摩根士丹利、花旗、美国银行证券等境外大行分析师建立了长年联系，积极参加花旗、瑞银、摩根士丹利等境内外投行分析师策略会；与威灵顿、M&G 等全球知名投资者定期及不定期沟通，不断促进公司与境外机构投资者深入交流，使得公司有机会向境外现有股东、潜在股东和国际资本市场清晰传递公司价值，有助于公司治理水平的持续提升。

2022 年，公司在第十二届中国证券“金紫荆奖”评选中，荣获“最佳投资者关系管理”奖项；在由全景网主办、南开大学中国公司治理研究院参与推出的“全景投资者关系金奖”2021 年度全国性评选中，荣获“杰出 IR 企业”“机构友好沟通”“中小投资者关系互动”等荣誉。

四、主动回购股份，长期回馈股东，助力投资者分享经济增长及公司发展红利

公司一贯注重对股东合理的投资回报。2019～2021 年，公司普通股现金分红分别为每股 0.35 元、0.45 元、0.50 元，年度现金分红比例分别达到 55.60%、34.16%、35.04%。多年来，董办始终高效执行公司分红政策，将维护股东权益、积极回馈股东铭记于心，助力境内外投资者分享经济增长及公司发展之红利。

2022 年，基于对未来发展前景的信心和对公司价值的高度认可，为进

一步完善公司法人治理结构，建立健全公司长效激励约束机制，增强公司的核心竞争力，提升公司的整体价值，确保公司发展战略和经营目标的实现，公司在综合考虑业务发展前景、经营情况、财务状况、未来盈利能力以及近期公司股票在二级市场表现的基础上，以自有资金回购A股股份15242153股，占公司总股本的0.2%。董办作为回购实施的主办部门，稳妥完成了案例研究、议案编制、组织决策等重要工作，并协调公司相关部门高效完成了公司上市后的首次A股股份回购工作。

五、积极利用境内外资本市场，科学高效资本运作，为公司高效率做优做强提供坚实保障

公司于2010年2月完成反向收购延边公路建设股份有限公司，成为深交所上市公司。2011年8月，公司向十位投资者非公开发行452600000股A股，资本实力进一步增强。2015年4月，公司在香港联交所主板挂牌并上市交易，发行H股合计1701796200股，募集资金总额320.79亿港元，成为全国第三家A+H上市券商，创造了彼时境内券商赴港融资“发行规模最大、估值最高、认购最热烈、执行效率最高”的纪录，受到社会各界的广泛赞誉；在亚洲著名金融杂志《亚洲货币》（ASIA MONEY）的Global Capital Asia Awards评选中，公司H股IPO项目荣获“年度最佳IPO”奖项。

公司利用两地上市优势，境内外股权、债务融资渠道畅通，具备面向国内和国际市场筹措资金的能力，根据发展需要不断拓展各类资本工具，为集团运用资本工具实现高质量发展提供支持。

公司整体资本实力稳居行业前列，为公司服务国家大局和实体经济发展、助力居民财富增长和实现共同富裕目标等提供了有力的保障。

六、深入贯彻国家战略，持续提升ESG治理水平，以实际行动履行金融机构的社会责任

公司于2011年起连续12年发布社会责任报告（ESG报告），是行业内

最早进行 ESG 信息披露的上市券商之一。公司是首批加入中国企业 ESG 发展联盟的金融机构，在 ESG 领域的表现位居行业前列，获得广泛市场关注和权威指数编制机构认可。根据恒生指数有限公司发布通知，公司因在 ESG 领域表现卓越，于 2022 年 9 月被纳入恒生可持续发展企业指数系列成份股（包括恒生 A 股可持续发展企业指数、恒生内地及香港可持续发展企业指数、恒生 A 股可持续发展企业基准指数），是少数入选相关系列指数的金融机构之一。该指数系列作为资本市场重要指标，反映了公司在 ESG 方面的表现和投资价值。

一是“环境（Environmental）”方面，公司始终注重节能环保，组织开展能耗精细化管理和技术改造，节能减排等环境绩效取得显著改善；坚持贯彻落实绿色发展理念，主动服务“碳达峰、碳中和”发展目标。截至 2022 年三季度末，为 18 家企业成功申报发行多期绿色债券，累计发行规模 1380 亿元。

二是“社会（Social）”方面，公司认真履行社会责任，精准对接产业发展需求，多措并举助力乡村振兴；与联合国粮农组织、农业农村部共同合作推进“联合国可持续发展示范村”农业产业发展项目。公司于 2011 年发起成立广东省广发证券社会公益基金会，该基金会以助学兴教、扶贫济困为主线，累计公益支出超过 2 亿元。2021 年，在中国证券业协会发布的《2021 年度证券公司履行社会责任专项评价数据统计结果》中，公司公益性支出金额为 6393.20 万元，位列全行业第一。

三是“治理（Governance）”方面，公司不断完善社会责任管治架构，成立广发证券 ESG 委员会和工作小组，负责 ESG 事务的具体落实。ESG 委员会主任由公司董事长担任，副主任由监事长、董事会秘书担任，委员由公司其他高级管理人员组成；委员会成员根据分管范围对公司各部门及子公司 ESG 工作进行指导和监督，将社会责任理念融入发展战略和日常运营。公司董办作为 ESG 工作小组的牵头部门，在公司董事会及 ESG 委员会的指导下，积极发挥作用。

2022 年，公司获得《中国证券报》“证券公司社会责任金牛奖”、《上海证券报》“最佳社会责任机构”评选第一名、《投资时报》“2022 年度卓越社会责任企业奖”等。

踔厉奋发、笃行不怠。下一步，我们将持续加强全方位知识积累，密切关注监管规则更新，守住信息披露底线，精准传递公司价值，进一步提升公司治理水平，为公司支持实体经济发展及中国资本市场高质量发展贡献力量！

47. 浙商中拓：

优化治理结构　创建特色决策机制

一、公司治理架构及决策机制特色——党委会＋“三会一层”各司其职，股权转让＋团队持股优化治理结构，董事会结构多样性、专业化，决策前做好会前会中充分沟通

公司始终将合规治理、规范运作作为公司发展的压舱石、助推器，坚持走稳健合规发展之路。作为公司治理架构中的重要组成部分，公司党委会、办公会、董事会、监事会、股东大会各司其职，形成了管理、决策、监督各环节协调、高效运转的规范机制，牢筑公司规范运作的底线。

治理结构不断优化。2021 年 5 月，公司顺利完成中植资本退出及控股股东协议受让及要约收购，股东结构和治理结构均得到优化，得到资本市场的认可；近年来公司率先在浙江省属国有上市公司中实施两次股权激励计划，加上 2015 年公司管理团队参与定向增发，目前公司核心管理团队合计持有公司股份已超过 10%。核心业务管理团队持股不但有效激发了干事创业的积极性，也促使团队关注公司长期发展，并积极参与公司治理，有效优化了股东结构和治理结构。

董事会结构多样性、专业化。目前公司董事会成员 9 名，其中董事长、副董事长、董事总经理 3 人为公司授薪董事，3 名独立董事（含会计专业人士 2 名，法律专业人士 1 名），还有 3 名董事分别为前三大股东委派的非授薪董事（含控股股东浙江省交投、大宗供应链行业企业、湖南国资下属企业）。董事会的规模和人员构成合理，具备适当的独立性、专业性和多样

性，提高了董事会运作的有效性。对于上市公司资本运作、战略规划、股权激励及其他中小投资者关注的重大事项，董事长、董事会秘书在会议通知发出后，均主动与股东委派董事、独立董事、主要股东进行沟通，充分征求各方意见。现场会议中，董事长逐一征求与会人员意见，做到决策时利益相关方均能充分发表意见，为公司发展建言献策。

常态化、多样化的合规培训强化规范意识。公司坚持以专项重点培训和日常培训相结合的方式开展公司治理合规培训工作。每一年组织公司董事、监事、高级管理人员及有关工作人员参加监管机构和协会组织的履职培训；针对关联交易，担保、内幕交易等违规高发事项，开展重点专项培训；为公司5%以上股东、董监高等持股人员梳理股票增减持变动规则，收集整理典型违规案例，提高股东、董事、监事及高级管理人员的合规意识。在全公司范围内的日常培训中，通过办公例会、月度经营管理例会、新员工入职培训、日常线上学习培训等多种形式持续开展培训和宣导，自上而下、以点带面地提升了公司整体规范运作意识和水平。

二、信息披露四道复核董事长终审制，定期报告图文结合，清晰阐述核心竞争力和商业模式

公司高度重视信息披露工作，建立了信息披露四道复核、董事长终审的线上审批流程；同时，加强信息披露人员配备，不断提升信息披露质量。公司已连续3年获深交所信息披露最高评级A级（占比8.4%）。定期报告中，公司根据与资本市场沟通，优化披露投资者关注重点，清晰阐述公司核心竞争力及新兴业务板块，商业模式图表结合，大大提升定期报告可读性、可看性，生动传递公司价值，帮助投资者更清晰地了解公司业务及投资价值。公司积极践行ESG发展理念，编制并披露《环境、社会和治理（ESG）报告》，展示公司作为国有上市公司切实履行社会责任、促进共同富裕的企业形象，被中国上市公司协会收录进《上市公司ESG优秀实践案例》。

三、系统性推进投资者关系管理工作，致力于资本市场优质企业品牌树立

公司始终非常重视与资本市场的持续沟通及良好互动。在定期报告、重大事项披露后及时召开业绩说明会及分析师会议，参加各主流券商策略会，日常在上海、深圳等地进行机构路演及反路演，认真接待个人投资者，正面、完整回复深交所互动易投资者提问，回复率100%，超过99%的深市上市公司，与主流券商分析师、机构及个人投资者等形成良性双向互动，致力于打造公开透明的投资环境。2021年公司基金持股数量较期初增幅达174%，股东结构大幅优化，价值投资属性渐趋明显；公司荣获2021年第十二届天马奖“中国上市公司投资者关系最佳董事会奖”、第五届中国卓越IR“最佳股东关系奖”。

内部系统梳理投资者关系管理工作。完成投资者关系管理白皮书主要框架，并在此基础上创建主要经营数据库，涵盖内容包括组织保障、资金保障、基础设施、风险管控等各个维度，规范公司对外交流口径，明确交流依据，推动投关工作标准化、规范化；创建券商投研、公募基金等机构数据库，与数字科技部研究推动投关工作信息化，形成投资者交流纪要、深交所互动易等投资者问答数据库，使投关工作更有延续性、一致性，更高效。

四、数字化赋能规范治理，实现精准管控

公司所处行业为生产性服务业，具有专业性强、创新活跃、产业融合度高等特点。市场对专业化集成服务需求的提升以及公司经营品类、网络的扩展，均对信息系统的可靠性、高效性及灵活性提出了很高的要求。公司多年来高度重视信息化、数字化建设，并将数字化运用到公司日常规范治理中，切实有效地提升管理效果和效率。

例如，公司为加强日常关联交易管控，经过与经营管理部、数字科技

部、客户部、业务部门等多方沟通后，上线日常关联交易管控模块，导入关联人清单，标记关联人标签，在系统中嵌入日常关联交易使用额度三级预警，一键导出各年日常关联交易实际发生情况，做到日常关联交易的事前预警及事中管控，以信息化手段管控公司日常关联交易，提升公司整体规范运作水平。

48. 招商蛇口：

守正创新塑形象　合规运作创价值

招商蛇口证券事务团队以合规为基石，以创新、担当、务实、高效为工作准绳，持续完善并规范公司治理，构建公司与资本市场沟通的畅顺渠道，助力招商蛇口高质量、可持续发展。

一、配齐建强证券事务团队，助力公司治理持续完善

上市公司证券事务团队的职责为负责公司“三会”筹备、管理公司信息披露事务、负责投资者管理、必要的行业分析及资本市场研究等，是公司治理的总协调机构，这就要求上市公司董事会聘任合适的人员来担任董事会秘书，并组建一支专业结构科学、业务能力出色的证券事务团队。招商蛇口非常重视证券事务团队的配齐建强，根据工作职责要求形成了团队的素质框架。一是扎实的专业知识；二是规范运作的执业素养与能力；三是研究分析及学习能力；四是沟通协调及组织能力。招商蛇口根据前述框架，持续优化证券事务团队的人员配置和能力建设。

二、完善的公司治理制度体系、合规高效的执行推动实现“19A”

招商蛇口建立了完善的信息披露制度体系，明确信息披露的基本规则、内容、程序、权限和责任的划分以及保密措施等。在具体执行信息披露工作时，针对各类公告设置了相应的会签流程，加强对披露文件草拟、校对、审核、发布的管理，执行“多重审批、交叉复核”的审批机制，准确落实

披露的规范要求。同时，招商蛇口一直坚持以投资者需求为导向的主动信息披露，基于上市公司信息披露法规体系下主动为投资者提供更多有价值的信息，持续提高公司透明度和信息披露质量。2022 年，深交所披露 2021 年信息披露考核结果，招商蛇口连续 19 年获得 A 级考评结果。

三、持续推动公司治理运作标准化，为公司高质量发展保驾护航

招商蛇口严格按照法律法规的要求，结合公司实际情况，不断完善公司法人治理结构，提高规范运作水平，不断推出创新举措，持续提升公司治理运作标准化。在“三会”运作流程标准化方面，招商蛇口针对股东大会、董事会、监事会形成了对应的会议筹备指引以及会议文件模板，将标准动作、内部分工、跨部门协作等方面动作进行固化，并不断优化完善，形成独具特色的部门传承。在合规意识宣贯标准化方面，招商蛇口针对日常发生频率比较高的关联交易、对外担保等事项编制了培训课件，对审议程序、披露注意事项等进行了详细说明，并在全公司范围内进行宣贯，强化全员上市公司合规意识。在公司治理管控标准化方面，招商蛇口将公司治理管控与公司内部控制有机结合，在重要事项的审批流程中均设置了治理专员的会签环节，保障证券事务团队可以及时了解公司财务、经营情况，并提出规范运作方面的建议。

四、多渠道真诚沟通，建立公司与资本市场之间信任的桥梁

从 2003 年至今，招商蛇口证券事务团队每年结合公司业务发展及财报表现精心准备年度投资者交流会，旨在让投资者更有效地感受公司真实的经营情况及对未来发展的设想。除了举办投资者交流会，招商蛇口证券事务团队还积极接听投资者电话热线、回复交易所互动易平台问题、参加券商策略会、组织公司及项目实地调研和非交易性路演，构建了多层次、多渠道的投资者交流体系；同时，建立高效的内部沟通机制，将投资者提问的内容进行分类，分工梳理回复提要，统一对外口径，确保市场获得信息

的一致性。

近年来，招商蛇口证券事务团队针对不同类型的资本市场信息，形成了资本市场快讯、资本市场周报、同行定期分析报告等多层次反馈机制，并时常邀请机构投资者与公司管理层面对面交流，在充分吸取投资者有益意见和建议后，提升改进公司治理，促进公司长期价值提升。

五、资本运作创新无止境，方案设计紧跟政策要求及公司需求

优秀的基础工作，是公司资本运作良好的土壤。在 2015 年招商蛇口换股吸收合并招商地产并募集配套资金涉及重大无先例事项、2019 年前海土地整备及合资合作涉及的重大资产重组、2019 年招商蛇口通过“股份协议转让” + “发行股份购买资产”两步走的方式收购中航善达等重要资本运作项目中，招商蛇口证券事务团队深度参与交易方案设计、负责与监管机构及资本市场沟通以及信息披露等工作，时间紧、任务重、难度大，但大家团结一心，信念坚定地直奔目标，顺利完成。

六、践行 ESG 理念，打造招商蛇口的第四张报表

自 2018 年 A 股“入摩”后，招商蛇口证券事务团队就开始 ESG 的研究并在与投资者的沟通交流中不断强化招商蛇口的 ESG 理念。在连续 12 年披露社会责任报告的基础上，2021 年发布了首份可持续发展报告。2022 年，证券事务团队主导、设计并推动以“承载美好生活，共赢可持续未来”为主题的招商蛇口可持续发展官网上线，更加直观地呈现了近年来招商蛇口在绿色发展方面所做的努力。持续学习，不断接受 ESG 理念并推动公司实践提升，这亦是招商蛇口证券事务团队做好资本市场与公司互通桥梁的体现。

未来，招商蛇口将继续以“客为先、重实效、勇担当、创卓越”的价值观要求自己，向资本市场展示公司美好生活承载者的使命和担当。

49. 科大讯飞：

以规范创新　促高质量发展

科大讯飞董办（以下简称“讯飞董办”）秉承高度的责任心，坚持规范创新，忠实勤勉地服务公司与投资者。通过搭桥梁、健中枢、辟蹊径、引活源、筑防线五部曲，扎实做好信息披露、公司治理、投资者关系管理、资本运作、管理实践等工作，为提升信息披露水平、优化公司治理结构、推动资本市场健康发展积极贡献力量。

一、搭桥梁：认真做好信息披露工作，搭建公司与资本市场畅通信息的桥梁

讯飞董办将真实、及时、准确、完整、公平、有效的信息披露视为展现公司活力的命脉和开展 IR 管理、维护广大投资者权益的重要支撑，持续提高信息披露水平。本评价期内（2021 年 9 月 1 日至 2022 年 8 月 31 日），公司累计发布信息披露文件 156 份，字数达 187.88 万字，为更好地传递公司价值和展现公司形象，公司首次发布了《2021 年年度报告英文版》，积极向国际投资者传递公司价值。

公司上市 14 年来，信息披露工作连续 14 年被深交所评为考核优秀。据统计，在深市所有的主板上市公司（包括历史上的中小板上市公司），连续 14 年获评考核优秀的公司仅有 9 家，占比 0.60%。深交所特别指出“科大讯飞等公司连续 10 年以上考核为 A，起到良好的示范引领效应”。公司 ESG 信披工作连续荣获新财富首届 ESG 最佳信披奖。

二、健中枢：认真做好“三会”工作，助力公司治理中枢稳健运作

股东大会、董事会、监事会是公司治理的中枢系统，在上市公司治理中处于核心地位。作为“三会”基础工作的执行人，讯飞董办充分发挥在“三会”会议组织实施中的作用，形成了全面覆盖会议通知、议案、会务、表决、决议、记录及意见落实等工作的标准化工作表单，提高“三会”运作的有效性，保障“三会”决策高效运作。讯飞董办积极跟踪公司经营层履行董事会授予的各项职责情况，在每次董事会召开时首先就上一次董监事会的建议和意见落实情况进行报告，使“三会一层”相互分离、相互制衡的公司治理结构得到有效运作，各层次在各自职责、权限范围内，各司其职，确保了公司的规范运作。

本评价期内，公司治理工作再次得到监管部门及业界的广泛认可：公司监事会被中国上市公司协会评选为最佳实践案例；公司董事会荣获《证券时报》“最佳董事会”、《董事会》杂志“金圆桌奖最佳董事会”、《大众证券报》“最佳上市公司董事会”等荣誉。

三、辟蹊径：积极构建新股东文化，与时俱进为投资者关系管理和权益保护探索全新蹊径

讯飞董办始终坚持“投资者的期盼，就是投资者关系管理与权益保护工作的发力方向”的理念，将投资者关系管理发展成新股东文化建设，全面提升投资者体验。

讯飞董办与时俱进、积极主动地探索IR工作新方式与新方法，丰富投资者沟通媒介。例如，为满足众多投资者在新冠疫情背景下“走入上市公司参观”的期盼，讯飞董办创新性地推出“云上展厅”，媒体直播界面成为公司产品体验展示区，在工作人员的互动操作下，与会的投资者形象地“参观”公司产品细节和业务应用情况。这与惯常的网络图文交流形式相比，更加直观和深刻，也更接近一场面向投资者的路演。

为方便不同区域的投资者参与，讯飞业绩说明会等重大投资者关系活动除了在公司总部举办外，董办还将活动现场搬到了我国三大金融中心——上海、北京和深圳，这些城市分别位于我国的中部、东部、北部和南部，有效地贴近了不同区域的投资者；对有时间参加但是无法现场参加又有互动需求的投资者，通过讯飞听见云会议系统，实现在会议中举手提问，使不能出席现场的投资者亦能够面对面地与公司实时互动；为使广大投资者均有机会参与交流活动，开创了网上实时视频直播的方式，通过全景网、新华网、证券时报、同花顺等多渠道同步进行网上视频实时直播。

本评价期内，讯飞董办继续保持互动易回复率100%；共对接分析师研报72篇，深度研报12篇；举办4次网上业绩说明会，真正发挥起连接上市公司与投资者和社会公众的纽带作用。公司投资者关系工作摘取全景网投资者关系金奖“优秀IR团队”等七项大奖，并作为成功案例载入全景网《2020年上市公司投资者关系工作报告》；荣获证券时报“中国上市公司最佳投资者关系奖”，中国基金报首届经纶奖之“年度投关价值杰出公司”最高奖项等荣誉；继科大讯飞2020年度业绩说明会观看量合计达108.6万、创下A股上市公司记录之后，2021年度业绩说明会观看量合计235.99万人次，再创新高。讯飞年度业绩说明会被中国上市公司协会评选为业绩说明会最佳实践案例，同时，被深交所作为优秀案例在对外交流活动（如2021年上市公司论坛）点赞为“创新型投资者活动”。

此前，在由中国上市公司协会、上海证券交易所、深圳证券交易所、中国证券投资者保护基金公司、中国证券业协会、中国证券投资基金业协会、中证中小投资者服务中心有限责任公司共同主办的两次“最受投资者尊重的上市公司”评选中，科大讯飞均荣膺“最受投资者尊重的上市公司”。

四、筑防线：持续学习、做好董监高培训，为上市公司规范运作构筑坚实防线

随着资本市场的不断发展、政策法规和监管要求不断推陈出新，只有

通过持续学习，才能避免无知违规。讯飞董办把诚信规范意识的树立放在管理实践工作的首位，有效做好规范运作的第一道防线。讯飞董办还特别注重做好董监高培训工作，包括：积极组织董监高参加监管部门组织的各种培训活动；邀请持续督导机构开展年度培训；利用易董等多种渠道和手段对董监高开展培训工作；为了及时、高效地开展学习，科大讯飞董办还通过“董事会”“监事会（飞翔助力团）”“高级管理人员（飞得更高）”3个专门工作群，第一时间以“群公告”的方式分享学习内容；此外，董办还按年度要求董监高填写调查表，使合规意识深入人心。

五、引活源：积极推动资本运作，为公司做大做强引流源泉活水

产业与资本双轮驱动是企业发展的有力助推器，讯飞董办始终坚持“敬畏市场、尊重市场、利用市场”的理念，积极借助资本力量，为公司持续创造价值。

近年来，科大讯飞董办实施了6次再融资，募集资金100亿元。借助资本市场的融资平台，一方面加大了核心技术研究和产业化布局的投入，募集资金对于加快智能语音和人工智能技术的研究和技术产业化，拓展新的利润增长点起到了至关重要的作用；另一方面通过资本市场更好地整合了产业上下游资源。

此外，科大讯飞董办积极推动实施与产业竞争激烈程度相匹配的股权激励，运用激励机制调动人才的主动性，加快人工智能的行业布局和应用落地，共同创业、持续发展的理念持续深入，为股东谋求长远回报。

评价期内，讯飞董办推出2021年股票期权与限制性股票激励计划，再覆盖员工2310人次，并完成2020年限制性股票激励计划第一个解锁期1804名激励对象的股票解除限售。股权激励的实施，对稳定骨干团队起到了积极的促进作用，激励对象离职率远低于人工智能行业平均水平，获授10万股以上的重要骨干员工未出现一人离职，公司在激烈的人才竞争中继续保持了高端人才的稳定性。

讯飞董办一举多得地优化投资者回报机制，维护公司市值并建立健全

长效激励机制。2022 年 7 月，启动实施了以集中竞价交易方式回购公司 A 股股票的回购计划。本次回购用于后续的股权激励或员工持股计划，与公司长期的激励措施实现链接，从而既能起到增强投资者信心、回报股东的作用，又能进一步有效地将公司利益和核心团队利益结合在一起，持续完善互利共赢的长效激励与约束机制，提升公司整体价值。

资本市场的强大支持使科大讯飞如虎添翼。2018 ~ 2021 年，科大讯飞共夺得 30 余项国际人工智能核心技术赛事冠军。在人工智能发展史上，科大讯飞树立起一座座里程碑，标注中国人工智能行业发展的新刻度；公司在教育、医疗、消费者等重点赛道，源头技术驱动的战略布局成果与应用示范验证持续显现；讯飞开放平台聚集超过 364 万开发者团队，以科大讯飞为中心的人工智能产业生态持续构建。科大讯飞董办的规范运作能力得到业界的高度认可，在讯飞董办的敬业、专业的辛勤工作下，科大讯飞在资本市场持续荣获“最佳上市公司”“最佳资本运作”“杰出 IR 企业”“金牌董秘”及“名人堂”“优秀 IR 团队”“中小投资者关系互动奖”“机构友好沟通奖”“最佳投资者关系”等一系列荣誉。

50. 大华股份：

合规、专项、市值三模块联动助力公司业务持续发展

一、规范内部运作，全面加强信息披露风险防范

（一）严格遵守上市规则，不断提升信披质量

大华股份证券投资部以信息透明化为出发点持续做好合规性披露和主动性披露，致力于真实、准确、完整、及时地向资本市场传达信息。2022年，公司共对外披露公告176份，主要涉及关联交易、对外投资、ESG报告、社会责任报告、利润分配、股权激励计划等事项。证券部严格按照信息披露管理规定，持续、细致、规范地完成了信息披露工作，连续12年获得深交所信息披露A类最高评价。

（二）建立完善的信息披露机制，将存在风险环节的控制与信息披露有关要求联系考虑

一是专门针对信息披露，进行流程建设与优化，力求确保制度的有效性、时效性，明确责任，强化对外投资、购买出售、关联交易、对外担保等流程控制。二是根据最新监管精神要求全面修订现有相关制度，进一步完善信披流程和投关管理的闭环管理体制，夯实公司管理和内部控制基础。建立相应公司治理、内部控制等制度40项，修订10余项管理制度。进一步提高公司内部管理水平和风险防范意识。

（三）牵头搭建合规风控体系

证券部通过不断尝试，建立合规会议机制，形成多部门联动的定期会

议体系，树立常态化的定期沟通机制。赋能对口专业职能部门对口风险的职能管理，各部门明确合规管理流程与职责，把控合规管理全过程。在不断致力于提升公司风险防控能力的过程中，收获了“浙江上市公司最佳内控奖 TOP30”等荣誉。

二、切实做好“三会”管理，支撑业务决策

证券部持续推进由股东大会、董事会、监事会和高级管理层组成的“三会一层”工作，使得其权责清晰、合规履职、监督制衡、高效运作。2022 年度，持续完善和强化公司规范化治理运作，共组织召开 3 次股东大会、13 次董事会、10 次监事会会议。从每次会议的召集、召开到表决等程序，都依法合规进行。同时，严格执行董事会集体讨论、股东大会网络投票及中小股东单独计票制度，充分维护董事的决策权及股东的表决权不受侵犯。在公司董事会下设专门委员会履行职责，建立健全科学规范、有效制衡、运作高效的现代公司治理体系。

在董事履职方面。一是加强培训，提高公司内部合规意识。开展短线交易等董监高合规培训；向董监高、内部管理人员及相关人员传递监管法规（最新的法律法规、规章制度），强化案例警示，帮助及时掌握最新规则讯息，进一步提高合规意识、增强决策效率及科学性。二是主动做好提示，降低违规风险。在披露定期报告、重大资本运作等重要事项前，主动向股东、董监高发布敏感期提示，强化提醒。

此外，证券部严格按照要求及时提报交易所所需信息，及时回复各类问询，配合监管工作，保持顺畅沟通，充分发挥上市公司与监管部门的重要作用。

三、多层次多举措，传递上市公司价值

公司高度重视投资者保护工作，积极开展投资者关系管理工作，切实了解投资者需求，向投资者全面展示公司状况，促进投资者对公司的了解

和认同，提升公司治理水平，从而实现公司与全体股东利益最大化。

（一）搭建公司与投资者交流的纽带

证券部致力于为投资者呈现一个真实、合规、透明的上市公司，积极建立与投资者的良好沟通机制，充分保障投资者的知情权。

（1）定期报告发布后，第一时间举办业绩说明会，保障投资者在第一时间能够真实、准确、完整、及时地获取上市公司对定期报告的解读，回复率100%。

（2）举办投资者接待日，进一步介绍公司未来发展规划、行业的竞争格局、业绩状况等，倡导资本市场长期投资、价值投资等观念，拓宽与投资者交流渠道。

（3）及时回复互动易，建立《投资者电话登记表》，对来电咨询进行登记、问题回复和后续跟踪管理。近一年共回复互动易450余条，2022年以来接到并登记、回复的投资者咨询电话为550个。

（4）搭建投资者关系公众号，每双周定期发布报告，帮助投资者及时了解公告经营信息、行业政策、公司产品案例，建立良好沟通交流体验。随着投资者和券商分析师不断加大对公司B端业务的关注，自2021年10月起，在品牌部等部门的支持下，证券部从官方运营的27个公众号、对外发布的千余篇新闻稿中，以投资人的视角进行筛选、提炼有价值的内容，每双周通过“大华股份投资者关系”微信公众号发布《大华股份双周资讯观察》，成为资本市场了解公司动态的重要窗口。自公众号开辟专栏以来，共推送价值内容50余篇，送达人数万人，获得关注数1500余人次。

（5）专注品牌建设。证券部通过日常对公司外发稿件的审核，不断完善公司品牌体系建设，强化品牌与业务宣传管理，助力公司品牌工作合规化、体系化、精细化管理。

（二）建立多层次立体沟通机制

我们建立了多层次立体沟通机制，和资本市场近距离接触，充分传播、展示、维护上市公司价值，2022年内大型投资者接待活动4次，多种形式策略会20余次，多种形式接待调研56次。在日常的投关活动中实现多部门配合联动，邀请软件、业务等多部门一起出席，充分解答投资者对于公司业务的疑问。通过多层次、多部门、多维度的策划投关活动，增加投资者对公司全方位的了解，提高公司在资本市场端的影响，助力公司快速发展，实现正向循环。

2022 年，数家券商机构对公司发布了 30 余篇研报，给予了“增持”或“买入”推荐，受到资本市场和投资者的广泛关注，多次获得如“最受机构关注 IR 团队奖”“最佳投资者关系管理董秘”等投关相关奖项。

四、多维度助力市值管理

公司成功于 2008 年 5 月在深圳证券交易所完成 A 股上市，上市至今，市值最高增长超 30 倍。上市公司的市值管理是一个相对复杂的系统性工作，坚持以公司价值为基石，在合规的基础上，宏观审慎地应用多元的方式，帮助市场充分认识公司价值。在价值挖掘方面，针对资本市场关切的问题，留意挖掘公司内部业务、研发、财经等条线的最新动态，构建公司内部信息的获取管道。在价值宣贯上，形成有效信息输出机制，将支撑公司基本面的论证适时向投资人传递，同时根据资本市场风格的变化提前做好中长期的稳健发展的应对策略，帮助市值管理工作长期、有序开展。

五、多种资本工具支持公司的长期发展、创造和提升公司的内在价值

（一）员工持股及股权激励计划

公司上市后，为帮助上市公司完善法人治理结构，建立和完善劳动者与所有者的利益共享机制，提高员工凝聚力和公司竞争力。于 2015 ~ 2017 年期间推动开展共三期员工持股计划，并分别于 2009 年、2013 年、2018 年、2020 年、2022 年推动五期股权激励计划。2022 年的激励计划将股票期权及限制性股票计划相结合，包含中高层管理人员和优秀核心骨干员工，覆盖员工数 4249 人。通过本期股权激励计划，旨在建立以业绩实现为基本要求，以长期发展为基本目标，以股权兑付部分薪酬激励为基本方式的薪

酬激励体系，引导关注公司短期利益和长期利益的平衡发展，进一步巩固公司的核心竞争优势，推进公司战略转型和变革，为公司业绩增长和科技创新提供坚实保障。

（二）再融资计划

公司于 2021 年 3 月正式公告非公开发行，引入中国移动为战略投资者，双方以业务协同为基础，以股权合作为纽带，共拓市场、联合创新、合作共赢。项目于 2021 年 6 月正式获得证监会受理，2022 年 4 月 28 日中国证监会正式颁发批文核准公司。通过资本运作，积极贯彻公司中长期规划，强化与战略合作伙伴的生态融合和协同效应，实现公司业务向智慧物联更多领域的拓展和覆盖，为公司迎来更广阔的市场空间的同时，也为公司注入了更新鲜的资本市场的力量。

今后，大华股份证券投资部将继续推动公司加强上市公司规范运作，优化治理结构，保持信息披露质量，做好投资者关系维护工作，进一步塑造资本市场良好形象，为广大股东创造更好的回报。

51. 洋河股份：

踏实践行董办职责　促进企业规范发展

江苏洋河酒厂股份有限公司（以下简称“洋河股份”或“公司”）是全国大型名优白酒生产企业，总部位于中国白酒之都——江苏宿迁，2009年11月6日在深圳证券交易所上市。作为连接洋河股份与资本市场的纽带，董事会办公室在公司日常运作中扮演着重要角色，团队成员分工明确、各司其职又紧密配合，在规范治理、信息披露、投资者关系管理及资本运作等方面做了大量工作，助推企业在规范中不断发展，在发展中更加规范。

一、推动公司治理规范化

董办在公司董事会秘书的带领下，严格按照法律、法规的有关规定，结合公司实际情况，推动公司法人治理结构和内部控制体系完善，促进公司形成了科学的决策机制、有力的约束机制和鲜明的责任机制。2021年，累计组织召开公司12次董事会和股东大会会议，积极贯彻规范治理要求，保障公司规范治理，公司董事会荣获第16届金圆桌“董事会治理特别贡献奖”。同时，不断健全公司治理制度，根据法规变化和公司需要，新制定了《关联交易管理制度》，优化了《公司章程》，夯实了规范治理基础。

二、推动高质量的信息披露

坚守信息披露原则，高效开展信息披露，积极履行信息披露义务。一方面，建立信息披露网络。在主要分子公司和职能部门设立信息报告义务联络人，建立规范的信息报告流程，确保各类重大信息第一时间反馈到董办，董办及时识别达到决策和披露标准的事项，确保重大事项规范。另一方面，推动高质量的信息披露。首先，站在投资者层面，在保证信息披露规范性的基础上，拓展信息披露内容，连续5年披露公司中英文年报，为境外投资者深入了解公司提供便利。其次，站在社会公众层面，积极发挥信息披露在社会效应方面的积极作用，连续11年披露社会责任报告，在国家“双碳”目标背景下，强化公司在低碳生产和绿色生产方面的信息披露，系统展示公司在环境、社会和治理方面的责任与担当，积极传播中国传统白酒文化，为公司树立良好的社会形象奠定基础。洋河股份连续10年在深圳证券交易所信息披露考核中获得A级，连续四届获得“中国卓越IR最佳信披奖”。

三、推动良性投资者互动

在公司董秘的带领下，搭建了以实地调研、业绩说明会、股东大会、投资者交流会、投资者热线电话、互动易平台等方式为主的多元化投资者沟通渠道，不断拓宽投资者对公司价值的认知。同时，丰富投资者互动方式，在公司官网上展示公司定期报告和临时公告，并制作可视化的定期报告，丰富投资者获取信息的渠道，利用公司封藏大典、头排酒开窖节、股东大会等契机，组织投资者到生产基地探寻古老酿酒工艺，实地感受中国白酒文化，董办荣获全景“中小投资者关系互动奖” “优秀IR团队”奖项。

四、推动激励机制更完善

创新使用资本市场工具，助推公司完善激励体系，协助公司2021年推出了员工持股计划，董秘带领董办团队积极研读相关规则，确保项目方案的科学性和审批程序、信息披露的合规性，保障了项目高效运行，助推公司健全了共享、共创、共担、共赢的创业机制，进一步挖掘了人才潜力，激发了组织活力，注入发展动力，促进企业在激烈竞争中实现高质量、健康可持续的发展。

五、推动业务学习常态化

资本市场瞬息万变，监管规则也在与时俱进，需要证券事务从业人员持续学习，不断更新知识储备，深化对法规的理解。公司董办团队形成了多元化的学习方式，每日关注监管动态，及时学习新规则；定期组织小组研讨，进行重难点专题讨论；参加监管机构培训，在内部进行两次学习；向专业机构咨询，学习其他企业优秀案例等。通过多方式和常态化的学习，进一步提升了公司董办团队整体的业务能力。

董办工作无小事，需要始终保持敬畏市场、敬畏法治、敬畏专业、敬畏风险之心，锻炼更强的学习能力，秉承更强的规则意识，付出更多的努力，为上市公司实现更高质量发展贡献更大力量！

52. 荣盛石化：

正心如舟　奋楫扬帆
持续赋能企业高质量发展

荣盛石化股份有限公司（以下简称“荣盛石化”或“公司”）于2010年在深交所挂牌上市，股票代码002493，是世界500强企业浙江荣盛控股集团有限公司的核心上市子公司。截至2022年最新排名，荣盛控股现位列世界500强第180位，中国企业500强第59位、中国民营企业500强第10位，并首次登顶浙江省民营企业100强第1位。

上市公司荣盛石化主要从事各类油品、化工品、聚酯产品的研发、生产和销售，涉足新能源、新材料、有机化工、合成纤维、合成树脂、合成橡胶、油品等多个领域，涵盖芳烃及其下游、烯烃及其下游、油品等几十大类产品，基本实现了“一滴油到世间万物”，在全球石化产业中占据了一席之地。2021年度公司实现营业收入1770亿元，同比增长65%；实现利润总额313亿元，同比增长87%；2021年年末公司资产总额已达3372亿元，较年初增长40%。公司还上榜欧盟委员会发布的全球产业研发投入2500强榜单，排名全球646位，位居中国化工企业研发投入第一位。

多年来，荣盛石化始终坚守主业，以一家民营企业的果敢和坚韧，一路披荆斩棘，攻克一道道难关，打破一个个“不可能”，成为中国民营石化企业的佼佼者。尤其是全球最大的单体炼厂浙石化炼化一体化项目的成功运营，不仅成就了荣盛的发展业绩，更提升了中国石化产业的发展格局。近些年，公司产能、资产、效益同步快速扩张，除传统炼油、芳烃、乙烯等石化项目之外，依托浙石化4000万吨炼化一体化项目，公司加快布局下游化学新材料，瞄准新能源和高端材料领域，部署了EVA、DMC、PC和

ABS 等一批新能源新材料产品，产品链不断丰富。随着新项目的稳步推进，公司新能源材料、可再生塑料、特种合成材料和高端合成材料等产能将得到有序扩充，新材料转型逐步加速。

随着荣盛系品牌被越来越多的国内外投资者所熟知，董办部门作为“重要窗口”，攀之愈高责之愈重，全体董办人充分“尊重市场、敬畏市场”，牢守底线意识，始终秉承高度的责任心和使命感忠实履职，扎实做好“三会”运作、信息披露、投关维护、内控管理、资本运营等多项工作，大力助推公司在稳健可持续的高质量发展蓝海上行稳致远。近年来，在董办和全体荣盛人的同心共济下，公司收获了业内外不少肯定与认可，不仅荣获 2021 年全球化工企业 50 强、2022 年全球化工最具价值品牌榜第 8 位等国际大奖，而且还多次获得最具投资价值、最佳投资者关系、高质量发展 100 强、中国上市公司信用 500 强、年度卓越管理团队等荣誉。

一、以合规经营为石，持续筑牢企业高效规范的治理根基

荣盛石化严格遵守《公司法》《证券法》《上市公司治理准则》《深圳证券交易所股票上市规则》及中国证监会等法律法规及规范性文件要求，构建了规范的企业责任治理架构和稳健的内部管控体系，最大程度保障股东及权益人的利益。同时，公司不断修订和更新多项管理制度，2022 年共修订更新 14 项制度规则，并对《公司章程》进行了修订，积极应对日益复杂的经济环境变化，持续巩固政策制度，将标准化、流程化、规范化融于企业管理工作之中，制定落实《控股子公司管理制度》《内幕信息知情人管理制度》《关联交易管理制度》《对外担保管理制度》等，使得内部控制体系构建更加成熟。作为上市公司，荣盛石化建立有股东大会、董事会、监事会和高级管理层“三会一层”公司治理结构，具有独立的业务和经营自主能力，在业务、资产、人员、机构、财务等方面均能够独立运作。上一个会计年度，公司共召开 6 次董事会，1 次股东大会，6 次监事会会议。公司尤为重视董事会成员在专业背景、知识素养上的多元化。截至上一个会计年度末，共有董事 9 名，其中女性 3 名。在现任董事中，有教授 1 名，

博士学位董事1名，硕士学位董事3名，且成员来自财务、法律、经济等多个专业领域，均具备丰富的行业经验以及风险管理工作经验，能以更加全面综合的视角来提高企业决策水平，有力提升公司内部治理效能，为公司稳健可持续发展添砖加瓦。另外，董事会下设战略与ESG委员会、审计委员会、风险控制委员会、薪酬与考核委员会和提名委员会。各委员会各司其事、相互配合，共同提高公司治理运作效率，保障企业的高质量发展。

具体到公司内部治理工作创新上，董办团队有以下亮点：

（1）制定《重大事项审议决策流程表》，全面梳理公司各主体的职责权限，注重决策的全流程管理；同时编制了《重大信息内部报告制度》，建立起《关联方名册更新机制》，加强全方位的合规保障。

（2）制定《董事会授权机制》，根据各类事项的重要程度、金额大小、风险大小等确定授权标准，为公司科学化管理提供制度支撑。

（3）制作内部股东、董监高履职台账，包括参会记录、培训记录等，做好披露和报备信息的日常维护，确保合规履职。

落实到"三会"运作管理的具体实操上，董办团队有以下创新：

（1）制定《"三会"工作流程手册》，将"三会"工作的筹备进一步制度化、流程化，同时编制了《"三会"会议组织工作指引》《"三会"决议执行进度表》等，在重大会议后做好复盘分析形成文件材料，不断将"三会"工作做精做细做优。

（2）制定会议计划机制，统筹做好全年工作，将常态化及可预见的工作事项纳入固定工作计划中，同时给临时工作事项留有空间，切实保障全年工作安排的高效可控。

二、以勤勉尽责为尺，牢牢把控企业公开透明的信息披露管理

荣盛石化高度重视信息披露业务的合规透明，严格遵守信息披露监管规定，制定《信息披露事务管理制度》《内幕信息知情人登记管理制度》《年报信息披露重大差错责任追究制度》等内部信息披露管理制度，并自主编制《公告格式规范要求》规范信息披露标准和报送流程，积极履行信

息披露义务，保证信息披露内容的真实、准确、完整，持续提升信息透明度。公司已连续 6 年在深交所上市公司信息披露考核中获得最高评价 A。

在信息披露业务实践中，董办团队主要做了以下工作：

（1）制定《信息披露工作流转单》，公告文稿实行“多核”审阅制度，从公告撰写的拟稿人——审核人到公告上传的填写人——复核人，信息披露前经团队多人审阅校对，涵盖格式、日期、数据、文字表述、系统填写、法规指引等多项细节，尽可能保证公告材料零差错。

（2）建立覆盖所有子公司的信息披露联络员队伍，各子公司指定至少 1 位专人作为董办团队的联络员，负责日常事务的联络和沟通，同时明确各子公司负责人作为信息报告事项的第一责任人，联络员须先报批子公司负责人后再向董办团队上报信息；同时，编制了《重大事项披露标准速查表》下发至联络员队伍，为各联络员上报信息提供更加具体明确的指导。

（3）制定《重大风险事项舆情监测机制》，每周编制舆情周报、行业一周快讯上报领导层，并每月定时通过电话、微信、邮件等方式对各子公司动态进行了解，及时掌握全公司舆情动态。同时建立信息发布的授权体系和新闻发言人机制，防止相关人员走漏敏感消息，严格遵守信披红线。

三、以诚信服务为梁，逐步搭建企业内外互通的投资者关系管理体系

荣盛石化始终秉持着“尊重投资者，回报投资者”的理念，设立投资者关系管理部门，并制定《投资者关系管理制度》持续做好投资者的管理和维护，多渠道、全方位地与广大投资者开展交流互动。除了日常接听投资者热线、互动易在线回复外，公司定期召开业绩说明会，举办投资者接待日活动，接待机构线下调研，举办电话会议，积极参加辖区集体投资者接待日活动、机构大型投资策略会等，通过有效充分的沟通对话，树立良好的资本市场形象，增进资本市场对公司的了解。

在上一个会计年度中，董办团队共接听投资者热线 574 条，回复互动易问题 251 条，并每月整理《投资者电话信息汇总表》递交领导审阅。同

时，董办团队定期组织培训交流，建立投资者热线轮岗机制，让每位董办成员能够倾听投资者的声音，及时了解投资者所关心的问题和需求。

四、以多元创新为旗，不断提升企业真抓实干的管理效能

荣盛石化坚持制度化建设，将标准化、流程化、规范化融于企业运作之中。在行业内率先引入 ERP 系统，积极加强信息化建设，全面整合采购、生产、存货、销售等业务环节，持续提升快速反应能力。公司已结合自身实际情况建立了一整套行之有效的管理制度，明确了岗位职责与工作流程，通过精细化管理，有效降低了运营成本。

董办团队在日常事务处理中充分运用数字化技术手段提高工作效率，如利用同花顺 Ifind、易董等软件分析股份变动、法律法规变更、研报更新、市值变化等信息，借助全景网平台开展业绩交流会。在新冠疫情防控的要求下，依托网络会议和电话会议等平台与国内外广大投资者做好沟通交流，积极向资本市场传递荣盛声音。

五、以价值提升为源，努力引活企业增收增效的资本渠道

荣盛石化自上市以来累计分红超 60 亿元，实实在在地回报广大投资者。近两年来 A 股市场波动较大，股价出现了非理性下跌，基于对公司价值的认可和长期发展的信心，公司开展了每期规模为 10～20 亿元的股份回购维护广大投资者利益，目前第一期回购已结束，第二期回购正在进行中，而荣盛石化也成为了 2022 年所有 A 股上市公司中回购金额最大的企业，累计回购金额超 38.80 亿元。

2022 年 8 月份，荣盛石化发布了规模超千亿的新材料投资项目，本次投资是推动石化行业创新发展的积极举措，符合公司战略发展规划，有利于整合现有的产业布局，对公司长远发展具有积极意义。这些重大项目推进的背后需要强大的资金实力做支撑，公司通过签订银团贷款、发行绿色债券等多项并举积极开展融资，与各金融机构开展紧密合作，多渠道拓宽

资金来源，努力为企业高质量发展保驾护航。

面对未来前进道路上各种机遇和挑战，荣盛石化董办团队将和公司上下一体始终保持着精益求精的匠心、久久为功的耐心，秉承“诚信立业、追求卓越”的经营理念，勇挑“坚持实业报国，引领行业发展”的艰巨使命，致力于实现“成为有责任担当、有行业地位、有持续盈利能力的百年企业”美好愿景。

53. 山西证券：

务实高效　履职尽责
全力投入公司可持续健康发展

山西证券股份有限公司（以下简称“山西证券”或“公司”）坚决贯彻落实习近平总书记关于坚持“两个一以贯之”、建设中国特色现代企业制度的重要论述，不断完善治理体系，提升治理水平，全方位推动高质量可持续健康发展。董事会办公室作为董事会日常运行和董监事履职的服务部门，在公司治理、信息价值传播和维护、资本运作等方面发挥了重要作用。

一、完善公司治理体系，提升规范运作水平和治理效能

一是持续完善公司治理体系。公司深入贯彻落实习近平总书记重要论述重要讲话精神，始终坚持加强党的领导和完善公司治理相统一，把党的领导写入公司章程，不断健全完善中国特色现代企业制度，确保党组织在公司治理中的领导核心和政治核心作用，形成了党委会、股东大会、董事会、监事会、管理层各尽其责、协调运转、有效制衡的法人治理结构，进一步提升了决策的科学性和有效性。

二是全面服务董监事履职。公司董事、监事经验丰富，各位董监事借助自身的专业能力和工作经验，为公司贡献智慧和力量。董办团队以多种渠道和形式，充分保障董监事切实履职。一方面，跟进了解董监事的意见建议，及时向董事会秘书和管理层汇报；另一方面，组织相关部门就落实董监事意见建议进行报告反馈。如针对董事会重大决策事项，尤其是涉及

重大战略、发展方向的重大议案，董办团队在发出会议通知后，积极联系外部董监事，充分解释相关议案的背景、意义和可行性等，认真听取董监事意见建议，并及时向董事会秘书和管理层报告。此外，董办团队积极组织财务、审计、风控、合规等分管领导和部门负责人就董事重大关切问题向董事会审计委员会、风险管理委员会专题汇报。

三是高效组织“三会”事务。董办团队利用电子邮件、电话会议、视频会议等线上远程办公方式，持续提升“三会”议事议案决策效率。评价期内，董办团队根据《公司法》《公司章程》的规定，认真组织召开“三会”会议，细致落实各项决议，保证“三会”运作规范、高效，同时切实做好新冠疫情防控，采取了一系列卓有成效的措施。例如，在召开股东大会前，及时发布提示性公告，建议网络投票，合理安排会场并做好备选方案，确保了股东大会规范召开和疫情防控两不误，圆满召开历次股东大会，有力保障股东的知情权和表决权。

二、加强信息披露管理，依法合规传递公司信息

一是严格按照法律、法规和深圳证券交易所有关信息披露的规定，结合公司实际，优化完善《公司章程》《信息披露事务管理制度》《重大信息内部报告制度》等相关制度，持续夯实完善信息披露工作流程，认真履行信息披露义务，提升信息披露质量，确保信息披露真实、准确、完整、及时和公平。

二是建立重大信披事项的法理分析、案例解析及专家咨询等多角度论证机制和常态化信息沟通机制，为董事、监事、高级管理人员履职提供充分信息保障。

三是持续强化内幕信息管理，严格执行相关法律法规及公司《内幕信息知情人登记管理制度》相关规定，做好内幕信息知情人登记管理工作，不定期向相关人员提示保密义务，有效维护了广大投资者的权益。在信息披露窗口期，及时提醒董监高等相关主体严格遵守法律法规关于敏感期不得买卖股票的规定，防范内幕交易。

四是依法编制和披露定期报告，及时通过临时公告、定期报告、社会责任报告等多种途径，主动披露公司治理、业务发展、社会责任履行等投资者关注的事项。在做好强制披露的基础上，积极拓宽自愿披露的信息量，不断提升公司治理透明度。自上市以来，公司信息披露工作多次获深圳证券交易所信息披露考核 A 级评价。

三、持续深化投资者关系管理，不断提升品牌市场认可度

一是常态化开展投资者关系活动。公司积极响应中国证监会要求，适应互联网、新媒体等新渠道的发展形势，不断探索投资者关系管理新模式。通过山西辖区上市公司年度投资者网上集体接待日暨年报业绩说明会、年度报告网上业绩说明会、互动易、投资者热线电话、公司邮箱等方式途径畅通中小投资者信息获取渠道。评价期间，在年报业绩说明会、年度报告网上业绩说明会上，董事长、总经理、财务总监、独立董事等就公司经营业绩、未来发展战略等事项与投资者进行充分交流互动，提高信息披露透明度，保障投资者知情权。公司年度报告网上业绩说明会获山西证监局“业绩说明会优秀案例”。

二是探索投资者关系管理新模式，有效传播公司价值。2022 年，在山西省上市公司协会指导下，公司联合上海证券报等组织举办了“走进北交所”“山西上市公司投资者关系管理实务交流研讨会”“山西推进倍增计划新模式研讨会”“山西上市公司沙龙”等一系列活动，广泛与政府主管部门、省内企业、金融机构及资本市场相关参与主体交流沟通探讨，推动构建更为健全的公司治理机制和更为高效的投资者沟通渠道，共同推进提高省内上市公司质量。

三是投资者教育工作成效显著。公司充分发挥证券经营机构职能，建设投教基地，开展“投教大讲堂”，构建多层次、多维度投资者教育体系。公司制作的特色化投教产品荣获中国证监会颁发的“十大优秀投资者教育产品”奖，实体投教基地获中国证监会“全国证券期货投资者教育基地”命名，互联网投教基地连续两年被山西证监局评为“优秀”。

四是强化声誉风险管理。加强声誉风险管理是高质量发展的必然要求，有利于督促公司以及全体员工自觉遵规守纪，坚守职业道德，把投资者利益放在首位，主动维护公司良好形象。公司积极落实中国证券业协会发布的《证券公司声誉风险管理指引》，由董事会办公室牵头制定公司《声誉风险管理办法》，完善声誉风险管理体系，优化声誉风险管理机制。

四、科学规范推进资本运作，助力公司发展壮大

资本市场为公司的发展壮大提供了广阔的运作平台，助力公司成长成为业务种类齐全、资格牌照完备、境内外协同发展，具有独特区域优势的上市证券公司。近年来，董办团队在董事会的领导下，积极落实战略规划，高效推进资本运作，充分运用并购、增发、配股等资本运作手段，持续补充净资本，有效提升了公司综合实力、抗御风险能力和市场竞争力，为公司高质量快速发展贡献了力量。

五、立足可持续发展，持续强化基础管理

公司持续推进完善 ESG 管理体系，传递可持续发展价值。公司设立了可持续发展专业委员会，把 ESG 管理充分融入业务经营，从客户服务、内部管理、能力建设、公司治理四个层面建立健全 ESG 多维度管理体系。董办团队立足公司实际，在 CSR 基础上，对照 ESG 管理的标准要求，着手制定 ESG 管理相关制度体系，完善 ESG 信息的披露标准，向各利益相关方呈现公司环境、社会责任和治理相关的管理方法和绩效。近年来，公司在履行社会责任，助力脱贫攻坚和乡村振兴，服务实体经济，响应绿色发展及推动公司治理等方面做了积极探索和实践，连续两年入选中国上市公司协会汇编的《上市公司 ESG 优秀实践案例》。

公司董办团队多数成员具有经济、法律、会计等专业背景，高效、务实、专业的工作得到公司董事会、监事会和管理层的高度评价，也获得行

业同行的认可，连续荣获“上市公司 IR 互动活跃度榜单”“2022 年度 ESG 优秀上市公司”“2022 年年度社会责任贡献企业奖”等一系列荣誉。未来，山西证券董办团队将立足本职，尽职尽责，为公司差异化高质量发展贡献更大力量。

54. 比亚迪：

多维度出发助力董办工作实践创新

比亚迪股份有限公司（以下简称“公司”）1995 年成立于深圳，经过 28 年的发展，已成长为业务横跨汽车、电子、新能源和轨道交通四大领域，市值超过 7800 亿元人民币的世界 500 强企业，成为全球汽车产业市值排名前三、中国市值最高的汽车产业上市公司之一。在汽车领域，比亚迪作为全球新能源汽车的领导企业，始终致力于在新能源汽车技术研发和市场应用上引领产业变革和行业潮流，推动新能源汽车产业的蓬勃发展。2022 年，比亚迪新能源汽车销量超过 186 万辆，连续 10 年中国第一，并作为自主品牌厂商首次超越合资车厂问鼎全国车市销量冠军。

公司董事会办公室（以下简称“董办团队”）在组织结构上包含信息披露团队及投资者关系团队。近年来，资本市场改革稳步推进，各项制度推陈出新；公司进入高速发展期，业务规模不断扩大，利益相关方呈现不断复杂化的特点，媒体及投资者关注度也不断提升。为应对资本市场和公司发展新阶段，董办团队从多维度出发，总结过往工作内容和工作方法，并在实践中进行积极创新，形成了一套更为完善的工作体系，为董办履职打下了良好的根基。

一、信息披露方面

（一）建立工作经验分享机制

中国证监会、深圳证券交易所、香港证监会、香港联交所根据两地资本市场及上市公司的情况不断优化及更新法规制度，这对董办的工作提出了极高的要求，董办信披团队必须通过不断的学习并深刻理解两地的法律法规的要求和监管趋势，将监管理念及时传达至公司治理层、管理层及业务层，保障公司的治理稳定和长远发展。

工作实践中，为深刻理解法律法规，在借助外部律师进行系统培训的同时，董办信披团队对法律法规分块进行学习并在部门内进行分享、讨论，各抒己见，再整合学习内容，高效吸收法律法规知识。在吃透法规的基础上，进一步帮助公司健全“三会一层”各司其职、各负其责、协调运作、有效制衡的上市公司治理结构，夯实公司高质量发展基础。

（二）信息传递渠道毛细血管化

信息传递的全面、准确、及时对公司信息披露合规起到至关重要的作用。业务结构较为简单时，董办信披团队往往可以通过对接若干信息输出关键部门实现信息披露网络的粗放式管理。但随着公司的快速发展，业务形式多样且复杂，人员规模不断扩大，组织架构也有所调整。因此，公司信息传递渠道需要不断细化。为加强公司信息披露事务管理，促进公司规范运作，降低公司合规风险，董办信披团队牵头组织公司各产业群、事业部指定具备全面信息接收能力的个人作为联络人，负责公司日常信息披露的对接工作。在提供重大事项内部传递效率的同时，通过定期进行法规条文、违规案例分析等相关内容的分享，提升公司各个业务单元整体的合规意识。

（三）基础工作流程化

作为一家 A + H 上市公司，需遵守深圳证券交易所和香港交易所两地的上市法规和披露要求，披露文件数量多且要求高。比亚迪 2022 年全年累计披露公告及上网文件数量高达 654 份，数量远远领先于市值相当的其他上市公司，在如此大的工作量下，仍能保持连续 9 年获深圳证券交易所信息披露考核 A 级。要完成如此艰巨的任务，要求董办信披团队每一位成员在具备扎实的专业技能和出色的业务能力的同时，还能够做到守底线、负责任、有担当，要求每一位同事不断学习、练好内功、做精专业，做好风险管控。

在信息披露工作实践中，董办信披团队兼顾工作流程的连贯性和工作方式的创新性，不断优化工作流程。比如对于定期报告、关联交易等各项常见信息披露流程，根据公司实际情况，董办信披团队成员合力制作了工作手册，在信息披露工作内容有迹可循的同时，工作方式的创新可实时传达至每位团队成员。董办信披团队始终将信息披露得真实、准确、完整、及时、公平作为信息披露工作的基本要求，以法律法规为基础，以投资者需求为导向，充分披露投资者作出价值判断和投资决策所必需的信息，做到简明清晰、通俗易懂，增强信息披露的针对性和有效性，保持信息披露的持续性和一致性。

二、投资者关系管理方面

（一）投资者关系管理渠道多元化

董办投关团队需要在日趋复杂的市场环境中发掘公司价值，精准定位公司角色，并通过多种形式的资本运作高效达成公司战略目标。为了和资本市场保持密切的沟通与联系，公司开通了“比亚迪投资者关系”官方公众号、IR 小程序、IR 旗舰店平台，就公司各项重要事项进展进行同步推送，解读和阐释，确保中小投资者可以更加及时、便利地获取及分享。

（二）提升团队整体研究能力

董办投关团队一方面定期对宏观经济、行业变化情况以及公司二级市场波动情况进行动态分析，让公司管理层更好地了解资本市场以及公司市值的变化情况；另一方面收集整理券商/投行研究报告观点、统计市场预期以及股东阶段性关注较多问题向管理层汇报；定期对 A 股、H 股股东变化情况进行统计分析，梳理投资者持仓变化，有针对性地对公司持股变化较大的股东进行精准沟通；建立公司的投资者数据库，主要记录机构投资者的相关信息。

（三）加强公司与投资者的互动

公司连续 20 年坚持在年度和半年度的业绩发布后举行说明会，通过核心管理层和投关团队的积极参与和认真筹备，精准地解答投资者的疑虑与困惑，引导投资者正确解读定期报告，将书面数据更加立体、明晰、有温度地传达给市场。业绩说明会后投关团队积极与参会者沟通，了解参会效果，并针对遗留问题进一步解答和阐述。经过多年业绩路演的经验和实践，公司逐渐形成了自有的业绩说明会特色，以业绩说明会为触手，极大地提升了投资人对公司定期报告的理解和认知，进一步提升了公司信息披露的全面性、完整性，培养了一批对公司高度认同、与公司风雨同行的投资者。

在董办团队兢兢业业地努力工作下，公司获得了资本市场的不少荣誉，例如，“新财富最佳上市公司”“IFW 香港［金紫荆］最佳投资者关系上市公司”“新浪财经金麒麟最具投资价值上市公司”“格隆汇大中华区最具投资价值公司”“新财富金牌董秘”“证券时报中国上市公司价值评选功勋董秘”“格隆汇最佳董秘奖”“卓越 IR 系列奖项”等。

未来，比亚迪董办也将一如既往地围绕着高效现代的公司治理、合规透明的信息披露、主动精准的投资者关系及产融结合的资本运作的工作理念，实现公司高质量发展。

55. 鹏鼎控股：

不断提高公司治理水平　推动高质量发展

鹏鼎控股（深圳）股份有限公司成立于1999年4月29日，并于2018年9月18日在深圳证券交易所上市（股票简称“鹏鼎控股”，股票代码002938）。公司是主要从事各类印制电路板的设计、研发、制造与销售业务的专业服务公司，专注于为行业领先客户提供全方位PCB产品及服务。公司以“发展科技、造福人类，精进环保、让地球更美好”为使命，多年来致力于与世界一流客户合作，通过运用先进的研发技术，配合高效率、低成本的运营手段，构建出一个体系完善、布局合理的PCB产供销体系，打造了“效率化、合理化、自动化、无人化”的现代化工厂，成为业内极具影响力的重要厂商之一，在行业享有非常高的知名度。据PCB行业知名研究机构Prismark以营收计算的全球PCB企业排名，公司自2013年起成为中国第一大、全球第二大PCB生产厂商，并自2017年起，连续5年成为全球第一大PCB生产商。

一、以完善的公司治理为基石，推动高质量发展

（一）不断提高公司治理水平

公司十分重视规范治理，在董事会、监事会的人选上重点选择公司治理方面的知名专家，以帮助公司不断提高公司治理水平。公司独立董事兼审计委员会召集人许仁寿连续多年担任台湾证券交易所股份有限公司总经理，对于上市公司规范治理有着非常丰富的经验；公司监事会主席柯承恩曾任台湾大学管理学院院长，并担任台湾公司治理协会会长，是台湾地区

知名的公司治理专家。他们的加入，为公司建立国际化的公司治理结构打下良好的基础。目前，公司董事会、监事成员分别由公司治理、公司战略发展等方面的行业专家及行业翘楚组成，在董事会、监事会层面能够利用其专业知识为公司发展建言献策。

在发挥独立董事作用方面，公司独立董事每年通过参加公司年终总结大会，了解公司各部门的经营情况。公司独立董事均为审计委员会委员，并每年定期到公司与内控审计部、财务会计部等公司重要部门进行面谈与沟通，核查相关内审工作底稿与文件。近两年来，受新冠疫情影响，公司独立董事通过视讯会议方式与内审负责人及财务负责人进行面谈，针对公司重点事项，包括关联交易、募集资金使用等进行重点核查。公司内审部每个季度向独立董事及审计委员会汇报内审工作情况，每年向独立董事及审计委员会提交年度审计工作计划及上年审计工作报告，对于公司审计中发现的问题及时报告，对于后续解决予以及时跟踪。通过以上工作，切实履行了独立董事的各项责任，对公司规范治理起到监督的作用。

（二）践行 ESG 治理理念

沈庆芳董事长一直坚信，企业的存在不是只有赚钱，还具有更深远的意义。企业发展要在追求获利成长，组织壮大的同时，善尽社会责任，因此公司将“发展科技，造福人类；精进环保，让地球更美好”作为发展使命，并以此为基石，建立 ESG 治理结构，实现公司对社会、对股东、对客户及策略伙伴、对员工的承诺，为经济、社会与环境创造永续发展的价值。

为进一步提升公司环境、社会及管治（ESG）管理水平，健全公司 ESG 管理体系及提升 ESG 管理能力，2022 年，公司成立了 ESG 发展委员会并通过《鹏鼎控股深圳股份有限公司 ESG 发展委员会实施细则》。公司 ESG 委员会下设各执行工作小组，分别包括公司治理小组、绿色产品小组、环保节能小组及企业文化小组，执行工作小组负责人由公司各专职部门负责人担任并在委员会的指导下统筹 ESG 管理工作，公司 ESG 委员会召集人为董事长沈庆芳先生，委员包括独立董事许仁寿先生及各执行工作小组负责人。通过建立 ESG 发展委员会，公司进一步提升了 ESG 的组织管理能力。同时，公司与母公司共同协力在公司治理、绿色环保、员工关怀、公益慈善等方面制定了全面的管理制度，夯实了公司 ESG 发展的理论基础。

2021 年，公司董事会审议通过了设立“鹏鼎控股慈善基金会”的议案，未来，公司将通过该基金在保护环境、开展职业教育、发展电子技术、帮扶弱势群体、响应其他公益需求等方面开展公益活动，践行企业社会责任。

二、以信息披露为核心，践行投资者保护工作

（一）打造以信息披露为核心的投资者保护工作体系

公司非常重视信息披露工作，积极打造以信息披露为核心的投资者保护工作体系。公司建立了《信息披露管理制度》《重大信息内部披露制度》《子公司管理办法》等规定，在重大信息内部报告流程上进行了严格的规定，其中，公司重大信息是指对公司股票及其衍生品种交易价格可能产生较大影响的信息，包括但不限于公司定期报告的各项信息、子公司重大交易事项、关联交易事项、重大诉讼和仲裁及其他重大风险事项等。公司严格规定，当重大事项发生时，负有报告义务的有关人员、部门和单位，应当第一时间将相关信息告知公司董事会办公室或董事会秘书，并通过董事会秘书向董事会报告，并明确相关责任人未能及时报告信息导致严重后果的，将追究当事人的责任，给予相应通报批评、警告或处罚，甚至追究法律责任。在信息监控上，董秘办安排专人每天监测公司媒体报道，时时关注股吧舆论，保证第一时间发现公司重大舆情情况并及时处理。

以公司关联交易为例，因行业特性，公司每年会与关联法人鸿海集团发生诸多日常关联交易，为保证关联交易的合规管理，公司于每年年初合理预测各项日常关联交易总额，设立关联交易警戒线，财务部指派专人对日常关联交易进行跟踪，每月向董秘办及财务总监汇报关联交易情况，一旦发现交易金额触及警戒线，由董秘向董事会报告，并履行相应的审批及披露义务，保证关联交易的合法合规。

公司董事会秘书周红女士同时担任公司副总经理，定期参加公司经营委员会，各部门定期会议，专项项目内部报告会等，保证了董秘及时知悉

并把控公司各项经营事项的披露，从而保证了信息披露的及时性与真实性。在信息披露事项的内部审核上，公司建立了多人、多次审核流程，在公告撰写后、公告上传后，均建立了完善的审核流程，保证了信息披露的完整性与准确性。自2018年上市以来，公司真实、准确、完整地完成各项信息披露工作，确保所有投资者能够公平地获取公司信息，并连续3年获评深交所信息披露A级。

根据2022年年初监管机构发布的一系列规则指引，公司及时修订了相关制度保证董事会秘书工作的合规开展，通过公司内部学习平台“鼎盛E学苑”，开设相关资本市场课程，提高公司员工对资本市场的理解，同时通过公司扩大早会发言向全体员工传达市场信息。同时，公司积极运用主动信息披露，每月主动披露月度营收情况，将公司经营管理情况及时传达给投资者。每年在年度报告中披露下一年的经营预算情况，让投资者建立公司未来发展的预期，以便更好地做出投资决策。

公司积极推进ESG信息披露工作。连续3年发布了企业社会责任报告，报告从公司治理、利益相关方、员工关爱、环境保护、社会公益等方面全面展示了公司在社会责任方面做出的工作与成绩。在绿色治理方面，公司定期于网站发布环保监测报告，并在定期报告中详细披露各厂区污染物排放信息，保证公司环境信息的公开透明，便于投资者投资时能够更准确衡量企业的可持续性发展以及企业对于环境、社会影响。

（二）基于投资者关系管理的股东权益保护工作

公司一直致力于构建基于良好的投资者关系管理下的股东权益保护工作，通过构建公司良好的资本市场形象及投资者关系，维护公司合理市值及股价的稳定，从而切实保护广大股东的利益。

公司非常重视与机构投资者关系的建立与维护，在董事会秘书周红女士的带领下，公司与各大知名电子行业券商分析师均建立了紧密良好的关系。截至目前，已经有超过52家境内外研究机构覆盖并跟踪公司。机构对于公司的覆盖与持续跟踪，让市场能够更加专业、深入地了解公司经营情况与未来发展战略，建立了公司良好的资本市场品牌形象。

在保护中小投资者权益方面，公司建立了多种沟通渠道：公司设立了投资者电话热线并由专人负责接听；及时回复投资者互动平台的各项问题；每年均举办年度业绩说明会，并积极参加深圳辖区上市公司投资者网上集体接待日，为中小投资者与公司的沟通提供了便利。近年来，公司不断创新年度业绩说明会活动形式，通过引入董事长致辞、机构解读行业发展及公司年报情况、公司投资亮点等丰富形式，让中小投资者更直观地了解公司。同时，公司设立了投资者关系公众号，借助新媒体平台优势，不定期发布公司投资者关系相关信息，以拉近公司与投资者的距离，建立双方信任关系。

公司非常重视股东回报，制定了《三年股东回报规划》，每年通过现金分红与股东共享公司发展的成果。上市以来，公司每年现金分红比例占当年归属于上市公司普通股股东的净利润的比率均不低于30%。

未来，公司将继续以“发展科技、造福人类、精进环保、让地球更美好”为企业发展使命，秉持“诚信、责任、创新、卓越、利人”的核心价值观，植根大陆、服务全球，深耕PCB及相关产业，不断巩固和提升自身领先优势，成为PCB行业的领导者。

56. 青岛银行：

务实笃行　精益求精
以“四个坚持”助力公司高质量发展

2022 年，面对 A + H 两地资本市场的深刻变革，青岛银行董事会办公室作为连接股东、银行、资本市场以及监管部门的关键枢纽，以务实笃行、精益求精的工作作风，全面聚焦“四个坚持”，探索形成了一套高效健全、多元协同兼具青岛银行特色的工作模式，助力青岛银行实现高质量发展。具体情况总结如下。

一、坚持完善公司治理，夯实高质量发展根基

公司治理是现代企业制度的核心，规范有效的公司治理是上市公司保持高质量可持续发展的根源动力。在中国银行业协会 2021 年度、2022 年度商业银行稳健发展能力“陀螺”评价中，青岛银行公司治理评分连续两年位列城商行序列第一名，获评和讯网“2021 年度公司治理典范”。

一是党建引领，进一步深化党的领导与公司治理有机融合。党的领导是一切工作的前提，也是做好金融工作的最大政治优势。2022 年，青岛银行董办按照总行党委统一部署，深入推进“党建入章”工作，在公司章程中进一步补充党委职责与构成，明确写入“双向进入、交叉任职”领导体制。严格执行党委“把方向、管大局、保落实”工作要求，将党委研究讨论作为重大事项决策的前置程序，党委会与“三会一层”治理主体职责边界明确，党组织领导核心和政治核心作用得到有效发挥。

二是制度先行，进一步完善公司治理制度体系。根据新颁布或修订的

各类法律法规最新要求，及时启动包括公司章程、“三会”议事规则、专门委员会工作规则、董监高履职评价办法、股权管理办法、信息披露管理制度、投资者关系管理制度等在内的26个制度办法的修订工作，持续通过建立健全规章制度，明确相关治理主体的权利义务、职责边界和运作规范，全面保障治理机制合规运行，切实维护股东、银行、员工及其他利益相关者的合法权益。

三是守正创新，进一步夯实公司治理主体责任。主动适应新形势、新环境的变化，灵活运用线上线下相结合的方式，统筹会议组织、聚焦核心职能、提升议案质量、合理安排议程，保障股东大会及董监事会充分发挥在战略决策、风险管理、内部控制、监督制衡等方面的关键作用。截至目前，共筹备召开股东大会 2 次、审议议案 9 项、审阅报告 3 项；筹备召开董事会 14 次，审议议案 59 项、审阅报告 61 项。同时，积极丰富履职渠道，服务保障董监高充分履职。一方面，围绕上市公司规范治理要点、董监高履职规范、最新违法违规案例等专题组织开展形式多样、内容丰富的培训活动，不断增加董监高对相关法律法规的熟悉程度，持续提升合规履职能力。另一方面，围绕国际业务发展和三年战略规划两大课题，组织独立董事开展专题调研，充分听取独立董事意见建议并形成专题调研报告，切实发挥独立董事专业性、独立性的重要作用。

二、坚持规范股权管理，实现与股东的良性互动

规范的股权管理是上市公司稳健发展的重要基础，良好的股东关系是公司实现长治久安的重要前提。

一是用好“放大镜”，持续规范股东行为。青岛银行董办坚持“清晰透明”的原则，对主要股东进行穿透识别，全面掌握主要股东持股情况，持续健全评估机制。对主要股东资质情况、财务状况、所持股权情况、关联交易情况、行使股东权利情况、履行责任义务和承诺情况、遵守法律法规和监管规定情况等进行全面评估，并形成报告提交董事会审议。同时，对照监管部门下发的重点排查清单，逐项开展自查、摸排隐患，逐项制定

整改措施、落实整改责任。目前，青岛银行已经实现主要股东资格审批报备“全合规”、主要股东承诺声明“全签署”、主要股东股份质押“全清零”。

二是念好“紧箍咒”，杜绝违规买卖股票。根据证监会、交易所最新法规要求，对内幕信息的事项范围、知情人的认定标准、知情人的登记备案程序等进行持续优化和完善。对定期报告发布、股份解限等重大事项进行周密安排，在组织收集知情人名单、明确告知窗口期安排、提醒遵守保密义务、买卖情况自查等方面，逐项落实监管要求，有效约束内幕信息知情人行为。自 A 股上市以来，青岛银行未出现因违规买卖股票问题而受到监管处罚或公开披露致歉的情形，也未出现内幕信息泄露、开展内幕交易的情况。

三是管好“责任田”，审慎开展关联交易。作为全行关联交易风险管理的“阀门”，审慎建立关联方名单动态更新机制，定期开展关联交易额度预计，把好风险总阀门。持续健全关联交易审批机制、定期报告机制、内部审计机制等配套制度，并在业务系统中嵌入关联交易识别认定和监测功能，全面保障关联交易合规开展。针对银保监会发布的《银行保险机构关联交易管理办法》，结合同业案例，对新规定、新要求进行逐条分析研讨，确定新办法在行内落地实施的具体路径。截至目前，青岛银行各项关联交易比例均满足监管要求，授信类关联交易资产质量优于全行平均水平。

四是搭好“同心桥”，悉心维护股东关系。协助管理层与主要股东建立良好的沟通机制，银行与股东相互尊重、彼此信任。针对重大决策事项，均在事前主动进行深入坦诚的沟通，充分取得股东的理解与支持，最终将股东诉求统一到全行整体发展目标上来，形成高质量发展合力。

三、坚持合规信息披露，提升投资者关系管理水平

真实、准确、及时、完整的信息披露是上市公司接受社会监督的有效形式。青岛银行董办始终牢固树立“了解投资者、尊重投资者、保护投资者、回报投资者”的理念，将尊重和保护投资者利益作为青岛银行信息披

露与投资者关系管理工作的核心。

一是抓“需求”，多层次丰富公告内容。阳光是最好的防腐剂。作为全行展示经营成果的“窗口”，持续提升公告可读性，在合规的基础上主动增加投资者关注的经营发展特色等相关内容，全面、客观、真实地向资本市场和广大投资者披露公告，不断深化青岛银行专业、诚信、合规的市场形象。上市至今，青岛银行在联交所和深交所累计发布各类公告超过1100项，未出现过因信息披露合规性问题受到监管处罚的情况。在深交所2020年度、2021年度信息披露考核中，青岛银行连续两年获得最高评级A级。

二是强“体验”，跨平台畅通沟通渠道。作为资本市场价值推介的“桥梁”，积极通过官网、新媒体平台、热线电话、电子邮箱及互动易等平台，利用投资者说明会、分析师会议、网上集体接待日、专题调研等多种方式，全面提升中小投资者的沟通体验，讲好青岛银行故事，传递青岛银行价值。2022年，青岛银行开展各类投资者沟通交流活动14次，与超过100名证券分析师、投资者就关切事项进行深入交流，荣获“中小投资者关系互动奖”“业绩说明会创新奖”“最佳新媒体运营奖”等5项全景投资者关系金奖，获评中国上市公司协会“2021年报业绩说明会最佳实践”。

三是溯“本源”，全方位落实投保投教。认真落实各级监管机构关于投资者保护和投资者教育的工作要求，积极参与“5·15全国投资者保护宣传日”“世界投资者周”“防非宣传月”“金融知识普及月”“股东来了”等各类投资者保护教育活动，原创投保投教产品3件，通过官方网站、微信公众号刊发投保投教文章10余篇，协调行内超百家营业网点投放海报及视频，累计触达社会公众超10万人次，持续从根源上提升投资者自身风险防范意识，保护投资者权益。在青岛上市公司协会2020年度、2021年度投关评价中，青岛银行连续两年获评“投资者保护工作先进单位”。

四、坚持高效资本运作，为业务发展提供资本支持

作为青岛银行资本运作的牵头部门，青岛银行董办结合全行发展战略

及资本补充计划，深入研究各类监管规定，牵头制定股权融资方案并推进实施，为业务发展提供资本支持。

近年来，青岛银行已完成两次 IPO，顺利实现香港、深圳两地上市，成为全国第二家 A + H 上市城商行、山东省首家 A 股上市银行。在董办深度参与下，青岛银行运用定向增发、发行境外优先股、二级资本债等资本补充方式，已累计募集资金近 400 亿元。

受宏观经济形势影响，近年来资本市场更加青睐未来业绩有巨大释放潜力的新兴行业，银行业等传统行业的市场吸引力逐年下滑，板块估值持续走低。青岛银行董办作为全行配股战略的坚定执行者，积极统筹协调行内外相关机构，全力推进股东沟通、监管报审与方案实施，助力全行一击而胜圆满完成 A + H 配股。本次配股实现了对核心一级资本的有效补充，是近八年来上市银行唯一一单 A + H 配股项目，也是首例城商行 A + H 配股项目。此外，针对本年度境外优先股赎回工作，董办坚决落实行内工作部署，结合法规要求和同业经验，提前制定赎回方案并严格执行。通过与银保监局、外汇管理局及联交所保持积极沟通，快速响应监管关切，最终助力全行顺利通过监管审批审查，圆满完成 12 亿美元境外优先股赎回工作，进一步压降了融资成本、优化了资本结构。

展望未来，青岛银行董事会办公室将聚焦党的二十大作出的各项决策部署，紧密结合部门职能职责，深入学习、深刻领会党的二十大精神并认真贯彻、有效落实。在监管法规密集出台、监管要求不断细化的新形势下，秉承铭刻在青岛银行人骨子里的奋斗精神和责任意识，以踔厉奋发、勇毅前行的姿态，主动顺应政策新要求、新变化，全面打造上市银行治理典范，为青岛银行实现更高质量、更可持续、更为稳健的发展贡献更大的力量！

57. 南网能源：

以公司治理为核心
以信息披露和投资者关系为抓手
“内驱＋外驱”推动上市公司高质量发展

南方电网综合能源股份有限公司（以下简称“南网能源”或“公司”）是2010年南方电网公司与广东省政府共同设立的全国首个综合能源公司，2018年入选国务院国资委“双百企业”，2019年入选国家第四批混改试点企业。

作为央企控股上市公司，南网能源积极履行社会责任，自觉践行资本市场各项监管要求，扎实推进各项改革举措落实落地，建立健全中国特色国有控股上市公司治理机制。公司凭借完善的公司治理、规范的信息披露、优秀的投资者关系管理获得了资本市场以及监管部门和行业协会的高度认可，上市后首年获得了深交所主板上市公司信息披露最高评级A级，并荣获了“双百企业”2021年度专项考核标杆企业、全国上市公司2020年报业绩说明会最佳实践案例、投资者关系管理工作先进典型等多项荣誉。

一、以公司治理为核心，夯实合规基础

公司紧密跟踪法律法规变化，根据公司发展状况，将国企改革三年行动重点要求纳入公司章程等制度体系，动态开展“1＋3＋N”治理制度文件及具体实施细则的评估修订，确保公司制度体系既符合证券监管规定，又满足国资监管要求，并具有适用性。制定治理主体权责清单，全面落实董事会各项职权，并由董事会对董事长和总经理进行适度授权，编制董事

会向经理层授权决策方案和授权管理制度，进一步完善专委会的支撑机制和授权分层分类决策审批机制，推动公司“四会一层”依法合规有序运转，不断完善权责法定、权责透明、协调运转、有效制衡的治理机制。

公司通过定期拜访、邮件、电话等多种方式加强与重要股东以及董监事的汇报沟通。通过编制资本市场月报、董监事周报日报、上市合规手册等形式加强信息支撑，促进其积极参与公司治理，以实现公司治理体系进一步完善。针对董监高等“关键少数”，通过举办合规大讲座、组织参加总部资本课堂及监管机构培训班等形式，促进公司董监高及时掌握相关政策法规。根据不同业务版块，进行专题调研，精心安排独立董事与非独立董事一起调研 10 余次，实现外部董事全员和业务全覆盖。

公司做好董事会专门委员会履职保障。公司董事会设立了战略与投资、审计与风险、提名、薪酬与考核 4 个专委会，并实现外部董事占多数。同时公司修订专委会议事规则，明确为专委会提供工作支持的职能部门，为专委会更好的发挥作用提供保障。评价期内累计召开专委会 12 次，审议议案 34 个。特别值得一提的是，薪酬与考核委员会对公司董监高薪酬制度的制订、年度绩效考核方案，聘期考核方案等均进行了全面细致的研究讨论并提出了很多建设性的建议，充分发挥了专业委员会的作用。

二、以信息披露为抓手，筑牢合规底线

公司以信息披露为主线，通过“点、线、面”三个维度建立证券合规体系。

一是抓住关联交易、财务资助、募集资金使用等业务关键“点”，完善制度建设并细化工作流程，将监管要求内化为相关业务的内控要求。

二是在《重大事项内部报告管理办法》的基础上，结合相关法律法规、交易所业务专区披露要点及市场案例等全面梳理披露事项，制定《重大事项内部报告业务指导书》，设立重大事项内部报告“线”，保障重要信息的传递及时有效。

三是制定《信息披露事务管理办法》及业务实施细则，以信息披露为

抓手，明确各职能部门及经营单位责任分工，组建多“面”协作、跨部门联动的“信披+合规”团队。

通过开展内部学习、专题培训及专项考试等方式，不断强化上述“点、线、面”建设，筑牢公司合规底线。公司参照适用的规则及格式指引，对照历史、同行业等编制公告文稿（即“五步法”）；实行专业部门多层、交叉复核的工作程序，通过查漏补缺、“看历史”“看前后”“看同行”“看细节”（即“四看”），严格开展公告内容审核。评价期内规范及时地披露公告文件 114 项，做到“零差错、零问询、零更正、零炒作”。公司不断充实披露内容，注重回应投资者关注热点，主动披露战略规划、财务预算、经营计划等；创新披露形式，通过定制彩页年报，以图文结合等方式方便投资者阅读并获取重点信息。制定《内幕信息知情人登记备案管理实施细则》，规范开展内幕信息知情人登记备案，并通邮件、短信等方式向被登记人员强调信息保密等要求，评价期内累计向交易所提交内幕信息知情人档案 308 人次。

三、以投资者关系为桥梁，传递公司价值

公司制定《投资者关系管理办法》，并出台《投资者关系管理实施细则》，明确投资者关系管理的工作流程、责任及分工；建立以投资者关系领导团队为核心，投资者关系执行团队为基础，投资者关系支持团队为补充的“大投关团队”，设专员维护相关网络沟通平台，做到有电必接、来信必回、有题必答，多措并举持续开展与投资者的日常沟通。评价期内累计通过现场、网络、电话、邮件、“互动易”等方式与投资者进行互动交流逾 800 次，持续向市场传递公司价值和经营理念。

公司建立“行业分析师库”和“投资者模拟问答库”并动态更新，开展投资者关系满意度调查问卷，持续跟踪市场及投资者需求。与行业分析师建立了稳固的双向关系，跟进并拓展新增 6 家头部分析师对公司予以研究覆盖并出具 14 篇深度研究报告。针对不同“层”“类”的投资者建立更加精准的沟通机制，持续优化互动方式、畅通互动渠道，评价期内累计接

待专业投资者超200人次，中小投资者150多人次。同时，重视股东权益维护，严格按照法律法规要求和相关承诺，制定公司利润分配政策、计划和股东长期回报规划，积极开展现金分红。

公司高质量举办年度及半年度业绩说明会。2021年度业绩说明会加入宣传片、董事长致辞、年报数据动画、分析师点评等互动环节，创新会议形式，丰富会议内容；首次召开半年度业绩说明会，会上对投资者提出的22个问题全部做出了回答，回复率100%。

四、以监管沟通为纽带，展现公司形象

公司高度重视与证券监管机构的沟通，通过定期书面报告、现场拜访及电话沟通等方式，促进监管机构深入了解公司业务发展及规范运作情况，及时获取监管机构对“碳达峰、碳中和”等热点问题、关联交易管理、财务公司资金归集等公司疑难事项的处理指导。大力支持监管机构及上市公司协会工作，受邀成为中国上市公司协会职务会员理事单位及广东上市公司协会会员单位，快速响应监管要求并积极参与监管规则修订征求意见工作，为监管机构制度建设提供建议和实践支撑。评价期内，公司主动向广东证监局及深交所做专题汇报近10次，共组织参加监管部门及行业协会组织的专题培训20多次，及时完成调查问卷25份，并配合交易所进行新版定期报告系统试用并提出优化建议等。

公司营造良好的舆论环境，依托现有媒体资源，建立核心媒体圈，适时发布新闻稿，突出公司业务亮点；积极参与主流财经媒体举办的各种资本市场评选、交流等活动，建立良好的媒体关系；加强敏感事项舆情监控，主动对接财经媒体，引导并倾听市场声音。评价期内，通过中国证券报等主流财经媒体发布5篇公司领导专访。

未来，公司将致力于进一步推动公司高质量发展，通过持续完善公司治理、持续提升信息披露质量、持续增进资本市场认同，以高效的规范运作和良好的经营业绩为投资者带来更多回报。

58. 大禹节水：

创新资本市场沟通平台
优化健康持续发展机制

大禹节水集团股份有限公司（以下简称“大禹节水”或“公司”）证券部负责公司董办具体工作事项。近年来，公司证券部积极探索、创新方式方法，从信息披露、公司治理、资本运作、投关管理、股权激励、市值管理等多方面入手，全面提升公司治理水平，推动公司高质量发展，建立公司良好的资本市场形象。具体工作实践创新亮点特色总结如下。

一、强化制度建设，提高公司治理水平

2021 年年初，公司证券部针对证监会、深交所修订的《公司法》《证券法》《深圳证券交易所创业板股票上市规则》《深圳证券交易所上市公司自律监管指南》《深圳证券交易所创业板上市公司自律监管指南》《上市公司信息披露管理办法》等相关制度对公司证券事务管理制度、细则进行修订，并提交公司董事会或股东大会审议通过，累计修订制度 22 项。

证券部通过修订证券事务类制度，提高公司治理水平，优化公司内部制度，加强公司合规、风控以及董监高等公司内部人员的培训与制度宣讲，避免因不知情、管理不到位、制度更新不及时等情况引发不必要的违规行为。2021 年度，公司证券部根据公司定期报告、募集资金使用、担保事项、关联交易、重大合同签订等事项组织召开董事会 15 次、监事会 12 次、股东大会 7 次，严格执行证监会、深交所以及公司修订后的各类规章制度，有效规避合规风险，提升公司治理水平。

二、树立证券合规意识，提升公司信息披露质量

证券部人员牢固树立上市公司意识、证券合规意识，日常工作中要加强了解、学习上市公司治理与规范运作的特殊监管要求。证券合规首先是信息披露合规，尤其是在资本市场迎来注册制的大背景下更是如此，“真实、准确、完整、及时、公平”的信息披露原则知易行难、常学常新，要切实将提升信披质量作为提高公司治理水平的重要举措。

近年来，证券部对公司信息披露、定期报告、“三会”运作、投资者关系管理、培训、内部信息归集、信息咨询和资料归档、重大事项报告、内幕信息管理、董监高培训、股权投资与管理等证券事务工作建立详细的部门工作规程；对公司募集资金管理、对外担保、授权等证券事务相关工作建立证券事务资料库，对相关工作内容进行精准统计；对各部门及下属子公司沟通时，对重点项目建设进度、对外担保、募集资金管理、诉讼仲裁、框架协议签订、政府补助、工商变更等事项逐个建立备忘录，有意提高公司各部门及下属公司人员证券事务信息披露意识。

2021 年，证券部圆满完成公司信息披露工作，共披露文件 225 份；2021 年度信息披露被交易所评定为 A 级。

三、多渠道、新技术，做好投资者关系管理

证券部始终坚持公开、公平、公正原则，客观、真实、准确、完整、充分的信息披露，加强与投资者的沟通，积极通过电话、邮件、互动易等方式回复投资者各种提问，增进投资者对公司的了解和认同，提升公司的诚信度，建立公司良好的资本市场形象。

2020～2022 年，连续 3 年以现场交流、视频直播、“网络直播＋图文直播＋现场电话接入”相结合的形式举办三届年度业绩说明会，让公司管理层与投资者面对面交流，使广大投资者对公司的经营情况和未来的发展规划有了更深入的了解。

2021 年 9 月 2 日，中国上市公司协会在北京举办“上市公司 2020 年报业绩说明会经验交流会”，大禹节水荣获“上市公司 2020 年报业绩说明会最佳实践案例”奖项。此奖项是甘肃辖区唯一一家入选最佳实践案例的上市公司，也是四家入选最佳实践案例的创业板上市公司之一。本次在全国 3756 家上市公司中评选了 200 家业绩说明会优秀实践案例，其中 50 家被评为最佳实践案例。

2022 年 4 月 25 日，公司在同花顺路演平台、深圳证券交易所互动易平台举行 2021 年度业绩说明会，本次业绩说明会同时是深圳证券交易所系列业绩说明会“乡村振兴新崛起主题”的特定活动之一。

四、优化融资结构，保障公司长足发展动力

2020 年度，证券部在新冠疫情肆虐的背景下成功完成了“大禹转债”再融资项目的申报、反馈、审核和发行上市，于 2020 年 7 月募集资金 6.38 亿元。“大禹转债”于 2020 年 8 月 20 日在深圳证券交易所上市，这是公司自 2009 年上市以来首次采用可转债的形式进行再融资活动。2020 年 6 月 19 日，证券部结合公司实际情况，于 2021～2022 年年初选择以简易程序向特定对象发行股票的方式，成功融资 3 亿元。

近年来，证券部根据公司实际情况，结合市场政策，提前筹划、精准选择融资方式，成功为公司融资 9.38 亿元，同时募投项目的选择非常符合公司实际和未来发展，有利于提升公司的综合实力和市场竞争力，有利于促进公司向现代农业科技服务公司转型升级，有助于进一步实现公司的战略布局和未来发展。公司于 2020 年、2021 年因融资支持甘肃省经济社会发展作出突出贡献，被甘肃省政府连续两年授予“省长金融奖”。公司董事会秘书陈静先生作为西北区域优秀上市公司代表在上交所组织融资培训过程中进行融资经验分享。

大禹节水是水网、信息网、服务网“三网融合”的首倡者。公司通过水利基础设施、水利信息和运营服务三张网，最终构建起具有精准感知、广泛联接、科学决策、智能管理等特点的综合性智慧水利云平台和管理体

系，提升科学化决策与调度管理水平，加速推进农业现代化进程。

2020 年，由证券部牵头通过尽调与多轮谈判，成功完成并购北京慧图科技（集团）股份有限公司（以下简称“慧图科技”）工作，使公司智慧水务业务能力得到进一步提升。通过并购慧图科技补齐公司“三网融合”综合解决方案中重要一环“信息网”的承载主体，进一步推动公司迈向智慧水利及数字孪生发展新阶段。通过以上产业整合，完成了公司产业链闭环的战略布局，加速推动了公司业务的数字化转型，进一步提升了公司核心竞争力及市值管理水平。目前，慧图科技获批电子与智能化工程专业承包一级资质，入选 2021 年第二批北京市专精特新“小巨人”企业名单，陆续斩获多项数字孪生项目订单，为公司智能化业务发展提供软硬件支持。

五、完善股权激励，建立“共创、共担、共享”大禹事业合伙人机制

2021 年 5 月 17 日，公司正式发布《2021 年限制性股票激励计划》，公司向激励对象授予限制性股票 1600 万股，包括公司董事、高级管理人员、核心管理人员及核心技术骨干。

为进一步建立、健全公司长效、长期激励机制，吸引和留住优秀人才，充分调动公司员工工作积极性，公司证券部牵头结合公司实际情况与《2021 年限制性股票激励计划》，提出“共创、共担、共享”大禹特色事业合伙人机制，有效地将股东利益、公司利益和核心团队个人利益结合在一起，并分别于 2021 年 7 月、2022 年 7 月召开两次事业合伙人大会。截至目前，公司事业合伙人人数已达到 141 人，事业合伙人机制已逐步健全、完善，公司事业合伙人机制已在公司战略制定、投资决策以及其他事项决策方面发挥重要风控作用，同时公司事业合伙人发挥主人翁精神和模范带头作用，圆满完成公司年度各项经营指标。

六、重视 ESG 实践与披露，持续探索可持续发展

2019 年起，公司证券部连续两年披露《社会责任报告》。大禹节水作

为节水行业龙头，越来越重视承担好、履行好社会责任。立足绿色发展理念，积极响应监管机构要求，首次披露《2021 年度环境、社会及公司治理（ESG）报告》，从公司的经营业绩、社会评价、公司治理、科技创新、绿色环保、员工权益、社会公益出发，向外展示公司 2021 年社会责任践行的成果，做到公司 ESG 工作的合规性、创新性以及前瞻性。2022 年，大禹节水《2021 年度环境、社会及公司治理（ESG）报告》先后入选上市公司协会上市公司乡村振兴最佳实践案例以及上市公司 ESG 优秀实践案例。公司董事会秘书陈静先生担任上市公司协会 ESG 专业委员会委员。

59. 稳健医疗：

完善机制建设　提升公司治理规范化水平

公司的资本市场之路丰富曲折，2005 年在美国 OTCBB 挂牌，2009 年和 2010 年先后转板到纽交所和纳斯达克市场交易，2012 年私有化，2015 年 A 股上市股改，2017 年上市被否，2019 年再次冲刺 A 股，2020 年终得 IPO 成功。在前述丰富曲折经历的洗礼下，公司对法制、投资者、市场和风险充满了敬畏，公司也在信息披露、公司治理、投资者关系和财经公关等方面力求做到最好，作为资本市场的一分子，为构建成熟、良性的资本市场而贡献自身的绵薄之力。

一、信息披露方面

在信息披露方面，公司除了严格按照证券法律法规的要求履行法定信息披露义务之外，还积极自愿披露对投资者进行投资决策有价值的额外信息。在定期报告层面，公司除了严格按照监管机构的年度报告格式披露股东信息、财务信息和董监高情况等信息之外，为了进一步契合投资者关注的信息，公司在定期报告中按渠道、按产品进行划分，披露各类渠道和各类产品的收入数据，并且披露会员数量及年龄结构等非财务信息。同时，很令人意外，在股吧有网友留言“稳健医疗的财报，真的做得太好了，图文并茂，并不是列一堆数据”“这年报真详细，很少见，用心之作”“工整清晰！最棒的半年报”。正是因为站在投资者的角度看本企业，除了满足监管披露要求外，我们努力让投资者看到一份生动、详尽的定期报告。此外，证券部联合 IT 部门将对外担保、财务资助、战略合作等重点事项的审批流程输入公司 OA 系统，并且增加证券部及董事会秘书的审批或者抄送节点，保证证券部能够及时掌握公司应披露的信息。

2021 年度信息披露考评获得深圳证券交易所最高评级 A，上市以来的两份年度报告均入选深圳证券交易所汇编的《上市公司年度报告优秀案例》。在 ESG 方面，2020 年上市以来主动连续两年披露社会责任报告，并均入选中国上市公司协会组织汇编的《上市公司 ESG 优秀实践案例》，获得第十六届中国上市公司价值评选“中国上市公司 ESG100 强”奖。通过前述法定信息和自愿信息，有效帮助投资者进行投资决策。

二、公司治理方面

在公司治理方面，公司建立了完善的董事会、监事会和股东大会的运作体系，尤其是在董事会专门委员会层面，公司每个季度组织召开审计委员会的定期会议，由内审部和财务部向审计委员会进行汇报，并且对上一个季度的重点工作进行总计、下一个季度的重点工作进行规划，以最高的内部控制标准对自身做出要求；此外，公司将社会责任议题上升到战略层面，将原先的战略委员会调整为战略与社会责任委员会，在原先的战略发展职责权限的基础上增加社会责任职责权限，从顶层制度层面推动社会责任议题的落地执行。并且，董事、监事和高级管理人员群体中女性占比高达 58%，女性员工的需求和意见在公司得到充分重视。在反腐倡廉方面，公司秉承诚信经营、廉洁从业的理念，制定了《稳健医疗廉政监察管理办法》《稳健医疗礼金、礼品管理办法》等，杜绝任何形式的腐败与贿赂，与商业伙伴的交往中秉持诚信、透明的行为准则，营造合规经营的合作环境。在合规方面，请安永会计师事务所为公司进行风险梳理和防范的咨询，咨询范围包括证券事务、采购、营销现金管理等各个模块，进一步提升公司治理的规范化水平。

三、投资者关系管理方面

在投资者关系管理方面，公司因为有着七年美股经历，公司领导从内心上敬畏市场、敬畏投资者，因此高度重视投资者交流工作。公司在 2016 年就建立了较为完善的投资者关系管理工作制度，在上市后进一步完善了投资者关系管理档案保管和利用机制。在 2021 年主动召开六场投资者业绩说明会，分别是对机构投资者业绩说明会、深交所上市大厅“三创”“四新”说集体业绩说明会、“走进上市公司云调研”跟着摄像机走进生产基地和门店、电视台录播 ESG 路演活动、半年报录播业绩说明会、三季报投资者交流会，六场说明会合计线上线下观看人数超过 35 万人次。

而上市第二年年报披露后的 2021 年度业绩说明会，更进一步真诚和开放地与投资者交流，董事长李建全先生携首席财务官、董事会秘书、轮值 CEO 和业务副总裁出席，交流会通过网络直播的方式，面向所有投资者和媒体。2021 年年报业绩说明会直播观看地址包括公司视频号、第三方视频号、合作媒体的视频号等，全网共约 8 万人参与。直播中，监管机构、基金、中小股民、媒体通过网络、语音、文字征集等多种形式向管理层提问，公司积极回答业绩情况、人才结构和未来发展战略等问题。在 2021 年度业绩交流会结束后，公司更是在后续进行了 2022 年 5 月 10 日的文字路演 2021 年年报业绩交流会活动和参加了招商证券联合全景网共同举办的 2022 年 5 月 27 日的《股东来了 2022 之招商证券鹏程万里行进上市公司》直播活动，通过丰富多彩的形式为投资者了解上市公司提供了更多选择和便利。

在日常的投资者关系管理过程中，公司通过热线电话、电子邮箱、“互动易”等及时有效地回答投资者问题，及时妥善处理投资者咨询、投诉和建议等诉求，并定期反馈给公司董事会及管理层。2021 年至今通过互动易等平台回复投资者提问达 381 条。在日常的机构投资者交流过程中，公司也积极参加小组会、一对一反路演及策略会交流活动，传递公司价值信息。公司 2021 年接待机构调研来访 16 次，参加一对一反路演及策略会交流活动超 130 场；2022 年至今接待机构调研来访 31 次，参加一对一反路演及调研活动超过 116 场。

此外，公司有部分消费品业务，为了加深投资者对于产品发展前景的认可，公司投关人员会在日常的投资者交流接待过程中，针对第一次来访人员，提供相关产品体验，让投资者深刻感受公司产品。同时，针对公司的一些重大品牌活动，如上海时装周 show 及品牌发布会等，公司也会积极邀请投资人参与，让投资者从多角度、多场景了解和感受上市公司。上市后，公司连续两年被中国上市公司协会授予“2020 年报业绩说明会优秀实践案例”和“2021 年年报业绩说明会最佳实践”荣誉称号（入选最佳实践案例的上市公司仅 100 家，占举办业绩说明会的上市公司总数的 2%）。

四、财经公关方面

证券部作为公司层面品牌传播和内容宣传的统筹部门，建立常态化舆情监测机制，持续开展新闻传播工作，与主流媒体形成有效互动和价值传递，以稳定市场预期、增强投资者信心。

在新闻内容输出层面，汇总、分析行业发展新数据、行业动态、政策利好等信息，结合公司产品亮点、市场发展特点，以及定期报告亮点、并购案例、社会责任报告发布等多事件，输出多角度、多维度、多渠道的稿件传播内容，2022 年以来输出稿件 68 篇，稿件链接千余条，在财经领域形成重大突破和声量。

在新闻内容审核方面，全面把关公司内部重要新闻传播输出，以及重要管理层对外发言，确保信息披露和内容输出合规。

在舆情监测方面，7×24 小时对公司舆情实时监控，及时处理舆情事件，有效防范负面风险侵袭。特别是在定期报告、收并购等资本运作、市场传闻出现，以及股价出现重大波动时，加强舆情监控，并及时向公司内部求证沟通，做好上市公司声誉管理。

在多样化传递价值方面，年报、半年报、社会责任报告均制作一图读懂并于官方公众号发布，以图文结合方式传递公司价值；举办 2021 年业绩说明会、2021 年社会责任报告发布会、参与新浪财经 ESG 全球领导者峰会等，通过线上线下等形式与投资者、媒体、消费者建立联系。

公司上市已满两周年，我们在信息披露、投资者交流、ESG 方面有一定探索和实践积累。未来，在举办投资者和媒体探访工厂、门店、原材料溯源活动、基金反路演、投资者精细化管理、ESG 管理小组 SOP、提高

ESG 评级分数等方面需要持续提升。公司将努力持续成为 A 股上市公司的“三好学生”、成为 A 股上市公司规范运作的标杆企业。我们高度支持中国资本市场多元化结构和进行注册制改革，响应国家对上市资本参与者的要求，坚持投资者利益优先原则，珍视公众和投资者信任，勤勉尽责，切实保护投资者合法权益。

60. 中国建材：

守正创新　为打造“国之大材”奋斗

中国建材股份有限公司（以下简称“中国建材股份”或“公司”）于2006年3月在香港联交所上市，于2018年5月与原中国中材股份有限公司实施战略重组。中国建材股份是大型建材央企中国建材集团有限公司（以下简称“中国建材集团”或“集团”）的核心产业平台和旗舰上市公司，旗下拥有8家A股上市公司，员工总数约15万人，是全球最大的水泥、商品混凝土、石膏板、玻璃纤维、风电叶片、轻钢龙骨生产商和全球最大的水泥技术装备工程系统集成服务商。

董办工作是公司内外关系的桥梁和纽带，承担融合内外部发展并使各方进行良好有序沟通交流的重要职能，是达成公司价值创造与价值实现的重要平台。中国建材股份董事会秘书局（以下简称“董秘局”）在信息披露、公司治理、投资者关系、资本运作、管理实践方面有以下亮点和特色。

一、信息披露：创新管理，响应“双碳”号召

作为港股上市公司，公司始终按照联交所上市规则、公司章程、公司制度和国内相关监管机构的要求，及时、准确、完整地完成各类信息披露。同时，对于所属A股上市公司公告建立审核机制，能够合规、及时地对构成股价敏感信息进行同步披露。在所属A股上市公司的努力下，多家上市公司连续多年获得信息披露A级评级。

不仅如此，在“双碳”背景下，公司积极响应国家号召和联交所要求，不断完善ESG报告披露，牵头修订相关制度，明确职责。主动加入气

候相关财务信息披露工作组（TCFD）建议披露框架的相关内容，同时参考可持续会计准则委员会（SASB）准则（建筑材料行业）以及标准普尔全球指数（S&P Global）的公司可持续发展评估（CSA）披露要点。对披露部分开展第三方独立鉴证，提升 ESG 信息披露的可信度及准确性。

二、公司治理：高站位、高引领

中国建材股份及所属公司不断提升董事会规范运作水平，通过推进制定落实董事会职权实施方案、梳理完善“三会”权责清单、制定董事会授权经理层制度、建立经理层向董事会报告工作机制及对所属公司董事会进行考核的评价机制等为董事会的有力决策做好支撑，持续构建现代化治理机制。针对重大事项，保持外部董事常态沟通机制，坚持召开专题沟通会，外部董监事积极反馈意见，董秘局也充分重视并落实董监事提出的意见和建议，实时跟踪决议执行情况，每月通报董事会决议执行进展情况。

同时，董秘局充分做好董事长与外部董事、外部董事与经理层之间的沟通桥梁。牵头召开务虚会，组织相关部门就“十四五”发展战略与规划等内容进行汇报，根据董监事意见和建议进行专题研究、分解任务并落实。

三、投资者关系：形式多样，深耕行业

董秘局高度重视与资本市场沟通交流，通过路演、峰会、电话会等开展形式多样的投资者接待活动，保持与外部行业、分析师、投资者的常态沟通，了解对行业前景、股市变化、公司发展的看法和态度，充分发挥传递公司价值的桥梁作用。2021 年 5 月，配合中国建材集团组织推进旗下 8 家上市公司在上交所联合举办集体业绩说明会，成为国务院出台《关于进一步提高上市公司质量的意见》后首家以集体业绩说明会形式与投资者进行现场线上互动的集团公司。2022 年再次与上交所合作，组织投资者走进 3 家上市公司参观调研，让投资者近距离了解公司，积极向资本市场传递公司价值。

公司始终秉持创新的精神和行业引领的追求，不断拓宽对行业的研究，深入了解宏观经济、行业发展，并理解公司发展战略。进行系统的信息汇编，形成定期的董事信息月报、市场跟踪周简报、行业信息周报、金融双周报等材料，他们不仅支撑了董监事沟通履职，还为更好的投资者沟通奠定了坚实的基础。

在这样的努力下，中国建材股份连续多年荣获国际权威金融杂志《机构投资者》最受尊敬企业、最具社会责任公司、最佳投资者关系公司等多项大奖，中国建材股份及中国巨石连续两年入选央企 ESG · 先锋 50 指数，天山股份及北新建材分别荣获天马奖最佳董事会奖及最佳投资者关系奖，宁夏建材获中国上市公司协会业绩说明会最佳实践案例奖，祁连山、中材科技及中材国际荣获金牛奖最佳董秘奖，高质量发展频获资本市场认可。

四、资本运作：改革的血液、创新的摇篮

中国建材股份因整合而生，因整合而兴。业务整合方面，董秘局在业务整合工作小组的领导下，近年来持续推进中国建材股份与中材股份、基础建材板块、水泥工程技术服务板块的业务重组整合，充分落实集团战略方针指导。

市值管理方面，牵头研究对中国建材股份及所属上市公司的增持及回购方案，并积极推进实施；提交关于市值考核指标的建议，并统筹所属上市公司制定市值考核指标。

五、管理实践：变革于无形，润物于无声

董秘局在各项工作中，都坚决贯彻落实党中央、国务院国资委和集团的决策部署安排。按照国资委《提高央企控股上市公司质量工作方案》有关决策部署及集团要求，制定中国建材股份工作方案及台账，并推进所属上市公司同步制定，目前均已报国资委审批。2022 年上半年推动《国企三年行动工作台账》完成工作高质量收官；组织并推荐四家所属公司新增为

“科改示范企业”；推动中国建材股份及所属公司落实中国建材集团中长期激励指导意见和操作指引，用足用好五类九种激励工具箱，进一步建立精准化、多样化的中长期激励实施方案，调动核心骨干人员积极性、主动性和创造性。

董秘局心怀“国之大者”，打造“国之大材”，以创新驱动高质量发展、以改革赋能高质量发展。